高等职业技术教育精品教材——铁道车辆

轨道交通车辆新技术

主　编　徐传波　张中央　蒋益平
副主编　李向超

西南交通大学出版社
·成　都·

图书在版编目（CIP）数据

轨道交通车辆新技术 / 徐传波，张中央，蒋益平主编. —成都：西南交通大学出版社，2019.7（2024.1 重印）
ISBN 978-7-5643-6917-0

Ⅰ. ①轨… Ⅱ. ①徐…②张…③蒋… Ⅲ. ①轨道交通－铁路车辆－高等职业教育－教材 Ⅳ. ①U27

中国版本图书馆 CIP 数据核字（2019）第 116010 号

轨道交通车辆新技术

主编　徐传波　张中央　蒋益平

责任编辑	王　旻
特邀编辑	王玉珂
封面设计	何东琳设计工作室
出版发行	西南交通大学出版社
	（四川省成都市金牛区二环路北一段 111 号
	西南交通大学创新大厦 21 楼）
邮政编码	610031
发行部电话	028-87600564　028-87600533
网址	http://www.xnjdcbs.com
印刷	成都中永印务有限责任公司
成品尺寸	185 mm×260 mm
印张	10.75
字数	267 千
版次	2019 年 7 月第 1 版
印次	2024 年 1 月第 5 次
定价	35.00 元
书号	ISBN 978-7-5643-6917-0

课件咨询电话：028-81435775
图书如有印装质量问题　本社负责退换
版权所有　盗版必究　举报电话：028-87600562

前 言

2017年6月26日，命名为"复兴号"的中国标准动车组正式开行，标志着我国动车组已经由国产化进入自主化的研究和创新阶段。截至2017年年底，我国铁路营业里程达到12.7万千米，其中高速线2.5万千米，占世界高铁总里程的66.3%，动车组2 935标准组、23 480辆；到2025年，我国铁路里程将达到17.5万千米，其中高速线3.8万千米，我国将从高铁大国迈入高铁强国。

2014年，大秦铁路完成3万吨重载列车运行试验，同年，世界上第一条按轴重30 t重载铁路标准建设的瓦日铁路通车；2015年，世界上一次性建设里程最长的重载铁路（蒙华铁路）开建，27 t和30 t轴重的通用敞车相继研发成功，标志着我国的重载技术已经进入世界前列。

随着中国城市化进程的发展，我国的城市轨道交通发展迅速，短短的十几年内我国已经建成了世界上最大的城市轨道交通网络。截至2017年，我国已有35个城市建成城市轨道交通线路，并且各种轨道交通形式同步发展，城轨交通技术领域的技术不断进步，"空轨""云轨"等新概念不断涌现。2017年6月2日，中车株洲电力机车研究所有限公司生产的虚拟轨道列车正式下线，引发了对列车的新定义，同时我国的中低速城市轨道磁浮车也快速发展。

在超高速磁浮和真空管道领域，我国也不断取得突破性进展，建成了多个实验平台。

在轨道交通领域，各种新技术、新设备正在不断涌现，为使学生和相关人员能够较为全面地了解相关技术，特编写本书。本书力图避免对具体技术过于深入的探讨，尽量以较为宽泛的概念和大范围的视角来认识和了解轨道交通领域的技术发展，以使读者能够在了解轨道交通车辆新技术的同时能总体把握轨道交通的发展方向。

本书是由一线教师与企业专家共同参与研讨并编写的，全书简要地介绍了高速轮轨车辆、重载列车、新型城轨车辆、列车的无人驾驶、摆式列车和超高速磁浮与真空管道技术。

本书由郑州铁路职业技术学院徐传波、张中央，以及华东交通大学蒋益平任主编，郑州铁路职业技术学院李向超任副主编。

在本书的编写过程中，编者得到了西南交通大学牵引动力国家重点实验室的教授、博士的帮助和指导，在此表示感谢。书中还参阅和引用了很多最新的文献资料，具体文献目录可查阅书后的参考文献。

鉴于编者水平和资料获取的限制，书中难免有疏漏和不当之处，恳请读者批评指正。

徐传波
2019年2月于成都

目 录

第一章 铁路与机车车辆的发展历史 ………………………………………… 1
    第一节 铁路的发展历程 …………………………………………………… 1
    第二节 机车车辆的发展 …………………………………………………… 5
    第三节 轨道交通车辆的发展方向 ………………………………………… 11

第二章 高速动车组技术 ……………………………………………………… 15
    第一节 高铁的相关概念 …………………………………………………… 15
    第二节 国外高速动车组车辆 ……………………………………………… 16
    第三节 国内高速动车组简介 ……………………………………………… 20
    第四节 CRH380AL 动车组总体 …………………………………………… 26
    第五节 CRH380AL 动车组转向架及驱动装置 …………………………… 34

第三章 重载列车技术 ………………………………………………………… 47
    第一节 重载铁路的发展 …………………………………………………… 47
    第二节 重载关键技术 ……………………………………………………… 54
    第三节 重载车辆 …………………………………………………………… 63
    第四节 DZ 系列重载车辆转向架 ………………………………………… 69

第四章 新型城市轨道交通车辆 ……………………………………………… 79
    第一节 城市轨道交通发展形式的多元化 ………………………………… 79
    第二节 单轨胶轮导向电车 ………………………………………………… 84
    第三节 低地板现代有轨电车 ……………………………………………… 91
    第四节 单轨交通 …………………………………………………………… 101
    第五节 直线电机驱动的车辆 ……………………………………………… 110

第五章 无人驾驶列车技术 …………………………………………………… 119
    第一节 无人驾驶列车简介 ………………………………………………… 119
    第二节 CTCS 系统 ………………………………………………………… 121
    第三节 ATO 列车自动驾驶系统 …………………………………………… 123
    第四节 ATP 系统的构成及功能 …………………………………………… 128
    第五节 列车定位技术 ……………………………………………………… 130

第六章　摆式列车与主动控制技术 …… 135
第一节　摆式列车 …… 135
第二节　主动控制技术 …… 144

第七章　磁悬浮列车与真空管道交通 …… 152
第一节　磁悬浮列车 …… 152
第二节　真空管道交通 …… 158

参考文献 …… 163

第一章 铁路与机车车辆的发展历史

人类文明的进步总是伴随着交通运输的发展，可以说交通运输的发展史就是人类文明的发展史。特别是工业革命发生后，科学技术的不断进步使人类的交通运输工具从最初的以人力、畜力、风力、水力等作为动力的落后状况发展成为当今以机械为代表的交通运输工具。公路、铁路、水路、航空和管道运输等方式都得到了长足的发展。不同的交通运输方式有不同的优势和特征，铁路作为其中重要的一种，对国家经济发展、区域平衡、城市格局等方面具有重要的经济和政治意义。

铁路是现代最重要的交通工具之一。铁路的发展是与社会经济的发展紧密相连的，社会生产力发展决定着运输工具的改进与更新。世界铁路的发展，已经走过了近200年的历程，在整个人类文明进步史中，留下了光辉灿烂的篇章。世界铁路的发展从无到有，从初级阶段进入高级阶段，各个时期都有许多可歌可泣的壮丽图景，对社会进步和人类文明做出了卓越的贡献。下面就让我们回顾一下铁路与机车车辆的发展历程。

第一节 铁路的发展历程

一、铁路的产生

铁路是社会发展到一定时期的产物。人类社会的发展，由原始社会进入奴隶社会，又由奴隶社会进入封建社会和资本主义社会，如今社会主义社会也在蓬勃发展。在资本主义社会之前，无论是奴隶社会还是封建社会，都是一种小生产和田园式的小经济，使用的运输工具是传统的落后的人力车、马车和木帆船等。19世纪初，工业革命推动了社会生产力的迅速发展，铁路也就在这个时期应运而生的。

铁路的出现并不是偶然的，随着社会经济发展和科学技术的进步，生产力革命和资本主义生产方式的出现打破了封建主义的田园经济和落后的生产关系，以社会化大生产和商品经济为主要表征的现代工业开始萌生，机器化的工业生产和社会化生产的发展，使商品流通加剧，给社会带来了许多重大的变化：人们交往增多，活动范围大大扩大；市场扩大，商品经济出现；物流加速，运输量空前扩大。大工矿企业的出现，特别是采矿、冶炼、化工等企业，外部运输量不仅大，而且往往运距也很长，要求有强大的运输工具来保证。

以上变化，使原有的交通工具根本无法适应资本主义社会化生产的要求，迫切需要发展新的运输方式，以解决社会大量人员和货物的运输需要，这就是铁路运输出现的社会背景，是客观上的迫切需要。那么，在技术上是否可能呢？18世纪末发明了蒸汽机，炼铁取得成功，有了修建铁路的基本条件：蒸汽机解决牵引动力问题，炼铁成功，可以制造轨道，用金属作为轨道供带轮的载运工具行驶，摩擦阻力很小，可以最小的能源消耗使载体快速运动，实现人和物的位移。就这样，经过多次反复试验，铁路终于问世。蒸汽机在运输中作为牵引动力，使传统的运输工具发生了飞跃性的变革。

1825年9月27日，全球第一条铁路在英国开通。这条铁路由史蒂芬孙亲自指挥修建，由斯托克顿（Stockton）到达林顿（Darlington），长21 km。机车采用的是史蒂芬孙设计的"旅行者号"，列车全长121.9 m，乘客最多时达650名，最高速度达到了24 km/h，如图1-1-1所示。

图1-1-1　第一条铁路开通时的情景

英国修建的第一条铁路投入运营后，引起当时社会的强烈反响，打破了传统马车、人力车等交通工具的禁锢，开辟了大规模运输货物和乘客的新纪元。不久后，美国、法国、比利时、加拿大、俄国、意大利等欧美各国相继修建了铁路。亚洲各国工业发展较晚，铁路的修建起步也较晚，日本为1853年、印度为1872年、中国为1876年（较英国晚了50多年）。

世界上一些国家第一条铁路通车年份如表1-1-1所示。

表1-1-1　世界上一些国家第一条铁路通车年份

国家	通车年份	国家	通车年份	国家	通车年份
英国	1825	意大利	1839	挪威	1856
美国	1830	波兰	1846	罗马尼亚	1856
法国	1832	瑞士	1847	瑞典	1856
爱尔兰	1834	丹麦	1847	芬兰	1862
古巴	1834	西班牙	1848	阿尔及利亚	1862
比利时	1835	巴西	1851	新西兰	1863
德国	1835	智利	1851	保加利亚	1866
加拿大	1836	印度	1853	希腊	1869
俄国	1837	澳大利亚	1854	日本	1872
奥地利	1837	埃及	1854	突尼斯	1874
荷兰	1839	葡萄牙	1854	中国	1876

1964年，日本东海道新干线的开通标志着世界铁路开启了高速时代，法国和德国引领了欧洲的高速铁路发展，2007年中国铁路开始的高速化进程将世界铁路的发展引入了新的阶段，以前所未有的速度开创了世界的高铁发展奇迹。

二、铁路发展的不同阶段

铁路的发展可以分为不同的时期，不同的学者有不同的分类方法和依据，本书将世界铁路的发展分为 5 个时期，即初创期、高速发展期、停滞期、复苏期和铁路高速化新时期。

1. 初创期（1825—1850）

一般认为 1825—1850 年为铁路的初创时期，这个时期正值产业革命后期，钢铁工业、机器制造业等已经达到了一定水平，同时工业发展又有原材料和产品的运输问题需要解决，因此促使铁路快速兴起，铁路机器制造水平不断完善。从欧美国家开始铁路建设，到 1850 年止，世界上共有 18 个国家建成了铁路并开通营业。

2. 高速发展期（1850—1913）

世界铁路的高速发展期是 1850 年至第一次世界大战前这 60 多年的时间，一些工业发达国家，出于本国工业化或国家战略的需要，大量修建铁路。有人说，铁路是发展工业，建立资本主义的支柱，这是有一定道理的。当时的一些主要资本主义国家将大部分投资用于修建铁路，大部分钢产量用于轧制钢轨。美国在 1881—1890 年的 10 年间，平均每年建成 1.1 万千米铁路，1887 年一年建成铁路两万千米，创世界建路史的最高纪录。1881—1887 年的 7 年里，美国全国的钢产量 70%用于修建铁路，至 1913 年美国铁路营业里程达 40.2 万千米。德国 1866—1870 年全国投资的 70%用于修建铁路，1875 年在钢产量为 37.1 万吨的情况下，修建了 2 443 km 铁路。法国 1880 年钢产量为 38.9 万吨，建成了 3 408 km 铁路。俄国 1861—1873 年，全国投资的 63%用于修建铁路。

在第一次世界大战前，许多国家建成了铁路网，铁路成了国家工业化的先驱，铁路网的超前建成，奠定了工业化的坚实基础，对社会经济的发展起到了巨大的推动作用。

1913 年，世界铁路营业里程达到 110 万千米，其中 80%集中在英、美、德、法、俄 5 国。当时铁路成了陆上具有垄断地位的交通工具，承担的运输量一般高达 80%以上。1916 年，美国城市间的旅客周转量铁路承担了 98%（2012 年仅为 0.77%）。直到 19 世纪后半期，铁路的兴建才由欧洲、美国扩展到殖民地、半殖民地和发展中国家。1870 年，亚洲、非洲、澳洲及美洲（美国除外）的铁路只占世界铁路总长的 9.4%。19 世纪末期，资本主义向帝国主义发展，在殖民地和附属国大量修筑铁路，进行政治控制、军事侵略与经济掠夺，20 世纪初是铁路发展的巅峰时期，全球铁路里程达 120 万千米，完成客货运周转量的 60%。

3. 停滞期（1913—1964）

这一时期由于资本主义国家铁路已修得很多，部分铁路被拆除，而发展中国家虽在修路，但发展不快，使世界铁路的总里程增加不多，甚至降低，出现了停滞现象。1916—1945 年两次世界大战之间的 20 多年中，主要资本主义国家因铁路之间，铁路与水运、公路之间的竞争，铁路基本停止发展，美、英等国甚至开始封闭与拆除铁路，而殖民地、半殖民地和落后国家的铁路因资本主义国家的经济掠夺而被动发展。到 1940 年，所有殖民地国家的铁路增加了 40%，亚洲、美洲的独立国和半独立国的铁路增加了 24%，欧洲只增加了 13%，美国铁路减少了几万千米。1940 年第二次世界大战前，世界铁路营业里程达 135 万千米。第二次世界大战后公路和航空运输发展很快，铁路客货运量减少，铁路亏损严重，美、英、德、法、意等国大量封闭并拆除铁路，不少国家不得不将铁路收归国有。英国交通部门曾提出"英伦三岛铁路改造计划",要将铁路全部拆除改建为高速公路(未全实施)。第二次世界大战后,苏联和第三世界国家的铁路有所发展,但是1970年世界铁路的营业里程只有128万千米。

在铁路发展的停滞时期,为了应对公路和航空带来的激烈竞争,铁路机车车辆的技术取得了不小的发展,内燃机车和电力机车技术不断完善,为铁路的复兴创造了技术基础。

4. 复苏期(1964—2007)

自1964年以来,世界铁路又出现了复苏的趋势,该时期称为复苏期。世界铁路复苏的原因是:

(1)铁路采用新技术,发展高速、重载,提高了竞争能力。1964年,日本的东海道新干线实现了500 km内和航空竞争的预期目标,高速铁路旅行时间和飞机接近,但票价便宜且乘坐方便舒适。美国、加拿大、澳大利亚、巴西等国的铁路重载运输有效地降低了运输成本,加强了铁路和水运的竞争能力。欧美各国采用铁路轮渡多起来了,主要是用驳船在湖海上摆渡火车车皮以节省两次装卸作业时间,到岸后火车继续开走。另外,火车"驼背"运输也发展起来,即用火车平车装载运货拖车,以实现从仓库到仓库的无装卸运输。还有集装箱运输,以及大量开行运送鲜活货物的快运货物列车,在招揽货主吸引货源上效果显著。铁路运输中大量采用自动化管理和行车的遥控装置,既方便了顾客,也提高了安全性。

(2)铁路节能优于其他运输方式。20世纪70年代世界能源危机,石油大幅度涨价,而铁路的能源消耗最低,在节约能源方面,铁路具有明显的优越性。除美国因传统的内燃牵引不易改造外,世界各资本主义国家都决定采用电力牵引,使铁路获得新的生命力。

(3)从环境保护方面看,铁路具有较大的优势,特别是电力牵引,无污染。汽车多则易于堵塞交通,而且排出的废气污染环境,飞机的噪声危害健康,而火车的噪声较小,采用电力牵引,基本没有污染。

(4)从安全性看,铁路的安全、舒适被社会公认。从安全角度考虑,铁路具有明显的优越性。世界各国的实践都证明,坐火车是最安全的交通方式之一。

(5)铁路运输在解决城市间和市郊运输中的作用加强。大城市、市郊客运量的猛增和大宗货运的增加刺激了铁路的运输需求,铁路的全天候运输和运能巨大的优势得以完美发挥。一些经济发达国家,工业化促进了大城市和城镇群的发展,城市人口日益增多,汽车的大量使用造成城市交通拥挤和堵塞,特别是一些客流密集的地段,而铁路和轨道交通可以解决这个问题。从总的情况看,20世纪70年代以后,世界各国特别是工业发达国家,对铁路的地位和作用做出了重新认识,在与高速公路及航空的竞争中,铁路又充分显示出了它的优势。对于一些发展中国家,包括社会主义国家,随着现代化建设步伐的加速,铁路发展得也比较快。许多国家在自己的能源和交通运输的发展政策中,将铁路列为陆上交通的骨干,决定进一步发展和改善铁路运输,并以电力牵引作为动力的发展方向。

5. 铁路高速化新时期(2007至今)

2007年4月18日,中国动车组大规模应用,开启了世界上最大规模的高速铁路建设和应用的新时期,世界各国纷纷开启高铁的建设和规划。

截至 2017 年年底,中国用 10 年的时间建成了 2.5 万千米高速铁路,占世界高速铁路总里程的 66.3%,而且中国高铁线路的建设标准和运营速度都是世界上最高的。中国后来居上引领了世界高速铁路的发展,不少铁路里程减少的国家如美国、加拿大也开始重新考虑修建新的高速铁路,发展中国家的铁路修建也进一步加速。

第二节　机车车辆的发展

铁路的发展离不开机车车辆的发展,车辆牵引动力的发展是机车车辆发展的重要因素。牵引动力的现代化,是铁路运输科技进步的先导。自 1825 年世界上第一条铁路诞生以来的长达 200 年的时间里,铁路牵引动力经历了从蒸汽机车、内燃机车到电力机车、动车组的变革,发生了翻天覆地的变化。

一、蒸汽机车 —— 最初的牵引动力

蒸汽机车是铁路牵引动力的最初形式,有两个世纪的历史。虽然蒸汽机车经历了多次重大发展与改造,但因其热效率低,牵引性能差,环境特性和劳动条件极坏,无法适应铁路运输增长的需求。世界各国铁路牵引动力以内燃、电力牵引取代蒸汽牵引的工作大致在 20 世纪 70 年代先后完成,如表 1-2-1 所示。

表 1-2-1　一些主要国家蒸汽机车淘汰情况

国　别	美国	德国	日本	法国	苏联	中国
蒸汽机车停产年份	1953	1959	1952	1957	1957	1989
蒸汽机车停用年份	1960	1977	1975	1972	1977	2005

注:停用后个别企业在厂矿内的使用不在此统计之列。

史蒂芬孙的火箭号蒸汽机车如图 1-2-1 所示,G12 型蒸汽机车如图 1-2-2 所示。

图 1-2-1　史蒂芬孙的火箭号蒸汽机车

图 1-2-2　G12 型蒸汽机车

二、内燃机车——世界主要的牵引动力

内燃机车诞生于 20 世纪 20 年代，内燃机车使用方便、灵活，投资少，目前仍然是许多国家铁路运输的主要牵引动力。

1. 国外内燃机车的发展

世界上各发达国家大多在 20 世纪 20~30 年代就生产内燃机车，开始铁路内燃化。第二次世界大战以后，内燃机车首先在美国迅速发展。从 20 世纪 50 年代中期开始，英、法、德、苏联等欧洲国家的内燃机车开始得到迅速发展。20 世纪 60 年代以来，世界内燃机车发展经历了 3 个阶段：持续稳定发展阶段（1961—1976）、水平显著提高的发展阶段（1977—1992）、内燃机车交流传动大发展阶段（1993 至今）。内燃机车的发展，主要体现在柴油机技术、传动技术、网络控制及诊断技术和径向转向架等几方面技术的发展。

1）柴油机技术

从诞生到现在，内燃机车用柴油机的发展主要体现在提高功率、提高可靠性、降低燃油消耗率和改善排放上。出于节约能源、降低成本的目的，各国都在努力降低柴油机的燃油消耗。20 世纪 70 年代以前，内燃机车燃油消耗为 210 g/(kW·h) 以上，到 80 年代，降到 200 g/(kW·h)，英国的 MB275 型柴油机达到了 185 g/(kW·h)。随着重载牵引和高速客运的发展，普遍要求提高列车的牵引功率，美国 GE 公司和德国 Deutz MWM 公司合作研制出 7HDL 型柴油机，功率为 4 632 kW，装在 AC6000CW 型内燃机车上；美国 GM 公司的电气动力部自行研制出 4 冲程 4 632 kW、16V25H 型柴油机，装在 SD90MAC 型机车上。

目前，机车柴油机的发展方向和趋势是加大行程缸径比，限制活塞平均速度，提高平均有效压力，提高压缩比、爆发压力，改善工作过程，提高柴油机效率，降低油耗，采用电子喷射、电子调速等电子控制技术。

2）交-直-交电传动技术

内燃机车刚出现时所采用的是直流传动。20 世纪 30 年代以后出现了液力传动，在 20 世纪 50 年代及 60 年代初一度发展较快，但未能动摇电传动的优势地位。到 20 世纪 60 年代中期，法国首先出现了交直流电传动，它的优势更加明显，很快取代了直流传动，而液力传动则放慢了发展。

1971 年，德国研制出了 DE2500 型交流传动内燃机车，采用的是 KK 管逆变器。由于受半导体元器件性能和质量所限,在较长一段时间内,交流传动技术发展缓慢,难以推广。

20 世纪 80 年代以来,随着大功率电子元器件技术的迅速发展,大功率可关断晶闸管(GTO)开始逐渐成熟,交流传动的缺点逐渐得到克服。1987 年,世界上出现了第一台应用 GTO 元件的交流机车——Re4/4,GTO 逆变器在大功率内燃机车上的首次应用是在德国 Mark 公司与 ABB 公司合作生产的 DE1024 型内燃机车上。

1990 年出现了晶体管逆变器(IGBT),20 世纪 90 年代初,日本的东芝、日立等公司又开发了一种智能型 IGBT 模块(日本称为 IPM),自 1995 年起,开始在中小功率逆变器中推广采用。20 世纪 90 年代以来,GTO 管的应用量开始逐渐下降,而 IGBT 管的应用量却逐年上升。由于大功率 GTO、IGBT 管和数字电路控制技术的发展,使交流传动的逆变和控制技术提高到一个崭新的阶段。20 世纪 90 年代初,世界上最大的两个内燃机车制造公司——美国 GM 公司和 GE 公司研制和投产了 6 轴、径向转向架和微机控制的大功率交流传动内燃机车,使交流传动内燃机车的性能和可靠性有了较大的提高。例如,美国 GE 的 Dash9 型交直流传动机车的持续牵引力为 485 kN,黏着系数为 25%~27%;而相同功率的 GE 公司 AC4400CW 型交流传动机车在速度为 10 km/h 时,持续牵引力已达 645 kN,黏着系数为 35%。

3)网络控制及诊断技术

1973 年日本将微机加装在 DD53 型除雪车上,开始了微机在内燃机车上的应用。20 世纪 80 年代初期,美国生产的 Dash8 和 60 系列机车在控制系统中应用了微机技术,开始了微机在内燃机车上的大批量应用。

近年来,用于交流传动内燃机车上技术先进、可靠性较高的微机控制系统有德国 ABB 公司研制的 MICAS 系统,德国西门子公司研制的 SIBAS-16、SIBAS-32,美国 GM 公司开发的 EM2000(32 位)微机控制系统,美国 GE 公司开发的用于 AC4000 和 AC6000 型交流传动内燃机车上的微机控制系统等。随着计算机技术的发展,网络总线系统在新型内燃机车上也得到了广泛应用。

4)径向转向架开发

美国 GM 公司于 1992 年在 SD60MAC 型大功率交流传动内燃机车上首次采用了新型 HTCR(高牵引力、3 轴)径向转向架,并推广到该公司生产的各种新型内燃机车上。采用径向转向架是内燃机车技术取得的一项重大技术发展,已被公认为几乎和交流传动技术一样重要,径向转向架成为内燃机车发展的一个重要方向。

交流传动系统、径向转向架、网络控制系统和电子燃油喷射装置,已被并列为新型内燃机车的 4 大标准设备或 4 个基本特征,并已成为 21 世纪初世界内燃机车技术的主要发展趋势。

2. 我国内燃机车的发展

我国内燃机车从 1958 年开始生产至今,已经历了 60 余年的发展历程,并取得了巨大的成就。60 多年来,我国内燃机车经过了早期试制、定型生产、自主研发、采用先进技术开发新型内燃机车等阶段,累计生产了 200 多种型号。产品经过了试制产品、第一代产品、第二代产品、第三代产品 4 个阶段,目前正在开发和生产第四代产品。

1)内燃机车的早期试制 5 年(1958—1963)

基本特征:机车或柴油机基本上是仿制国外的产品;直流电力传动匹配二冲程中速柴油机和四冲程高速柴油机;液力传动匹配四冲程高速柴油机;设计技术水平低,可靠性差。

代表产品：建设、巨龙、先行、卫星等。

虽然都是仿制产品，但当时是中国内燃机车的主型机车，为中国铁路以后内燃化的发展及内燃机车的设计制造奠定了坚实的基础。

2）国产第一代内燃机车设计生产5年（1964—1968）

技术特征：同试制阶段，但是性能有所提高。

代表产品：DF、DF_2、DF_3、$DF_{2增}$、$DF_增$、东方红$_1$等。

3）国产第二代内燃机车开发生产20年（1969—1988）

技术特征：机车、柴油机及主要零部件都是我国自主开发的；机车技术性能和可靠性、经济性都大幅度提高；液力传动既配高速柴油机也配中速柴油机。

代表产品：DF_{4A}、DF_{4B}、DF_{4C}、DF_5、DF_7、DF_8、东方红$_3$、北京等（北京和东方红是液力传动）。

4）国产第三代内燃机车开发生产10年（1989—1998）

技术特征：干线机车采用与国外合作开发或进一步自主开发的新型16V240ZJD（及其系列）和16V280ZJA型柴油机；干线机车为中速柴油机匹配交直流传动；采用微机控制；准高速机车采用牵引电机架悬式转向架；机车整体水平有了很大提高。

代表产品：DF_6、DF_{11}、DF_{8B}、DF_{4D}、DF_{10F}等。从运行情况看，各项性能指标都很优越。

5）国产第四代内燃机车的研发生产（1999至今）

技术特征：采用交-直-交电传动（直接采用第三代逆变器IGBT）；辅机交流电传动；机车微机控制；柴油机电子喷射；客运机车牵引电动机架悬、货运机车径向转向架。

代表产品：捷力号（日本三菱公司IPM）、DF_{8CJ}、DF_{8DJ}（西门子IGBT功率模块）、DF_{8BJ}（株洲所GTO）、HXN_5（GE）、HXN_3（EMD）、出口澳大利亚内燃机车（SDA1）和4400HP机车等。

三、电力机车——牵引动力的发展方向

在铁路牵引动力中，电力机车具有其他机车无法比拟的优势。1879年，德国SIEMENS公司制造了世界上第1台电力机车，至今已有140年历史。在此期间，世界电力牵引和电力机车得到了飞速发展。

1. 国外电力机车的发展

从供电网电流制来看，电力牵引经历了从直流制（1.5 kV或3 kV）到单相低频交流（15 kV，$16\frac{2}{3}$ Hz和11 kV，25 Hz），再到单相工频交流（25 kV，50 Hz或60 Hz，个别20 kV和50 kV）3个主要发展阶段，电力机车也随之由直流制机车发展到交流制机车和多流制机车。采用直流制的国家主要有日本、法国、意大利等；采用单相低频交流制的国家主要有德国、瑞典、奥地利、挪威和美国；采用单相工频交流制的国家有法国、日本、印度、英国等。

从机车主电路系统的特点来看，20世纪70年代以前，直流电力机车普遍采用直流牵引电动机和高压侧调压开关调压系统；低频交流电力机车几乎全部采用单相交流整流子牵引电动机和高压侧调压开关调压系统。工频交流电力机车主要采用水银整流器或硅整流器与脉流牵引电机和高压侧或低压侧调压开关调压系统。

20世纪70年代开始,随着大功率晶闸管及电力电子技术的发展,直流电力机车逐渐采用斩波调压;单相工频整流器电力机车逐步被晶闸管相控电力机车取代;在采用低频交流制的国家中,以瑞典为代表,包括奥地利,着重发展晶闸管相控电力机车,而德国和瑞士在使用少量相控机车的同时,着力发展三相交流传动电力机车。

20世纪80年代,一方面,直流斩波机车和交流相控机车技术得到进一步完善和发展;另一方面,以1979年问世的第一台E120型交流传动电力机车(联邦德国BBC公司制造)为转机,三相交流传动电力机车在联邦德国等一些国家投入运营并得到迅速发展。

从20世纪80年代末90年代初开始,世界上特别是西欧和日本,随着既有电力机车的更新换代和高速铁路的蓬勃发展,电力机车的研制迅速转向交流传动。

随着现代电力电子技术的迅猛发展,新型电力电子器件不断问世,为交流传动奠定了坚实的技术基础;控制理论(交流传动系统的重要武器)的逐步完善大大提高了交流传动系统的性能;现代信息技术日新月异的发展,为控制系统技术的进步提供了保障;交流电机自身无可争辩的优势和优越性得到了充分的体现。在历经技术准备期(1970—1979)、技术成熟期(1980—1987)、品质提升期(1988年以后)之后,西方发达国家已将牵引动力转向交流传动。多年来,交流传动电力机车从德国发展到整个欧洲,再扩展到亚洲和非洲,构成了世界电力机车发展的总趋势。

2. 我国电力机车的研制与发展

近几十年来我国电力机车水平不断发展进步,其发展和国际上技术发展路径相类似,即由直流电传动到交直电传动再到交流电传动的发展。

1)第一阶段(1956—1968)

第一阶段是中国电力机车早期引进仿制阶段。1956年,中国政府提出要迅速地、有步骤地研制并使用电力机车。1957年,参照苏联H60型单相引燃管整流器电力机车,开始研究设计电力机车;1958年仿制出第1台电力机车,即6Y1型干线电力机车,此后经过多次改进,到1968年,6Y1型改名为SS_1型,即第1代电力机车,并开始小批量生产。

2)第二阶段(1968—1985)

第二阶段是中国电力机车艰难的成长阶段。这期间我国电力机车发展走上了自我发展的道路。产品SS_1型成批生产,同时自主研制成功SS_2型。1979年,株洲电力机车工厂设计试制成功SS_3型机车,SS_3是在吸收了SS_1和SS_2的成熟经验,并在SS_1基础上改进设计的,SS_3机车综合性能优于SS_1,1989年开始大批量生产,是中国第2代干线主型机车。此期间,1985年9月在株洲电力机车工厂试制成功我国第1台相控电力机车SS_4货运电力机车,SS_4是中国第3代电力机车。

3)第三阶段(1985—2003)

第三阶段是中国电力机车迅速发展阶段。此阶段,我国第3代电力机车发展形成多机型系列,基本形成了较为完整的4、6、8轴货运、客运系列。

1986年,我国铁路牵引动力政策改为"大力发展电力牵引,合理发展内燃牵引"以及发展"重载高速"机车。此期间株洲电力机车工厂等制造单位和株洲电力机车研究所等科研单位得以大规模改造电力机车,新增了很多先进专用设备和试验检测设备,引进了大量先进技术。1985年和1986年,在进口8K和6K机车的同时,引进了大量先进技术,经过消化吸收,结合我国电力机车实际和优秀的传统结构,先后自主研制成功第3代电力机车11种,有SS_4、SS_5、SS_6、SS_7、SS_8以及派生型SS_{4B}、SS_{4C}、SS_{6B}、SS_{7B}、SS_{7C}等。

1996年,第4代AC4000交流传动电力机车研制成功,这是我国电力机车事业发展上的一个重要里程碑,是我国铁路电传动领域的一次重大革命,标志着我国电传动机车开始步入交流传动机车的发展时期。2001年,我国研制出第1台有自主知识产权的交流传动客运电力机车DJ2,标志着我国交流传动机车技术跨上了一个新台阶。

4)第四阶段(2004至今)

随着我国铁路的跨越式发展,我国急需技术和质量水平更高的高性能机车,因此,我国相继引进国外先进技术,生产了"和谐号"HXD1、HXD2、HXD3系列机车,并在此基础上进行了自主研发和升级。

2009年,最大功率6轴9 600 kW交流传动电力机车在南车株洲电力机车有限公司成功下线,成为我国重大技术装备自主创新的又一里程碑,标志着我国在大功率机车的研制上已经达到了世界先进水平。

四、动车组的发展

1. 国外动车组的发展

1964年,日本首先将城市动车组应用于干线,以解决城市间的交通问题,并成功把动车组的速度提高到了200 km/h以上。日本新干线的环保效果、经济效果极大地刺激了欧洲。20世纪80年代,法国、德国、意大利相继开发出TGV、ICE和ETR450高速动车组,随后欧洲形成了多条跨国高速铁道客运线。日本动车组一直走的都是动力分散模式,德国和法国最初采用的是动力集中模式,近十几年来都在发展动力分散型的动车组,如ICE3和AGV。意大利、西班牙、瑞典的摆式动车组也得到了较快的发展。

2. 我国动车组的发展

1)内燃动车组

1998年5月,唐山机车车辆厂研制成功了双层内燃动车组,并于当年6月在南昌铁路局的南昌—九江间投入正式运营。该动车组为动力集中型,2动2拖固定编组,最高试验速度达到137 km/h。1998年,四方机车车辆厂研制成功了液力传动内燃动车组,该动车组为通常的单层结构,采用2动4拖固定编组,最高试验速度达到153 km/h。1999年8月,戚墅堰机车车辆厂和浦镇车辆厂联合研制成功了准高速双层内燃动车组——"新曙光"号,该动车组为2动9拖动力集中式,最高试验速度为199.4 km/h,创造了当时国产动车组和沪宁线的最高试验速度。

2)电动车组

我国电动车组最早起始于20世纪80年代,当时开发了KDZ1型样车,并通过了各项试验,但由于应用条件不成熟而没有投入使用。从20世纪90年代中期开始,在铁路客运市场寻求新发展的形势下,电动车组才得到迅速发展。早期应用在广深线的X2000"新时速"电动车组,是以租用方式从瑞典进口的,取得成功经验后,紧接着国产"蓝剑"号电动车组投入应用。1999年3月,我国研制成功了标准轨距电气化线路用3动3拖电动车组——"春城"号,于1999年昆明世界园艺博览会投入商业运行。2001年,我国接连研制成功了"先锋"

号和"中华之星"两种型号电动车组,采用变频调速异步传动(交-直-交)技术。其中"先锋"号电动车组在秦沈客运专线上跑出了 292 km/h 的高速,标志着我国机车车辆工业已经进入高速列车时代。2002 年,"中华之星"更是跑出了 321.5 km/h 的"中国铁路第一速"(2008 年被 CRH2C 打破),达到了早期国产动车组的巅峰。2004 年,我国开始了高速铁路的跨越式发展进程,CRH 系列动车组于 2007 年大规模应用,我国进入高铁时代,从最初的引进技术生产的"和谐号"CRH1、CRH2、CRH3、CRH5 系列动车组,到自主研发的 CRH380 系列动车组,最后到具有中国标准的 CR 系列标准化动车组,中国的高速动车组研发能力已经处于世界领先地位,中国的高铁标准正成为世界的通用标准。

第三节 轨道交通车辆的发展方向

随着技术的进步,铁路已经由原来狭义的钢轮钢轨的轮轨交通发展为多种形式的广义的铁路,即我们常说的轨道交通。轨道交通是一个比较宽泛的概念,即一般情况下都是沿着固定迹线运营的交通工具的统称,包括传统铁路、地铁、轻轨、有轨电车、单轨交通、磁悬浮铁路、真空管道交通等多种形式。

20 世纪中期以来,在世界范围内,铁路以高速技术和信息技术为龙头,带动了铁路整体技术迅猛发展,主要发达国家客运实现了高速化,货运实现了重载化,客货快运实现了网络化,市场营销实现了信息化,行车指挥实现了自动化,安全装备实现了系统化,使铁路这一传统产业面貌焕然一新,铁路市场竞争能力大大提高。

轨道交通的发展离不开轨道交通车辆的发展,目前轨道交通车辆的发展方向主要有以下几个方面:轮轨高速技术、铁路重载技术、既有线提速技术、磁悬浮铁路、新型城市轨道交通、真空管道交通等。

一、轮轨高速技术

近 50 年来,世界高速铁路得到了较大发展。据不完全统计,到 2017 年年底,世界高速铁路总长度约 3.8 万千米,其中我国高速铁路有 2.5 万千米,列车最高持续速度在 350～380 km/h。高速铁路正在向全球化、网络化发展。

1. 高速机车车辆技术

高速列车采用了近几十年相关领域的高新技术成果,它集机械、材料、电子、控制、通信、空气动力学、环境保护等一系列学科之精华,综合利用了电子计算机、信息技术、新材料、电力电子元件等多种新技术,把铁路技术推进到一个崭新阶段。通过开发和运用交流传动技术、车体轻量化技术、高速转向架技术、复合制动技术、车载微机控制等一系列新技术,高速列车技术不断向前发展,具体表现为高速列车的速度不断提高,高速列车产品向系列化、族谱化发展。

速度方面,早在 1955 年,法国就创造了 331 km/h 的世界铁路行车速度纪录。1964 年,日本东海道新干线实现了 210 km/h 最高速度运营。1991 年,法国用 TGV-A 高速列车创造了 515.3 km/h 的世界轮轨系铁路速度试验纪录,2007 年更是创造了 574.8 km/h 的世界纪录。目前,德国的 ICE3 系列、法国的 AGV、日本的 N700 系和 E6 系、我国的 CRH380 和 CR400 等运行持续速度均在 300 km/h 以上。

总之,目前从世界范围来看,300 km/h 的高速列车技术已是一项成熟技术,现在正朝着 400 km/h 的运营速度发展(理论研究认为轮轨速度 400 km/h 以上不经济,更高速度应该采用磁浮技术和真空管道技术)。

2. 高速铁路行车控制技术

为保证高速铁路行车安全、提高运输效率,国外高速铁路大力发展综合调度系统和列车运行自动控制系统,实现通信信号一体化、机电一体化、车站区间一体化和地车控制的统一指挥管理。自动化、网络化、综合化、智能化将成为高速铁路行车控制技术的发展方向。

20 世纪 90 年代以来,发达国家铁路以计算机辅助调度系统为核心,积极推进集调度和行车控制于一体的调度中心或行车控制中心的建设,一个控制中心可以控制几百至几万千米线路上的列车运行。一个铁路公司往往由一个中心实现对全路或一个地区的控制,并把调度集中系统与旅客信息系统结合起来。

现代化的列车运行控制系统是开行高速列车和列车提速的基本条件。目前,世界各国高速铁路采用的列控系统,主要有日本新干线的 ATC、法国 TGV 高速铁路使用的 TVM 系统、德国和西班牙高速铁路使用的 LZB 系统、我国的 CTCS 系统。未来的列车运行控制系统,除实现列车控制、车站联锁、自动选路、自动追踪、列车无线功能一体化之外,采用卫星定位技术及无线通信技术实现移动闭塞是主要的发展方向。

3. 高速铁路工务技术

在高速铁路工务技术方面,铁路通过大力发展基床表层强化技术、无砟轨道技术、大号码道岔技术、铺设跨区间无缝线路等,加强高速铁路基础设施建设,保证高速铁路的安全运营。

无砟轨道由于具有轨道平顺性好、刚度均匀性高、轨道几何形状保持好、维修工作量显著减少等优点,在各国得到推广应用,其中以德国和日本的技术最为典型。中国引进国外技术后研发出了具有世界先进水平的 CRTSⅢ型板式无砟轨道。2015 年 4 月,第一条采用 CRTSⅢ轨道板的郑徐客运专线开始铺设,目前我国的无砟轨道技术已经处于世界前列。

无缝线路是指将钢轨焊接起来的线路,亦称焊接长轨线路,又因长轨中存在巨大的温度力,故也称温度应力式无缝线路。把不钻孔、不淬火的 25 m 长的钢轨,在基地工厂用气压焊或接触焊的办法,焊成 200 m 到 500 m 的长轨,然后运到铺轨地点,再焊接成 1 000 m 到 2 000 m 的长度,铺到线路上就成为一段无缝线路。

中国的高速线路多数采用无砟轨道和无缝线路技术。

二、既有线提速技术

提高铁路运营速度是世界铁路发展的普遍趋势,除发展 250 km/h 以上的高速铁路外,铁路还通过既有线改造,将列车运行速度提高到 160 ~ 200 km/h。

1. 提速机车车辆技术

随着大功率变流元件的发展和成熟,国外新造的提速机车普遍采用了交流传动技术,并呈现出以下发展趋势:① 主要采用异步交流传动技术;② 变流元件主要采用 GTO 或 IGBT 元件;③ 交流传动系统的控制方式采用微机控制;④ 交流传动的控制策略采用矢量控制或直接力矩控制。

提速列车的车体结构一般具有轻量化的特点,一些提速列车采用了轻量化薄壳结构,转向架也实行了轻量化设计。

在国外铁路实施提速战略的过程中,采用摆式列车成为广泛应用的有效方法之一。采用摆式列车一般可以使曲线通过速度提高 20%~30%,使全线的平均速度提高 15~20 km/h,我国目前则以新建线为主而没有采用摆式列车技术。

摆式列车主要有以意大利 Pendolino 系列、瑞典 X2000 系列为代表的主动式摆式列车,以及以西班牙 Talgo 系列为代表的被动式摆式列车两大类型。其中,意大利 Pendolino 摆式车体技术推广和应用最为广泛。

2. 提速信号技术

为解决提速铁路信号方面的问题,国外铁路发展了四显示、五显示等自动闭塞技术,或通过采用地面车内信号并用的方案,解决提速列车的信号问题。此外,铁路在提速线路上,还在上述提速信号制式的基础上,应用了列车速度监督设备,这是采用四显示、五显示等提速信号的必要条件,以防止司机确认信号的失误,确保行车安全。

三、铁路重载技术

重载运输作为一种重要的运输组织方式,在世界范围内得到了迅速发展。美国、加拿大、俄罗斯、巴西、南非、澳大利亚、中国、瑞典等 10 多个国家都已开展重载运输。随着现代化高新技术的应用,重载运输技术及装备水平得到了很大提高。

1. 重载机车车辆技术

列车牵引质量的提高是重载铁路技术发展总体水平的体现。

在重载机车车辆技术不断发展的过程中,大功率交流传动机车逐渐成为重载牵引动力的发展方向。目前,大功率交流传动内燃机车已在美国、加拿大、澳大利亚、巴西等国铁路中大量投入运营。与美国不同的是,欧洲铁路机车制造商则大力研制开发大功率的交流电力机车,随着 GTO 变流器的成熟和推广使用,交流传动技术在电力机车上普遍使用,交流电力机车的轴功率普遍达到 1 600 kW,个别达到 1 800 kW,大功率牵引机车为牵引重载列车创造了条件。

在重载货车车辆方面则主要采用轻量化技术,转向架主要关注大轴重、低自重、低动力性能。目前,美国、加拿大、澳大利亚等国重载铁路的轴重普遍达到 32.5~35.7 t,最大轴重达到 45 t。此外,车体的轻量化也得到了快速发展。车辆之间利用牵引杆组成单元列车的技术也发展较快。

2. 重载列车制动和同步操纵技术

随着重载列车的编组越来越长、速度越来越高,列车的纵向力越来越大,不同步操纵将导致列车的脱轨和断钩。因此多机牵引的同步性和制动控制的同步性显得尤为重要，机车牵引的同步技术——Locotrol 和制动控制的同步技术——电空制动（ECP）都得到了快速发展。

四、新型轨道交通技术

传统轮轨铁路向高速化发展，在世界范围内形成了一股建设高速铁路的浪潮，我国是其中最杰出的代表。随着新技术的发展，磁悬浮铁路技术也得到了快速的发展，中国、日本和德国是磁悬浮技术的强国，主要发展方向为中低速磁悬浮和高速磁悬浮。同时，城市轨道交通也得到了快速发展，特别是随着我国城市化进程的加快，城市轨道交通呈现爆炸性的发展，截至 2017 年，我国城市开通轨道交通的已经达到了 35 个。轨道交通的形式也呈现多元化发展趋势，出现了众多新技术和新型车辆，如新型单轨交通技术、无轨列车和无人驾驶列车等。速度永远是人类对交通工具的重要要求，随着人们生活范围的扩大和世界的经济贸易一体化发展，更高速度的交通工具应用具有重要的意义，因此真空管道交通的研究也随之兴起，成为未来交通的发展方向。

第二章　高速动车组技术

1825年铁路诞生之后，欧美国家开始大力发展铁路交通运输，自19世纪中后期开始，铁路迅速发展，20世纪初是铁路发展的巅峰时期，全球铁路里程达120万千米，完成客货运周转量的60%。

20世纪30年代以后随着高速公路、航空及管道运输的崛起，交通进入多元化时期，铁路曾一度被认为是夕阳产业，提速是铁路发展的唯一出路（通过速度与公路、航空竞争）。20世纪初至20世纪50年代，德国、法国、日本等国都开展了大量有关高速列车的理论研究和实验工作。1903年10月27日，德国用电动车首创了实验速度达210 km/h的世界纪录。1955年3月28日，法国用两台电力机车牵引3辆客车创造了331 km/h的世界纪录。1990年5月，TGV-A325号动车组在大西洋线创造了515.3 km/h的轮轨铁路新纪录。2007年4月3日，法国V150动车组创造了574.8 km/h的世界纪录。

铁路的高速技术从20世纪60年代开始进入实用阶段。1964年10月1日清晨6时，日本东京9号站台"光"号列车起动，最终加速至210 km/h，标志着世界铁路进入高速时代。

第一节　高铁的相关概念

高速铁路的定义：高速铁路简称"高铁"，是指通过改造原有线路（直线化、轨距标准化），使最高营运速度达到不小于200 km/h，或者专门修建新的"高速新线"，使营运速度达到至少250 km/h的铁路系统。高速铁路除了列车在营运时要达到一定速度标准外，车辆、路轨、操作都需要配合提升。

动车组的定义：动车组就是把带动力的动力车与不带动力的非动力车按照预定的参数组合在一起，正常使用的过程中不拆分编组的列车，且两端都具有司机室。

高铁速度的分级：常速100~120 km/h；中速120~160 km/h；准高速160~200 km/h；高速200~400 km/h；超高速>400 km/h。

1. 按动力燃料类别分类

动车组按动力装置可分为柴油动车组、燃气轮动车组和电力动车组3类。电力动车组按电流制又分为直流电力动车组和交流电力动车组两种。柴油动车组按传动方式又分为机械传动动车组、液力传动动车组和电力传动动车组3种。燃气轮动车组按传动方式又分为电力传动动车组和液力传动动车组两种。蒸汽动车之间无法联控，所以没有蒸汽动车组。

2. 按动力形式分类

一般来说，动车组可以简单地分为动力集中和动力分散。目前动车组中动力集中系动车组较少，如德国的 ICE1、ICE2，法国的 TGV，我国的"中华之星""蓝箭""神州"等；动力分散系动车组最为常见，如法国的 AGV、TGV-V150，德国的 ICE3，日本的新干线动车组，我国的"春城""先锋""中原之星""长白山"，以及 CRH 和 CR 系列均属此列。

如果细分可以按动拖比来分，列车中有动力的车轴所承载的车重与无动力的车轴所承载的车重之比称为动拖比。列车动拖比小于 1∶3 为动力集中；小于 1∶1 但不小于 1∶3 为弱动力分散；等于和大于 1∶1 为强动力分散。

低速运行时动力集中与动力分散无明显的优劣，但是随着速度的提高，动力集中轮轨问题比较突出。第一，动力集中方式机车过重对轨道的冲击大；第二，动力集中头车黏着接近饱和而其他车厢黏着未充分利用，速度越高，黏着利用的矛盾越突出；第三，动力集中于头车对动力设备功率造成限制，难以满足进一步提速的要求。而这些都是动力分散可以解决的，因此目前的主要高速动车组均采用动力分散的形式。

第二节　国外高速动车组车辆

一、日本新干线

第一条新干线是连接东京与大阪之间的东海道新干线，于 1964 年 10 月 1 日开始通车营运，也是全世界第一条载客营运高速铁路系统。东京—大阪的运行时间从过去的 6 h 30 min 缩短到 3 h。日本新干线通车多年从未发生过因人为因素导致人员死亡的事故，因此号称为全球最安全的高速铁路之一，也是世界上行驶过程最平稳的列车之一。

新干线列车皆采用动力分散驱动方式，轴重较轻，可减轻路线的维护保养费用；行车时的晃动极小，为世界上运转品质最佳的高速铁路之一。

新干线上运行的车辆有 0 系、100 系、200 系、300 系、400 系、500 系、700 系、N700 系（摆式）（见图 2-2-1）、N700A 系（摆式）、800 系（摆式）、E1（600 系改名、E 系为双层）、E2、E3、E4、E5、E6、E7（W7）、L0（磁浮）。

图 2-2-1　N700 系驶过富士山

日本东日本旅客铁路公司于 2005 年开始研制开发新一代高速列车，其目标运行速度为 360 km/h，取名为 Fastech360 型。该试验型高速列车由东日本旅客铁路公司和川崎重工、日立等企业联合研制成功。Fastech360 试验型高速列车有两种类型：Fastech360S 型适用于新干线准轨线路（8 辆编组，车体宽度为 3 380 mm）；Fastech360Z 型适用于既有线改造的小型新干线线路（6 辆编组，车体宽度为 2 904 mm），其内部设备基本相同。新干线历代营业车辆如表 2-2-1 所示。

表 2-2-1　新干线历代营业车辆

型号	营运最高速度/(km/h)	1960 年代	1970 年代	1980 年代	1990 年代	2000 年代
0 系	220*	1964—2008 年				
100 系	230*			1985—2012 年		
200 系	240*			1982—2013 年		
300 系	270				1992—2012 年	
400 系	240				1992—2010 年	
500 系	300*				1997 年—	
700 系	285				1999 年—	
N700 系	300*					2007 年—
800 系	260					2004 年—
L0 系	505	2027 年（目标）-				
E1 系	240				1994—2012 年	
E2 系	275*				1997 年—	
E3 系	275*				1997 年—	
E4 系	240				1997 年—	
E5 系	300*	2011 年 -				
E6 系	300*	2013 年 -				
E7 系	260	2014 年 -				
日本国铁（1964—1987 年）					JR 等各公司（1987 年—）	

注：*号表示最初运营速度。

二、法国 TGV

TGV，全名为"train à grande vitesse"，是法国的高速铁路系统。它由阿尔斯通（Alstom）及法国国家铁路局（SNCF）负责开发，营运由 SNCF 负责。TGV 列车往来巴黎及邻国的城市，包括比利时、德国、瑞士等。一些国家的铁路公司从法国购入 TGV 列车或技术，如荷兰、韩国、西班牙、英国及美国。现在，TGV 列车由阿尔斯通负责生产。巴黎和里昂是法国最大的两个城市，连接两座城市的 TGV 东南线于 1981 年（南段）和 1983 年（北段）分别投入运营，最高运行速度达到 270 km/h。巴黎—里昂 390 km，旅行时间仅为 2 h，比过去缩短一半。

TGV采用车头和车尾机车驱动，使用大功率电动机和铰接车架，轮轴高度较低且铁路信号灯放置于驾驶室内；而日本新干线采用全车辆驱动（动力分布式列车）。TGV列车造价较便宜，但线路的维修费用大，车辆的乘务员数少。TGV可以行驶在称为LGV（lignes à grande vitesse，高速铁路线）的线路上。TGV普通列车的商业运行速度可以达到320 km/h，LGV高速铁路线是特别设计的，没有急转弯。

TGV列车商业营运的最高速度为320 km/h（TGV-R，TGV-D与TGV-POS）。TGV的"V150"列车（采用了很多AGV的技术），在2007年4月3日的试验时达到574.8 km/h的纪录，虽然未能超越日本JR磁悬浮列车创下的陆上交通工具世界纪录（581 km/h），但在轮轨列车上仍是"全球第一速"。

TGV计划开始于20世纪60年代。当时，法国国家铁路局（SNCF）认识到，要与日益增长的私家车和快捷的空中交通竞争，他们除了提供快捷的速度外，别无他法。最初，这项计划被认为是走上了技术的"死胡同"。当时的业内人士认为，钢制轮轨系的技术已经研究到底了，应该是转移到磁悬浮或喷气动力式研究的时候了，因此，这项计划在一开始没有得到任何政府投资。

SNCF对TGV的构想是在列车保持兼容现有铁路设施的条件下开发高速铁路系统。这样做，有利于最大程度利用现行的铁路，特别是城市中心的铁路设施。如果在这些城市中心新建高速火车系统，如火车站等，代价是让人无法接受的。另一个好处是在现行铁路的基础上，用TGV列车达到部分高速铁路的目标，逐渐改进现有铁路系统，一步一步地实现铁路高速化。

AGV高速列车是法国第4代高速列车，设计速度360 km/h。AGV是阿尔斯通针对单层高铁最新推出的高铁车辆，采用动力分散式设计，设备分散于列车底部且自带动力，与日本的新干线及德国的ICE3（Velaro）类似，以期获得较多的室内空间，但仍采用关节式转向架，具有摆式功能。AGV高速列车每三辆车组成一个不可分离的牵引单元，设计的编组方案有6辆、9辆、12辆等多种，以列车编组9辆为例，全长175 m，定员359人，共有14根动轴，8根非动轴，头车的两端为非动力转向架，一等车座席间距为1 649 mm，二等车座席间距为968 mm。法国V150和法国AGV如图2-2-2和2-2-3所示。

图2-2-2　法国V150

图2-2-3　法国AGV

法国高速铁路以速度高、结构简便实用、造价低等特点闻名于世。东南线10年内即偿还了工程贷款本息。大西洋线13年可回收全部投资，单向运输能力是航空运输的10倍、高速公路的 5 倍；而能耗仅为公路的 1/3、航空的 1/5；单位运量占地仅为高速公路的 5%。

三、德国 ICE

城际特快列车（Inter City Express，ICE），是德国国铁为迈向国际化所注册的英文名字，简称 ICE。德国是铁路历史悠久的国家，德国政治家比其他欧洲国家更早地认识到铁路的重要性，但是在发展磁悬浮还是轮轨的问题上经过了旷日持久的争论，影响了德国的铁路高速化进程，直到 TGV 的成功刺激了德国铁路，德国政府才加快了发展高速铁路的步伐。

德国是世界上研究高速列车最为成功的国家之一，1970 年联邦德国就开始对未来长途运输系统新技术进行研究，探讨了磁悬浮技术与轮轨技术在高速铁路上的运用。直到 1982 年 5 月联邦德国才做出了在联邦铁路基础上修建高速铁路的决定，1991 年 ICE 列车正式运营。德国 ICE 系高速列车以其速度高、功能完备、技术等级高、性能稳定、车辆总体布置结构合理、运用维护性好等诸多优点而闻名于世，其中的多项技术被许多国家广为引用或借鉴。德国 ICE 系高速列车主要有 ICE1、ICE2、ICE3、ICE T、ICE TD 等。ICE1 是德国 ICE 系列第一代高速列车，是 1991 年投入运营的动力集中型高速动车组，最高运营速度为 280 km/h 以上；ICE2 是德国于 1997 年投入运用的动力集中型高速动车组，ICE2 在 ICE1 基础上进行了大量改进；ICE3 是 2000 年 5 月投入使用的动力分散型高速列车，最高设计速度达到 330 km/h；ICE T 是德国 1997 年开发的动力分散型高速摆式电动车组，最高运营速度为 230 km/h；ICE TD 是德国于 1997 年开发的动力分散型高速摆式内燃动车组，其最高运营速度为 200 km/h。目前，德国的 ICE 已经发展成为法国 TGV 和日本新干线的强劲竞争对手。

德国铁路和西门子公司为了对西班牙马德里—巴塞罗那高速新线的高速列车进行投标，合作研究开发了 ICE350E 型（也称 Valaro E）高速列车，并于 2006 年 1 月在马德里—巴塞罗那高速新线上进行了运行试验，成功地实现了 350 km/h 运行速度目标。德国 ICE 系高速列车如图 2-2-4 所示。

图 2-2-4　德国 ICE

四、其他国家的高铁发展及技术比较

高速铁路的发展对经济的发展有良好的促进作用，西班牙、意大利、瑞典、韩国、比利时、荷兰、英国和美国等国家都纷纷研究高速铁路技术，先后发展了一系列高速动车组。如西班牙的 AVE（法国引进）和 Talgo、意大利的 ETR 系列、瑞典的 X2000、韩国的 KTX（TGV）和 HSR。

无论是何种交通工具，旅客关注的是缩短旅行时间，而不是最高速度。因此提高铁路运输能力要涉及硬件和软件两个部分。

硬件部分包括最高速度、曲线通过速度、加减速度、道岔通过速度等机车车辆与地上设备等问题。

软件部分包括停车站的设定、联运、列车的速度差、待避、列车出入库等营业政策，以及运转设备能力。

从表 2-2-2 可以看出，德日法 3 国对高铁技术的认识大致相同。法国偏重于隧道问题、高密度运转信号系统；德国重视转向架技术的研究；日本更注重运行舒适性及环境相关问题。

表 2-2-2 德日法 3 国高铁技术的比较

技术指标	德国 ICE	法国 TGV	日本新干线
轨道	轨道强度、路基强度	轨道整备技术支撑方法	相应的轨道管理办法、容许超高冲击力影响
机车车辆	减小风阻、制动、感应电机、转向架、弹性车轮	减小阻力、铰接式转向架、增大功率、牵引电机减重	轻量化、断面小型化、减小阻力、增大功率、制动
稳定性与安全	运行稳定性、轮轨作用	转向架稳定性、踏面形状	运行稳定性、振动控制
信号	运转控制系统、设备安全	高密度运转系统	图案控制
受流	供电方式、受电弓特征	弓网结构、离线	振动和离线、耐磨性、离线空气动力学特征
空气噪声与振动	噪声、头车及中间车特征	隧道问题	微气压波、车内压力变化

第三节 国内高速动车组简介

2003 年，铁道部提出了"推动中国铁路跨越式发展"的总战略，从此，中国铁路进入了跨越式发展的新时代。

截至 2017 年年底，我国铁路总里程突破 12 万千米，高速铁路总营业里程达到 2.5 万千米，成为世界上高速铁路投产运营里程最长、在建规模最大的国家，高铁总营业里程达到世界的 2/3。目前，世界上已有中国、西班牙、日本、德国、法国、瑞典、英国、意大利、俄罗斯、土耳其、韩国、比利时、荷兰、瑞士等国家和地区建成运营高速铁路。

2007 年 4 月 18 日，我国第六次铁路大提速正式展开，CRH1、CRH2、CRH5 动车组大规模上线运行，列车运行速度达 200 km/h。其中京哈、京广、京沪、胶济线部分区段速度达到 250 km/h，我国从此进入了高速铁路时代。货运方面，在既有提速干线开行速度 120 km/h、载重 5 000 t 货运重载列车。通过此次提速，中国铁路客货运输能力分别增长 18%和 12%。自此之后，我国在既有线上不再大规模地进行提速，而是转向高速客运专线的建设。

随着京津城际铁路、石太客运专线、武广客运专线、郑西客运专线、沪宁城际铁路、沪杭城际铁路、京沪客运专线等的开通，大量速度 250 km/h、300 km/h、350 km/h 的动车组已经上线运行，我国高速铁路已经达到世界先进水平。

CRH（China Railway High-speed），即中国高速铁路，是中国铁道部对中国高速铁路系统建立的品牌名称，通常用来指2007年4月18日起在我国铁路第六次铁路大提速后开行的高速动车组列车。

我国将所有引进国外技术、联合设计生产的CRH动车组车辆均命名为"和谐号"，最新的中国标准化动车组命名为"复兴号"CR系列。

一、CRH1系列动车组

CRH1系列动车组是由四方机车车辆股份有限公司与加拿大庞巴迪的合资公司——青岛四方-庞巴迪铁路运输设备有限公司（BST）生产的。原型车以庞巴迪为瑞典SJ AB提供的Regaina C2008型为基础。

CRH1A型动车组是庞巴迪运输在Regina C2008的基础上研发的动车组，根据我国的需求调整了其编组，对转向架、轴箱定位结构进行了较大的变动。CRH1B是其长编组，CRH1E为卧铺动车组，是庞巴迪ZEFIRO 250平台的车型，本质上是另一种系列了，不属于CRH1的代表车型。CRH380D也是基于ZEFIRO平台研发的，如图2-3-1～图2-3-4所示。

CRH1A采用交流传动及动力分散式，运营速度为200 km/h。编组方式是全列8节，包括5节动车及3节拖车（5M3T）。列车全部由青岛的BST生产。第一组列车于2006年8月出厂投入试验，2007年2月CRH1A动车组正式开始在广深线投入试运行。CRH1B为16节大编组动车组。CRH1E以庞巴迪新研发的ZEFIRO系列为基础，为16节车厢的大编组卧铺动车组，每组包括10节动车配6节拖车（10M6T），最高运营速度为250 km/h。由于CRH1主要用于城际运输，加上车体外观与地铁列车相似，其原形车（Regina C2008）在国外都是以两、三节短编组运行，所以我国国内又将CRH1型动车组形象地称为"胖头鱼"。后期的新型CRH1采用了新头型，技术平台也不一样，整体性能有了较大的提升。

图2-3-1　CRH1型动车组

图2-3-2　新头形CRH1E

图2-3-3　CRH380D

图2-3-4　Regina动车组

二、CRH2系列动车组

CRH2型电动车组以日本新干线的E2-1000型电动车组为基础，是继我国台湾高铁的700T型电联车后，日本第二款出口国外的新干线列车。供我国使用的CRH2型虽然使用与E2-1000相同的电动机，由于其编组方式是4节动车配4节拖车，动力比日本的6M2T编组E2系小，因此在营运速度方面会比日本本土的E2系有所下调，最高营运速度为200 km/h（CRH2A）。

2004年，铁道部为国内铁路进行提速，向日本的川崎重工订购了速度为200 km/h的高速动车组，首批60列CRH2A于2007年11月底全数交付。第六次提速调图后分配到济南、武汉、北京、郑州、上海及南昌铁路局，运行于京广、京沪、浙赣、胶济等线上。

CRH2B为16节长大编组动车组，在CRH2A基础上扩编至16节。CRH2E为16节长大编组的卧铺电力动车组，CRH2C（300 km/h级别）作为京津城际高速铁路的用车在2008年8月投入使用，标称速度300 km/h，最高营运速度为350 km/h。CRH380A型电力动车组，或称CRH2-380型，是我国铁道部为营运新建的高速城际铁路及客运专线，由青岛四方机车车辆股份有限公司在CRH2C（CRH2-300）型电力动车组基础上自主研发的CRH系列高速动车组。CRH380AL为CRH380A的长编组，在2010年12月3日的先导试验中创造了486.1 km/h的试运营纪录。CRH2系列动车组如图2-3-5～图2-3-8所示。

图2-3-5　CRH2A动车组

图2-3-6　CRH380A动车组

图2-3-7　CRH380AM动车组

图2-3-8　E2-1000动车组

三、CRH3系列动车组

CRH3由唐山轨道客车有限责任公司（联合德国西门子，引进技术）生产，原型车为ICE3。

CRH3 动车组基于西门子高速列车 Velaro 平台。Velaro 平台采用动力分散技术，车辆所有部件设计统一，低轴重使基础设施的维修成本更低，最高速度达 300 km/h。德国 ICE3 改为动力分散式的设计，不再是如前两代高铁 ICE 列车有动力车头，以满足最大轴重 17 t、最高营运速度 330 km/h、最大爬坡能力 4%，以及提供更多的座位容量等需求。ICE3 不同于只配有单一电源系统的前两代高铁 ICE 列车，ICE3 除具有德国单电源系统（15 kV，162/3 Hz）的车种外，另有配备四电源系统（交流电 15 kV 和 25 kV，直流电 3 kV 和 1.5 kV）的车种，以适应不同供电系统的欧陆多国联运。

CRH3 作为京津城际高速铁路的用车在 2008 年 8 月投入使用。CRH3D 是以 CRH3C 为基础的 16 节车厢的大编组动车组。

CRH380B 型电力动车组（或称 CRH3-380）是由唐山轨道客车有限责任公司、长春轨道客车股份有限公司在 CRH3C 型电力动车组基础上自主研发的 CRH 系列高速动车组，也是"中国高速列车自主创新联合行动计划"的重点项目之一，CRH380BL 是其长编组。CRH380CL 型电力动车组，是长春轨道客车股份有限公司在 CRH3C、CRH380BL 型电力动车组基础上自主研发的 CRH 系列高速动车组，网络系统采用自主研发的系统。另外，CJ1 和 CJ2 城际动车组也是在 CRH3 系列平台上研制的国产化程度较高的动车组。CRH3 系列动车组如图 2-3-9 ~ 图 2-3-12 所示。

图 2-3-9　ICE3 动车组

图 2-3-10　CRH3C 动车组

图 2-3-11　CRH380B 动车组

图 2-3-12　CRH380CL 动车组

四、CRH5 系列动车组

CRH5A 型动车组技术引进法国阿尔斯通公司的高速列车车型。头形采用 Pendolino4 宽体摆式列车头形，转向架以出口西班牙的 TAV-S104 为基础，但取消了装设的摆式功能并换用了空气弹簧，车体以法国阿尔斯通为芬兰国铁提供的 SM3 动车组为原型，由长春轨道客车股份有限公司（联合法国阿尔斯通）负责在国内生产。由于 CRH5 没有具体的原型车，技术成熟性较差，所以早期 CRH5A 故障较多，但在故障的解决过程中也大幅度提升了相关科研单位的自主研发能力。CRH5A 的抗低温性能较好，CRH5A 后期完成了牵引和网络系统的完全自主化，是中国最先批量装车国产化牵引和网络系统的动车组。CRH5 系列动车组如图 2-3-13 和图 2-3-14 所示。

图 2-3-13　CRH5A 型动车组　　　　　图 2-3-14　CRH5E 型动车组

五、CRH6 系列动车组

CRH6 型电力动车组是由中车青岛四方机车车辆股份有限公司（简称四方）和南京浦镇车辆有限公司（简称浦镇）共同研制开发的 CRH6 系列电力动车组，有 CRH6A、CRH6F、CRH6S 几个型号，列车由四方技术总负责，浦镇四方联合设计，并分别在两公司及广东（新会）基地生产。CRH6 型动车组适用于城市间以及市区和郊区间的短途通勤客运，满足载客量大、快速乘降、快启快停的运营要求。该车关键技术及零部件与和谐号动车组完全一致。

CRH6 型车实现 3 个覆盖：覆盖速度 160～250 km/h 速度等级，覆盖干线铁路和城际铁路的运营需求，覆盖国内和国际城际动车组的运营需求。CRH6 型车技术质量达到国际先进水平，引领世界城际动车组的发展方向。该车型首先在珠三角地区投入运营，包括广珠城轨、广佛肇城轨等。

2014 年 2 月 12 日，CRH6A-4002 首次在成灌铁路载客运行，这也代表着 CRH6 正式投入商业化运营，与大部分 CRH 动车组所使用的车体色带颜色不同，CRH6 的列车车体色带颜色为橙色。CRH6A 型动车组如图 2-3-15 所示。

图 2-3-15　CRH6A 型动车组

六、"复兴号"动车组

为全面提升中国高速铁路动车组设计、软件开发、制造技术水平,打造适合中国国情、路情的高速动车组设计制造平台,实现中国高速铁路动车组自主化、标准化和系列化,促进动车组由中国制造到中国创造的跨越,2012 年以来,在中国铁路总公司主导下,中国铁道科学研究院技术牵头,集合中车集团及相关企业、高校、科研院所的力量,开展中国标准动车组设计研制工作。

"复兴号"动车组列车,是中国标准动车组的中文命名,是由中国铁路总公司牵头组织研制、具有完全自主知识产权、达到世界先进水平的动车组列车。2017 年 6 月 25 日,中国标准动车组被正式命名为"复兴号",次日在京沪高铁正式双向首发。

"复兴号"动车组英文代号为 CR,列车水平高于 CRH 系列。3 个级别为 CR400/300/200,数字表示最高速度,而持续速度分别对应 350 km/h、250 km/h 和 160 km/h,适应于高速铁路(高铁)、快速铁路(快铁)、城际铁路(城铁)。"复兴号"CR400 系列上挡速度为 400 km/h、标准速度为 350 km/h,目前有两个型号——CR400AF 和 CR400BF。

"复兴号"中国标准动车组构建了体系完整、结构合理、先进科学的技术标准体系,动车组基础通用部分、车体、走行装置、司机室布置及设备、牵引电气、制动及供风、列车网络标准、运用维修等 10 多个方面均达到国际先进水平。

"复兴号"中国标准动车组大量采用中国国家标准、行业标准、中国铁路总公司企业标准等技术标准,同时采用了一批国际标准和国外先进标准,具有良好的兼容性能,在 254 项重要标准中,中国标准占 84%。最重要的是中国标准动车组整体设计以及车体、转向架、牵引、制动、网络等关键技术都是我国自主研发,具有完全自主知识产权。其技术创新及成果主要体现在:

(1)安全保障技术更先进。"复兴号"中国标准动车组设有智能化感知系统,并建有强大的安全监测系统,全车部署了 2 500 余项监测点,能够对走行部状态、轴承温度、冷却系统温度、制动系统状态、客室环境进行全方位实时监测。"复兴号"中国标准动车组还增设了碰撞吸能装置,以提高动车组被动防护能力。为适应我国地域广阔、环境复杂($-40 \sim +40$°C)、长距离、高强度运行的需求,"复兴号"中国标准动车组按最高等级(设计寿命 30 年或 1 500 万千米)考核动车组主要结构部件,整车进行 60 万千米运用考核(欧洲一般为 40 万千米)。

(2)乘坐体验更良好,不但能充电而且有 WiFi。"复兴号"中国标准动车组车厢内实现了 WiFi 网络全覆盖,设置不间断的旅客用 220 V 电源插座;空调系统充分考虑减小车外压力波的影响,通过隧道或交会时减小耳部不适感;列车设有多种照明控制模式,可根据旅客需求提供不同的光线环境。"复兴号"中国标准动车组还采取了多种减振降噪措施,改进了洗漱设施,设置了无障碍设施等,能够为旅客提供更好的乘坐体验。

(3)感知系统更智能化,出现异常自动限速或停车。"复兴号"中国标准动车组采集各种车辆状态信息多达 1 500 余项,能够全面监测列车的运行状况,实时感知列车状态,包括安全性能、环境信息(如温度)等,并记录各部件的运用工况,为全方位、多维度故障诊断、维修提供支持。列车出现异常时,可自动报警或预警,并能根据安全策略自动采取限速或停车措施。此外,"复兴号"中国标准动车组还采用远程数据传输,可在地面实时获取车辆状态信息,提升地面同步监测、远程维护能力。

（4）车体低阻力流线型、平顺化设计，不仅能耗大大降低，车内噪声也明显下降。"复兴号"中国标准动车组列车阻力比既有 CRH380 系列降低 7.5%~12.3%，350 km/h 速度级人均百千米能耗下降 17%左右，有效减少了持续运行能量消耗。在车体断面增加、空间增大的情况下，"复兴号"中国标准动车组按速度 350 km/h 试验运行时，列车运行阻力、人均百千米能耗和车内噪声明显下降，表现出良好的节能环保性能。"复兴号"动车组如图 2-3-16 和图 2-3-17 所示。

图 2-3-16　CR400AF 动车组

图 2-3-17　CR400BF 动车组

第四节　CRH380AL 动车组总体

一、CRH380AL 动车组编组

1. 动力配置

CRH380AL 动车组（16 编组）在 CRH2 型平台成熟可靠的基础上，通过速度提升和优化设计，完成自主研制。动车组由 14 辆动车 2 辆拖车共 16 辆车构成编组，编组配置如图 2-4-1 所示。另外，两列动车组可重联运行。

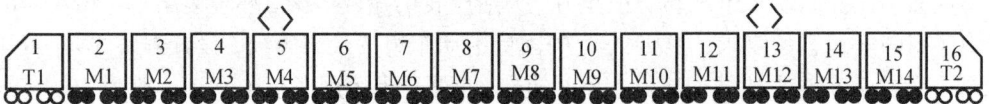

T：拖车；M：动车

图 2-4-1　编组配置

2. 主要设备配置及轴重

各车辆的主要设备如表 2-4-1 所示。

表 2-4-1　各车辆的主要设备配置

车号	形式	定员		主要设备		轴重/t	其他
		前 30 列	30 列以后	前 30 列	30 列以后		
1	T1	27	13	商务车、驾驶室	商务车、驾驶室	12.79	禁烟车厢
2	M1	56	56	一等车	一等车	14.25	禁烟车厢
3	M2	24	56	商务车	一等车	12.93	禁烟车厢

续表

车号	形式	定员		主要设备		轴重/t	其他
		前30列	30列以后	前30列	30列以后		
4	M3	56	85	一等车	二等车	14.28	有弓、禁烟
5	M4	73	73	二等车	二等车	14.58	禁烟车厢
6	M5	85	85	二等车	二等车	14.6	有弓、禁烟
7	M6	85	85	二等车	二等车	14.48	轮椅、禁烟
8	M7	85	85	二等车	二等车	14.5	禁烟车厢
9	M8	38	38	餐座合造车	餐座合造车	13.29	禁烟车厢
10	M9	85	85	二等车	二等车	14.56	禁烟车厢
11	M10	85	85	二等车	二等车	14.45	禁烟车厢
12	M11	85	85	二等车	二等车	14.56	禁烟车厢
13	M12	85	85	二等车	二等车	14.8	禁烟车厢
14	M13	85	85	二等车	二等车	14.52	禁烟车厢
15	M14	85	85	二等车	二等车	13.6	禁烟车厢
16	T2	27	13	商务车、驾驶室、电茶炉、观光区	商务车、驾驶室、电茶炉、观光区	12.74	禁烟车厢
合计		1 066	1 099				

二、牵引方式

动车组采用动力分散交流传动方式,列车前后两端设驾驶室,通常运行时在前端驾驶室操作。列车牵引方式概述如下:

(1)供电方式为交流 25 kV,50 Hz(特高电压连接、单弓受流)。

(2)在最高电压 31 kV、最低电压 17.5 kV 的电源变动范围内不会发生异常。但是,额定输出只限于电网电压在 22.5~31 kV 范围内。

(3)动车组在规定载客人数、直线平坦区间时从 0~200 km/h 的平均加速度不小于 $0.39 \ m/s^2$。

(4)牵引控制为 VVVF 控制方式。

(5)附带 1 次电流限幅(limiter)控制功能。

(6)电气制动为再生制动方式。

(7)进行空转滑行控制。

(8)具有由牵引、再生制动控制的定速行驶功能,其定速范围为 30~350 km/h。

三、制动方式

1. 制动控制方式

(1)ATP 自动控制及手动控制。

(2)ATP 制动的空驶时间(制动响应时间)需在 3.5 s 以下(其中空气响应时间为 1.5 s,控制响应时间为 2 s)。

2. 制动方式

制动方式为电气再生制动方式和电气指令式空气制动方式并用，进行与速度-黏着形式相对应的制动力控制，设置滑行检测和载重调节功能。

3. 制动种类

（1）常用制动：根据指令的阶段控制方式。

（2）紧急制动：平时励磁方式（由指令线断路来使紧急制动动作）。

（3）快速制动：平时励磁方式（由环形电路断路来使快速制动动作）。

（4）辅助制动：制动控制装置不良时使用，只对两头车起作用。

（5）耐雪制动：防止雪天雪块嵌入制动盘和闸片间。

四、性能参数

1. 制动距离

在平坦线路上的快速制动时的制动距离或减速必须满足列车追行间隔的要求。制动距离满足如下要求。

（1）制动初速度为 350 km/h 时：≤6 500 m。

（2）制动初速度为 300 km/h 时：≤3 800 m。

2. 运行速度

（1）最高运行速度：350 km/h。

（2）最高试验速度：385 km/h。

3. 最小通过曲线半径

（1）连挂运行时：R250 m。

（2）单车调车时：R150 m。

（3）S 曲线时：R250 m 曲线 + 最小 10 m 直线 + R250 m 曲线。

4. 车体主要尺寸

CRH380AL 主要尺寸如表 2-4-2 所示。

表 2-4-2　CRH380AL 主要尺寸

项目	尺寸/mm	项目	尺寸/mm
头车	26 500	轨距	1 435
中间车	25 000	转向架中心距	17 500
车体最大宽度	3 380	固定轴距	2 500
车体最大高度	3 700	车轮径	860
车门处地板面高度	1 300	车钩高度	1 000
车厢天花板高	2 267		

五、牵引电路

牵引电路的基本单元由 1 台牵引变压器、2 台牵引变流器、8 台牵引电机构成,每辆动车是由 1 台牵引变流器控制 4 台牵引电机。

牵引电路系统以 2 辆 M 车为 1 个基础单元。电源由接触网通过受电弓从单相交流 25 kV、50 Hz 的接触网来获得,通过真空断路器(VCB)与牵引变压器的 1 次侧绕组连接,牵引电路开闭由 VCB 来实施。牵引变压器 2 次绕组侧设有 2 个线圈,1 次侧的电压为 25 kV 时,2 次侧两个绕组电压不小于 1 650 V。另外,还设有辅助绕组,此时辅助绕组电压为 400 V。

牵引变流器安装在 M 车上,由整流器和逆变器组成,其在牵引时向牵引电机提供电力,制动时进行电力再生控制。此外,牵引变流器还具有保护功能。

牵引电机采用三相鼠笼式感应电机,其轴端设置速度传感器,用于牵引变流器控制以及制动控制装置检测速度(转子频率数)。

牵引变流器故障时,相应各 M 车可单独控制动力输出。另外,基础单元可通过 VCB 进行整体断开,不会影响其他单元动作。

六、车体结构

车体为薄壁筒形的整体承载式轻量化结构,材料采用 5083、6N01 和 7N01 系列铝合金,贯彻部件的模块化组装概念,适应目前成熟的制造工艺。其中,侧墙和车顶为超薄大型中空铝型材的拼焊结构;底架为边梁承载的无中梁形式,车下设备吊挂采用横梁承载、地板加强的滑槽式悬挂结构,牵枕缓使用高强度型材拼接,强化局部承载能力;空调风道布置在底架地板与车内地板之间;设备舱为全封闭的螺栓固接形式;司机室采用数控加工板梁、蒙皮拼接的结构;车体结构在 ±6 000 Pa 交变气密载荷的作用下,各部分的最大应力幅值均小于材料的疲劳极限。

为达到减少车体的振动和降低车内噪声的目的,除了侧墙窗口范围内沿纵向位置的两块型材和底架边梁外,在大型中空挤压型材内部壁上加装热熔减振材料。

1. 侧　墙

侧墙是由大型中空薄壁挤压型材经自动 MIG 焊接而成。侧墙采用中空薄壁挤压型材,在保证刚度、强度的基础上,省略了侧墙内侧的立柱。

在侧墙的中间部位、行李架部位的一体化挤压型材上预设了用于内装饰材安装的 T 形沟槽。

型材间的焊接是沿车体纵向进行自动连续焊接。侧墙和车顶及侧墙和底架边梁的结合方式为连续焊接,其中外侧为气密焊接。

侧门的门袋部分在确保侧拉门开启空间的基础上,采用双层中空型材,满足了车体的刚度、强度、气密强度等方面的要求。

2. 端　墙

端墙由双层中空框架结构的铝型材焊接成的端墙板、铝型材拼焊而成的端门框和铝型材锤弯拼焊构成的端角柱焊接而成,在外风挡安装区域采用板梁结构。

端墙和车顶、端墙和侧墙以及端墙和底架缓冲梁之间的连接采用车内侧分段焊和车外侧气密焊接方式。

端墙分可拆卸端墙和不可拆卸端墙两种形式。可拆卸端墙由设置搬运卫生间模块开口的固定端和结构盖板组成，结构盖板采用板梁和中空型材连接结构，整体卫生间搬入后，结构盖板和与固定端间采用螺栓连接并做气密处理。

3. 车顶

车顶是由大型中空薄壁挤压型材构成，并且双层型材间设置薄壁斜筋结构。型材间的焊接为车体纵向的连续自动焊接，省略了纵向梁。车顶与侧墙的结合方式采用车内侧分段焊和车外侧连续焊接两种方式。司机室采用长为 12 000 mm 流线型设计，头车车顶的长度相对中间车较短。

4. 车头

车头部车体的横向骨架为环状结构，与纵向骨架连接，外板采用由铝合金板拼接的焊接结构。

5. 底架

底架主要由牵引梁、枕梁、缓冲梁、边梁、横梁、地板等结构组成，材料为铝合金型材或铝板。其中边梁及地板由长大铝合金型材纵向整体焊拼而成。底架边梁内筋为三角桁架结构。

枕梁使用材料为 A7N01S-T5 的厚壁中空型材焊接构成宽 800 mm、高 200 mm 的箱状结构，以提高抗扭曲和弯曲的刚度。

底架地板在横梁的上表面作为气密地板，其由双层中空型材拼焊而成，以增强地板的刚度和气密强度。

6. 车体材料

车体材料为 JISH4000（铝及铝合金板材及条材）或 JISH4100（铝及铝合金挤压型材）或同等材料，为不燃性结构，如表 2-4-3 所示。

表 2-4-3　车体材料

使用部位	材料牌号	类别、适用标准
车顶	A6N01S	铝合金中空挤压成型型材（JISH4100）
侧墙（车体结构）	A6N01S	铝合金中空挤压成型型材（JISH4100）
边梁	A6N01S	铝合金中空挤压成型型材（JISH4100）
枕梁	A7N01S	铝合金挤压成型型材（JISH4100）
横梁	A6N01S	铝合金挤压成型型材（JISH4100）
气密地板	A6N01S	铝合金挤压成型型材（JISH4100）

7. 地板构造

地板构造为双层地板结构：一是下部的车体气密地板，二是上部的车内地板。两层地板之间有一定间距，确保地板中间的空调通风管道以及座椅配线的空间。

车体气密地板是由大型挤压成型型材焊接而成，并在车内焊接地板托架。气密地板在沿车体纵向的方向上有高度差，中部较低，两端较高。

8．司机室

为使列车满足 350 km/h 的速度运行，列车头部结构由沿着头部形状构成环状的纵骨架（厚 6 mm 铝板）和横骨架焊接而成司机室骨架，以及外部焊接外板（厚 4 mm）构成。而且，为了降低列车在进入隧道时由微气压波引起的噪声，把断面面积的变化率设计得较平缓。

司机室的车窗骨架由铝合金挤压型材经加工后制成，呈空间曲面状。

七、车钩缓冲装置

铁道车辆通常是作为列车来进行编组运用的，因此车辆两端安装的车钩能自由地进行分离、合并就成为前提条件。CRH380AL 动车组由于其特殊性，所以其车钩的设计与普通车辆有所不同。

分离时，通过配置的气缸拉动解钩杆或手动拉动解钩杆来实现。车钩钩头使用密接式，车钩中心线距轨面高度为 1 000 mm。

1．密接式车钩的特征

（1）使用在高速列车上，具有充分的安全性。

（2）采用可以安装电气连接器的结构，使车辆之间电气的连接和分离比较简单地就可以进行。

（3）连接面的凸锥设计呈圆柱形，钩舌设计呈半圆柱形，使钩舌与车钩的分解、制造和维护都比较容易实施。

（4）空气管与钩体采用刚性连接。

2．缓冲器的特征

（1）前端车缓冲器 QYSD28030000 型具有较大的容量。

（2）中间车缓冲器 QYSD32010000 型是由两组橡胶缓冲器相互压缩组成的，该型缓冲器的初压力为 0，即使相互间有很小的冲击，缓冲器也能起作用。

（3）车钩受到的冲击无论是从压缩到拉伸，还是从拉伸到压缩的变化，缓冲器都能平滑地追随该变化并起到缓冲的作用。

（4）缓冲器无论是在压缩还是拉伸时，都不会与车体产生间隙，所以缓冲器（橡胶衬板）和车体（衬板保护）之间不会有撞击的声音。

3．中间车钩缓冲装置技术参数

（1）车钩的强度。拉伸载荷约 1 570 kN、压缩载荷约 3 040 kN。

（2）缓冲器性能。

最大载荷：拉伸时为 980 kN，压缩时为 980 kN。

能量吸收：拉伸时为 10.7 kJ，压缩时为 13.9 kJ。

行程：拉伸时为 41.1 mm，压缩时为 52.7 mm。

4. 头车钩缓冲装置技术参数

（1）车钩的强度。拉伸载荷约 1 570 kN、压缩载荷约 3 040 kN。

（2）钩缓冲器性能。

最大载荷：拉伸时为 980 kN，压缩时为 980 kN。

能量吸收：拉伸时为 23.5 kJ，压缩时为 23.5 kJ。

行程：拉伸时为 90 mm，压缩时为 90 mm。

5. 车钩结构

车钩结构示意图如图 2-4-2 和图 2-4-3 所示。

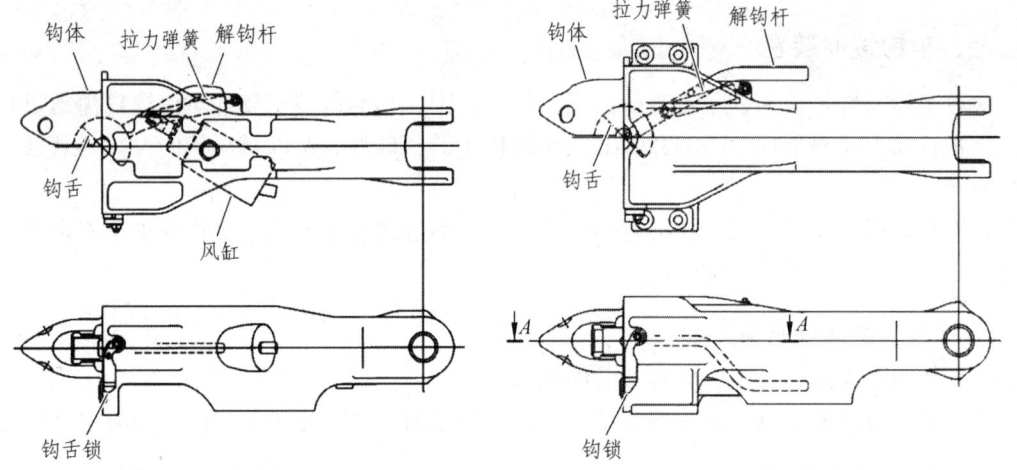

图 2-4-2　头车自动密接式车钩结构示意图　　图 2-4-3　中间车密接式车钩结构示意图

6. 自动密接式车钩连挂和解钩操作方法

头车自动密接式车钩的工作过程主要分连挂和解钩两种。当两车需要连挂时，两车钩以规定的速度相互接近，钩舌与对应车钩的钩头相接触，并在该钩头斜端面的压迫下逆时针转动，逐渐进入钩舌腔内，直至完全进入；与此同时，弹簧拉动解钩杆并带动钩舌顺时针转动，待转动停止后，半圆形钩舌和钩舌腔相互嵌套，完成连挂。当需要解钩时，通过向解钩风缸充入压缩空气，解钩风缸的活塞在压缩空气的作用下，克服弹簧作用力，推动解钩杆，并带动半圆形钩舌转动直到它处于解钩位置为止，此时原来连挂在一起的车钩将处于待解钩状态。自动车钩的连挂和解钩状态如图 2-4-4 所示。头车车钩手动解钩方法与中间密接式车钩解钩操作方法相同。

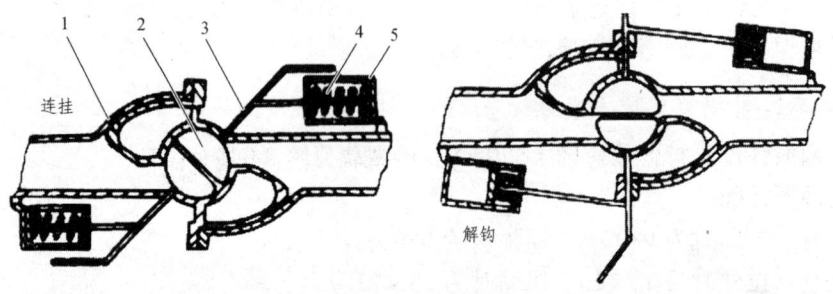

图 2-4-4　自动密接式车钩的连挂和解钩状态

1—钩头；2—钩舌（半圆形）；3—解钩杆；4—弹簧；5—解钩风缸

中间车密接车钩的工作过程主要分连挂和解钩两种具体操作方法，同头车的自动车钩有很大相似性，只是中间车的车钩一般不进行频繁的连挂和解编，因此不再详细介绍。

八、车头排障装置和开闭机构

1. 车头排障装置

车头排障装置由排障板与缓冲板构成，底部距轨道面 150 mm。排障板具有足够的强度，以保证在高速运行时有效排除轨道内侧的障碍物。另外，排障板的下部装有排障橡胶，下缘距轨道面 20 mm，用于清除轨道上较小体积的障碍物，如图 2-4-5 所示。排障橡胶磨耗限制：距轨面 20～28 mm。

缓冲板是 5 张铝板叠层结构，装在排障板的后方，吸收因变形引起的冲击能量。而且，为了检修时不影响拆卸安装作业，在缓冲板上开有缺口。维护时主要检查各部件功能良好，悬挂螺栓不允许松动，且各焊接部位无疲劳开裂现象。

车头排障装置排障橡胶距轨面高度 20～28 mm，如果调整不到位或磨损严重则需更换，更换后高度尺寸按新造车要求调整。

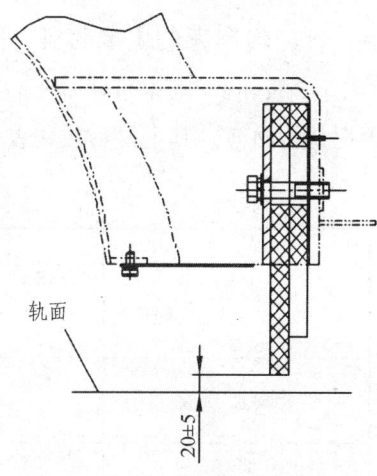

图 2-4-5 排障橡胶安装位置

2. 开闭机构

前罩开闭机构由 3 部分组成：开闭装置、锁紧装置与头罩，如图 2-4-6 所示。

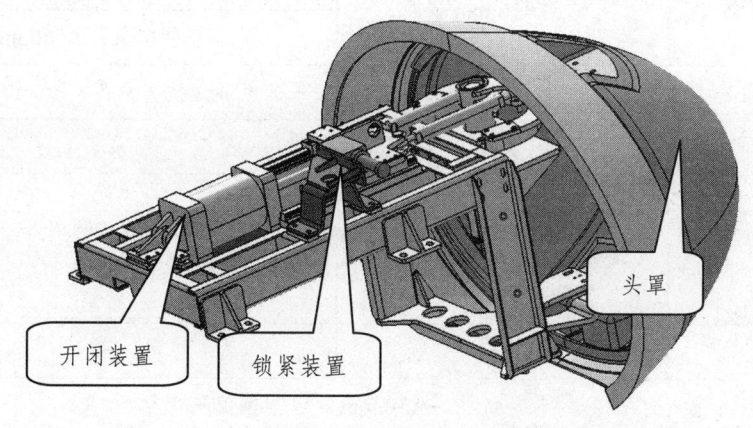

图 2-4-6 前罩开闭机构组成

（1）开闭装置：装置的主体部分由主体框架、悬挂支架、安装翼、主推气缸、精密直线导轨组成。

（2）锁紧装置：起辅助保护作用，主要由框架和锁紧气缸组成。

（3）头罩：采用玻璃钢（FRP）材质成型，通过螺栓、定位销与上下安装翼连接，左右头罩通过定位销紧密闭合。

使用时，在轴承、滑轨处定期涂抹润滑油。维护时，要注意各部位的功能良好，开闭罩打开顺利，并且保证开闭罩无缺裂。焊接部位应无开裂，连接螺栓无松动。

第五节　CRH380AL 动车组转向架及驱动装置

一、转向架的主要特征

CRH380AL 动车组动车转向架型号为 SWMB-400，拖车转向架型号为 SWTB-400，均为无摇枕转向架。其主要参数如表 2-5-1 所示。

表 2-5-1　主要参数

项目	转向架形式	
	动车转向架 SWMB-400	拖车转向架 SWTB-400
转向架质量	7.265 t	端部车（不带清扫装置）：6.52 t 端部车（带清扫装置）：6.543 t
固定轴距	2 500 mm	
车轮直径	新轮 ϕ860 mm（最小使用直径 ϕ790 mm）	
轴承中心间距	2 000 mm	
转向架最大长度	3 416 mm	一般转向架：3 416 mm 车头转向架：3 566 mm
转向架最大宽度	3 102 mm（两空气弹簧最大横向距离）	
空气弹簧左右间隔	2 460 mm	
空气弹簧有效直径	ϕ520 mm	
驱动方式	平行挠性齿轮联轴节，1 级减速齿轮方式	—
齿轮比	2.379	—
轴箱轴承	ϕ130 mm 自密封圆锥滚珠轴承	
制动方式	空气制动，轮盘方式	空气制动，轮盘与轴盘并用方式
制动夹钳装置	RZKK Type18	RZKK Type12
制动倍率	8.46	
闸片	浮动式粉末冶金闸片	
轴箱定位方式	转臂式（轴梁式）轮对轴箱定位	

1. 转向架的技术特征

（1）轮对。为检修探伤操作方便及减轻质量，轮对采用了合金钢空心车轴，车轮直径为860 mm。制动采用盘式制动，动车转向架采用轮盘方式，拖车转向架采用轮盘和轴盘并用方式。

（2）轴箱轴承。轴箱轴承使用自密封式的双列圆锥滚子轴承（油脂润滑方式），以此来达到减轻质量和降低维修频度的目的。

（3）轴箱定位装置。轴箱定位装置采用转臂（轴梁）式定位方式，以此来减轻磨耗并简化调整方法，从而达到降低维修频度及减轻其质量的目的。

（4）牵引装置。牵引装置为单连杆方式，以此来达到减轻质量及降低维修频度的目的。

（5）基础制动装置。基础制动装置采用 RZKK 型气动式制动夹钳及浮动式闸片，可使制动力分布更为均匀，有效地减少热斑、颤振，并可以进一步减轻质量。

2. 传感器的配置

动车转向架的配置，因由安装在牵引电机上的 PG 传感器来获得信号，所以轴端没有配置速度传感器。两端头车用的拖车转向架由配置在各轴端的速度传感器 AG37 来获得检测滑行用的速度信号，除 AG37 之外，还配置了列车自动控制（ATC）用速度传感器 AG43 和速度传感器 GEL247Y（或其他类型）。

3. 轴箱定位装置的设计

轴箱定位装置的设计需要满足以下条件：

（1）对稳定性和曲线通过性能而言，应能够自由地选择最匹配的轴箱定位纵、横向刚度。

（2）对垂向振动特性而言，需要能够自由选择最佳的轴箱垂向刚度。

（3）各部件应耐用，尽量避免因年久而发生特性的变化。

（4）零部件数量少，能够容易进行组装、分解等保养工作。

（5）为满足这些条件，轴箱定位装置采用转臂式定位方式。

转臂式定位装置由定位转臂与定位节点及轴箱弹簧（螺旋弹簧）、一系垂向减振器、防振橡胶、弹簧夹板（上、下）等构成。定位节点提供适当的纵向、横向定位刚度。垂向的载荷由轴箱弹簧全部承担。

转臂式定位方式有以下优点：

（1）根据定位节点，可以选择轴箱纵向、横向刚度。

（2）垂向采用轴箱顶置钢弹簧，弹簧刚度选择范围大，并且与纵向、横向刚度几乎无关，可以单独设计。

（3）因为没有滑动部分或磨损部件，可以减少维修工作。

（4）与其他轴箱定位方式相比较，部件数少。

二、转向架结构

动车转向架主要由构架、轮对组装、轴箱装置、一系悬挂、二系悬挂、牵引驱动装置、基础制动装置和踏面清扫装置8部分组成，动力转向架安装于第 2～15 车，具体结构如图 2-5-1 所示。

拖车转向架可分为中间转向架和端部转向架两类，两者结构基本相同，只是端部转向架上装有排障器。中间转向架主要由构架、轮对组装、轴箱装置、一系悬挂、二系悬挂、基础制动装置、踏面清扫装置和速度传感器安装 8 部分组成，具体结构如图 2-5-2 所示。拖车转向架分别安装于动车组的第 1 和 16 号车。

图 2-5-1　CRH380AL 动力转向架　　　　图 2-5-2　CRH380AL 拖车转向架

1. 转向架构架

构架为钢板焊接结构，主体框架呈 H 形，由两侧梁、横梁、纵向连接梁、空气弹簧支承梁及其他焊接附件构成。侧梁为箱形断面，横梁采用无缝钢管型材。

（1）侧梁。动车转向架和拖车转向架的构架侧梁为同一结构，其材质为用于焊接结构的耐候钢板，牌号为 SMA490BW。

侧梁端部轴箱弹簧筒与侧梁主体相连接的断面形成柔滑面，以此达到减缓应力集中的目的。

（2）横梁。采用与侧梁相同牌号的耐候管材，侧面设有空气弹簧座，其内腔作为空气弹簧用的辅助空气室。另外，只有辅助空气室部分为密封结构。

动车转向架的横梁上焊有由用于焊接结构的压形钢板制成的牵引电机吊座、齿轮箱吊座、轮盘制动吊座等。靠车端方向的牵引电机座还兼作牵引装置的单牵引拉杆座。

拖车转向架的横梁上焊有由压形钢板制成的制动吊座、轮盘制动吊座等。其与动车转向架一样，近车端处为单拉杆座。

制动吊座：用于动车转向架的仅有轮盘制动吊座，用于拖车转向架的除用于轮盘的制动吊座外还有轴盘制动吊座。

动车转向架、拖车转向架靠近车端的横梁上焊有由压形钢板制成的抗侧滚扭杆安装座。

2. 一系悬挂装置

（1）轴箱弹簧装置。转向架的轴箱定位采用转臂式定位，轴箱体的上部安装了轴箱弹簧（双圈螺旋弹簧组）。轴箱弹簧通用于动车转向架及拖车转向架。轴箱弹簧外安装了防雪和防尘的防雪罩。同时，转向架构架的端部，用螺栓连接着用于整体转向架起吊连接轮轴和转向架构架的轮对提吊装置。

轴箱弹簧上、下夹板的材料是 25 钢。上夹板内侧还套有防止电气腐蚀的绝缘罩，上部镶嵌有防尘帽。

（2）一系垂向减振器。为了减少垂向的高频振动，在转向架构架与轴箱体之间，安装了一系垂向减振器，减振器型号为 VD42090-1，其基本结构如图 2-5-3 所示。

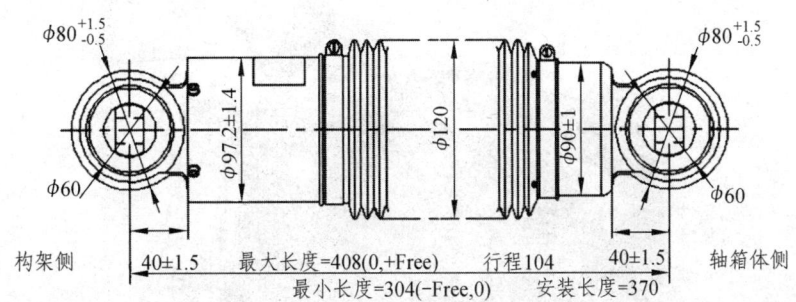

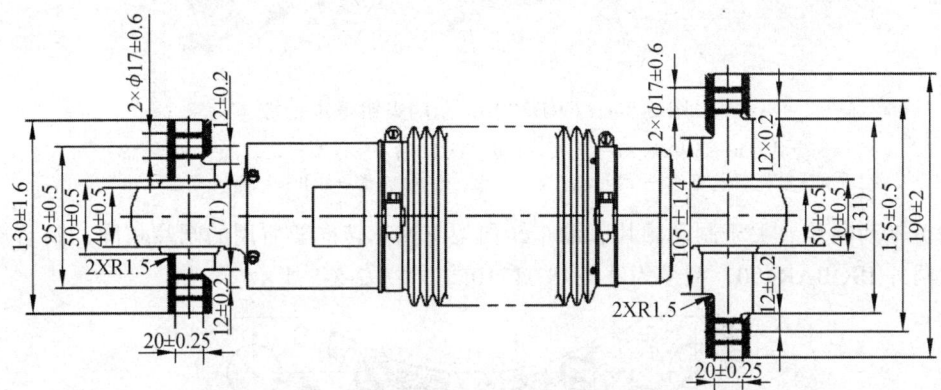

图 2-5-3　CRH380AL 转向架一系减振器结构图

减振器使用的密封垫采用高级合成橡胶，工作油（减振器油）采用优质的矿物油，具备适合油压减振器功能的特点。同时，活塞杆表面进行研磨之后，使用硬质镀铬合金。暴露在一系垂向减振器外部的部分，全部进行了防腐处理，并全部涂有油漆。

3. 制动装置

转向架制动装置采用气动式夹钳、浮动式闸片（ISOBAR）的盘式制动方式。该结构可使制动力更为均匀，有效地减少热斑、颤振。

夹钳装置的种类有：用于动车转向架的"M 车轮盘制动夹钳 RZKK TYPE18"；用于拖车转向架的轮盘制动夹钳和轴盘制动夹钳相同，即"T 车制动夹钳 RZKK TYPE12"。因动车转向架和拖车转向架的制动盘所需的制动力是不同的，所以夹钳气缸的直径也不同。

（1）制动夹钳装置。制动夹钳装置具有自动间隙调整机构，制动夹钳的主要参数如表 2-5-2 所示，其基本结构如图 2-5-4 所示。

表 2-5-2　制动夹钳装置主要参数

使用场所	M 车轮盘	T 车轮盘	T 车轴盘
型号	RZKK TYPE18	RZKK TYPE12	
气缸有效面积/cm²	112	77.4	
制动盘尺寸/mm	ϕ710×128×150（外形×厚度×宽度）	—	ϕ670×80×145（外形×厚度×宽度）
作用半径/mm	280	263	

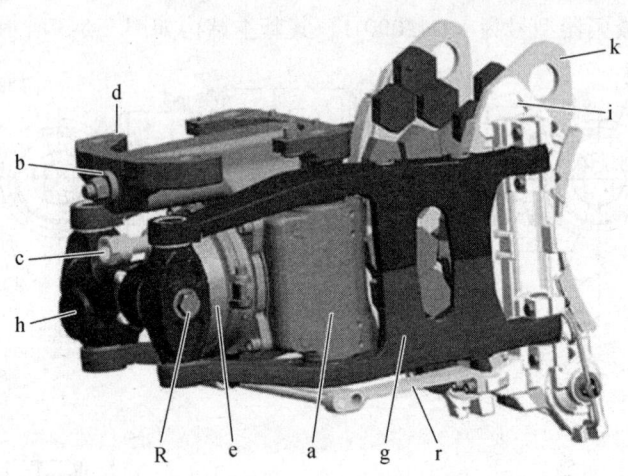

图 2-5-4 CRH380AL 制动夹钳基本结构

a—壳体；b—支撑销；c—进气口；d—安装座；e—膜板风缸；g—夹钳臂；
h—推杆调整器；i—闸片托；k—闸片；r—平行滑杆；R—六角头复位螺栓

（2）制动闸片。关于制动闸片，动车转向架与拖车转向架所用的闸片相同；制动闸片为浮动式闸片 ISOBAR400，型号为Ⅱ48487/17105，如图 2-5-5 所示。

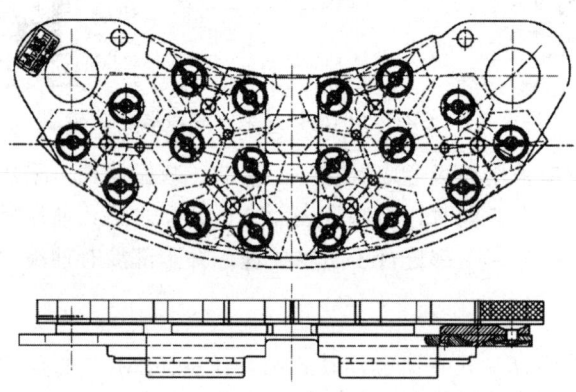

图 2-5-5 CRH380AL 制动闸片

4. 踏面清扫装置

踏面清扫装置的作用是在车辆行驶中清除附着在车轮踏面上的尘埃、锈迹、油脂等，为防止空转和打滑，并在制动时将闸瓦（研磨子）压在踏面上进行清扫。作为耐寒防雪对策，为防止装置阻塞，故将气缸、复位弹簧、自动间隙调整装置合成一个单元。研磨子的材质采用树脂系列。

踏面清扫装置的主要参数如下，其基本结构如图 2-5-6 所示。

形式： 直动型
气缸尺寸/mm： $\phi 40$
面积/cm^2： 12.57
使用空气压力/MPa： 0.49～0.59
最大行程/mm： 80
闸瓦（研磨子）厚度/mm： 40（有效磨耗量：30）

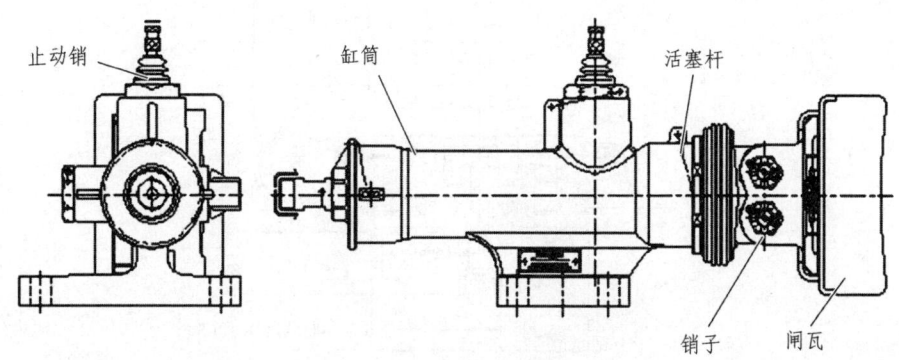

图 2-5-6 踏面清扫装置基本结构

1）踏面清扫装置的动作说明

踏面清扫装置是由 4 根螺栓将其固定在转向架构架和制动夹钳支持架上，通过连接器加压后，活塞杆被顶出，装置在活塞头端的闸瓦（研磨子）就触抵车轮的踏面。缓解时，在复位弹簧作用下，活塞杆及闸瓦复位。研磨头托架的连接销由防振橡胶支撑，吸收车轮的倾斜，以防止研磨头的偏磨耗并减轻振动。

2）止动销式的间隙调整装置

闸瓦（研磨子）与车轮的踏面磨耗后，止动销座（安装在活塞杆的槽内）的顶部将弹簧压住的止动销推起并越过它，由此使闸瓦（研磨子）与车轮踏面的间隙保持在 15～22 mm。若缸内有空气残留的，须将止动销拉出 2～3 次进行排气。

5. 二系悬挂装置

二系悬挂装置是转向架支撑车体的装置，其由非线性空气弹簧、牵引装置、普通横向减振器、半主动横向减振器、抗蛇行减振器、抗侧滚扭杆装置等构成。另外，通过牵引装置将转向架的牵引力传递到车体。由于是无摇枕转向架，通过抗蛇行减振器提供转向架的回转力矩。为了弥补空气弹簧垂向刚度下降导致抗侧滚刚度降低，加装了抗侧滚扭杆装置。

1）空气弹簧

转向架空气弹簧具有左右方向特性，能在列车直线通过时柔和调节，并且在列车曲线通过时缓和因超速离心力导致的车轮对左右活动阻挡装置的撞击，是一种协调式"非线性空气弹簧"。

为提高在高速状态下列车通过曲线时的乘坐舒适度，实现左右方向的弹簧常量的非线性化，采用了在积层橡胶与下盖板之间安设机械止动装置的结构（内止挡）。

由于非线性空气弹簧左右方向特性具有非线性特点，装载位置的误差会使橡胶弹簧不能工作在最佳的性能区间内，因此在橡胶堆的下面安设专用的定位销装置。

由于内部空气压力的作用，橡胶囊被压入空气弹簧上盖板和下盖板的密封部，从而形成自密封结构。空气弹簧的有效直径为 527 mm，节流孔为固定节流孔。

空气弹簧向上移动量是 70 mm，向下移动量是 40 mm。为使转向架在空气弹簧无气时能够行驶，在下盖板的上面设置有由聚四氟乙烯制的摩擦板，在上盖板的下面设置有不锈钢板，在故障工况下也可以通过弯道。空气弹簧结构如图 2-5-7 所示。

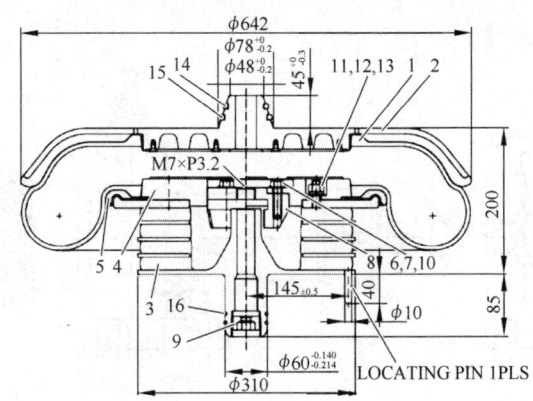

图 2-5-7 空气弹簧结构及构成零件

1—橡胶囊；2—上盖板；3—橡胶堆；4—下盖板；5—橡胶座；6，7—垫片；8—内止挡；9—可更换节流孔；
10—六角螺栓（M12×1.75×40）（4）；11—六角螺母 M12×1.75（6）；12—垫圈 12（6）；
13—弹性垫圈 12（6）；14—O 形圈 P50A；15—O 形圈 P60；16—O 形圈 G552

2）牵引装置

牵引装置安装在车体上的中心销和转向架构架上的牵引拉杆座上，牵引拉杆两端带有橡胶节点，是传递牵引力的装置。如图 2-5-8 所示，其特征如下：

（1）转向架的转向力是依靠牵引拉杆两端的橡胶节点产生变形力来进行传递。

（2）转向架横向的复原力除依靠空气弹簧的横向刚度来实现外，也依靠牵引拉杆两端的橡胶节点的刚度。

（3）占用空间比其他的牵引装置小；由于零件数量少，因此质量较轻。

（4）由于滑动部分少，减少了磨耗。

（5）转向架和车体的分离通过拆除中心销下部连接螺栓来实现。

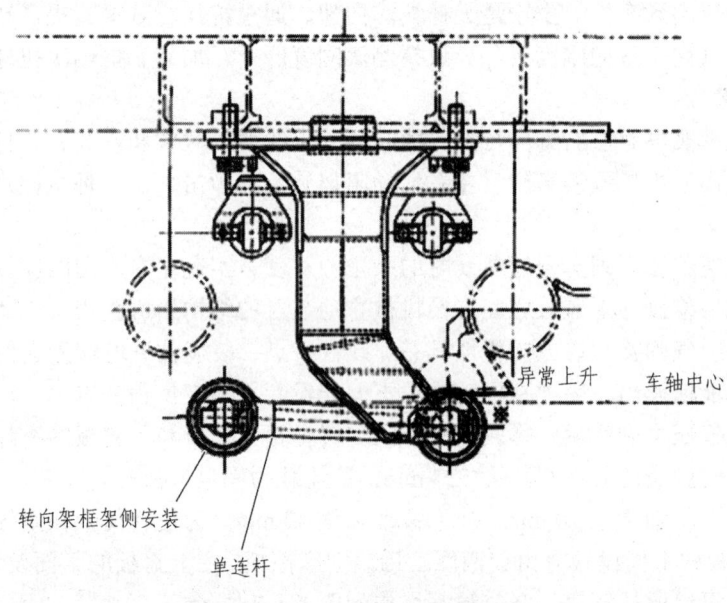

图 2-5-8 牵引装置（单连杆）

3）横向止挡

为了限制车体横向移动量，设置横向止挡（见图 2-5-9），单侧间隙为 40_0^{+2} mm。

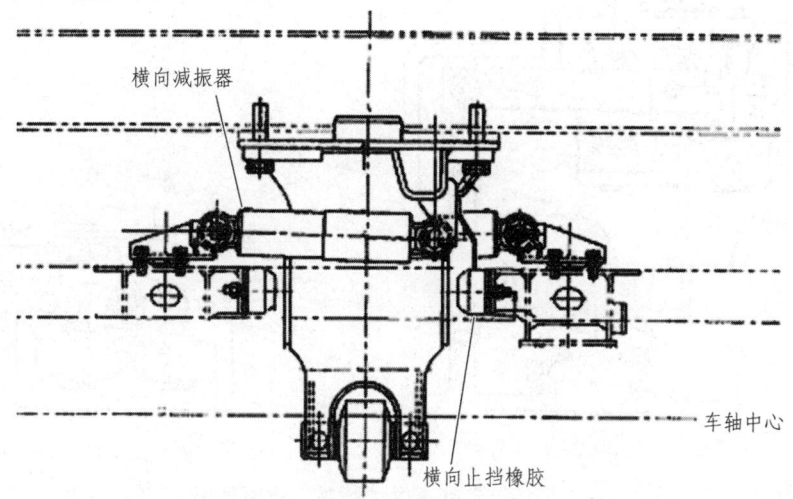

图 2-5-9　牵引装置（横向减振器及横向止挡）

4）异常上升止动

异常上升止动就是当空气弹簧产生缺陷，在异常上升情况下设计的防过冲装置，即当车体上升 70 mm 时，牵引拉杆端头与动车构架横梁上垂向止挡（单侧，牵引拉杆与中心销相连一侧）接触，能够防止空气弹簧异常上升。

5）普通横向减振器

为了降低横向振动，中间车每台转向架装备两个相同的横向减振器。安装位置在中心销和转向架构架的纵向梁之间，横向减振器两端安装有橡胶节点。

6）半主动横向减振器

为了改善动车组头尾车的振动性能，提高乘坐舒适度，在头车车体与转向架之间安装了半主动横向减振器，安装位置在中心销和转向架构架的纵向梁之间。半主动横向减振器两端安装有橡胶节点，同时为了根据车体振动调整阻尼在减振器下部集成了电磁比例阀。

7）抗蛇行减振器

抗蛇行减振器是为了得到稳定的转向架回转力矩和抑制蛇行的装置，作用在转向架的回转方向（摇头方向）上，安装在车体与转向架构架之间。

作为确保高速运行稳定性的最重要零件之一，保养时有必要充分进行阻尼特性的确认。另外，安装在车体上时必须放空空气。

8）自动高度调整阀

自动高度调整阀是根据载重的变化自动调整空气弹簧的内压，保持车体高度一定的装置。自动高度调整阀安装在车体上，其工作原理如图 2-5-10 所示。

自动高度调整阀的形式为 LV5B-2，动作的特性：动作延迟时间（3±1）s，无感区（10±1）mm。为了使自动高度调整阀具有较好的耐寒、耐雪性能，安装有加热器及保温箱。另外，为了强化车体与转向架之间的绝缘，调整杆的连接部分插入了硬质尼龙的绝缘板。

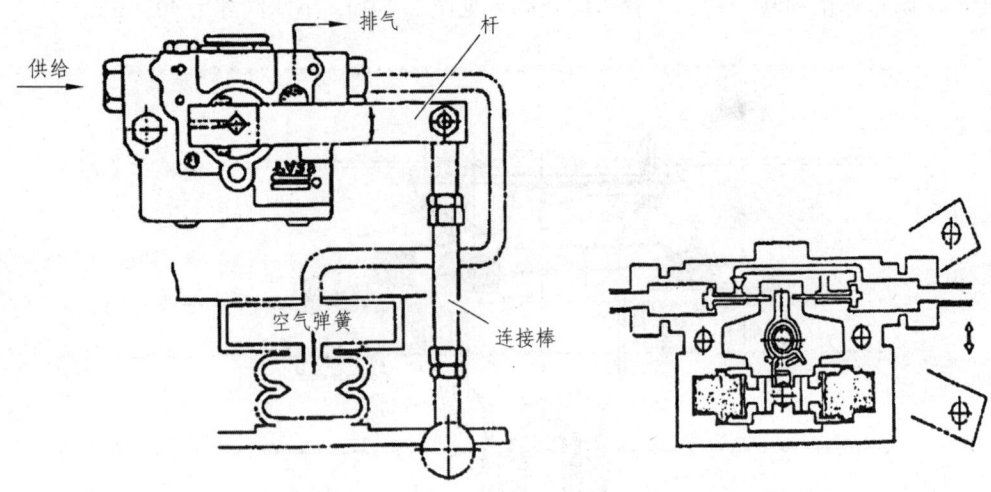

图 2-5-10　自动高度调整阀工作原理图

（1）动态作用。车辆在行驶中发生振动，在车体和转向架之间安装的空气弹簧伸缩，通过高度控制机构把空气弹簧高度的变化传递给高度调整阀，在这种情况下，由于设置在单向阀的节流孔发生的液压阻力造成了时间延时，车体的高度变化没有直接传递给空气阀，仅使缓冲弹簧被压缩，因此空气阀不工作，没有进行压力空气的进出。

（2）静态作用。在车体静态载重增加的情况下，由于空气弹簧被压缩，车体下沉到与载重相匹配的程度，因此如图 2-5-10 右图所示杆被向上方推起，摆动臂旋转。缓冲弹簧由于扭曲的还原力在与液压减振器产生的液压阻力相配的同时，工作臂旋转在一定时间后供气阀打开。于是，气缸的压力空气打开单向阀，通过贯通阀体的空气通道供给空气弹簧。如果空气弹簧恢复到一定高度，杆相对阀体由于会回到中间位置，进气阀被关闭，压力的供给被阻断。

9）差压阀

当左右空气弹簧产生设定值以上的压力差时，使高压侧的空气向低压侧流动，可防止车体的异常倾斜及降低左右的轮重不平衡，设定差压为（150±20）kPa。

10）抗侧滚扭杆装置

抗侧滚扭杆装置是：对于车辆所要求的侧滚刚度，仅靠空气弹簧的垂向刚度依然不能满足其要求时发挥作用的装置。当为了提高乘坐舒适度而降低空气弹簧的垂向刚度时，则侧滚刚度也随之降低；而有了本装置就可以提高侧滚刚度。

在转向架上安装扭杆，通过杆端轴承和缓冲橡胶以连接杆与车体结合。当车体发生侧滚时，以连接杆连接的扭杆产生扭转变形，因扭转变形而产生对抗侧滚的抵抗力（复原力），从而起到抑制侧滚的作用。

抗侧滚扭杆的结构和零件构成如图 2-5-11 所示。

第二章 高速动车组技术

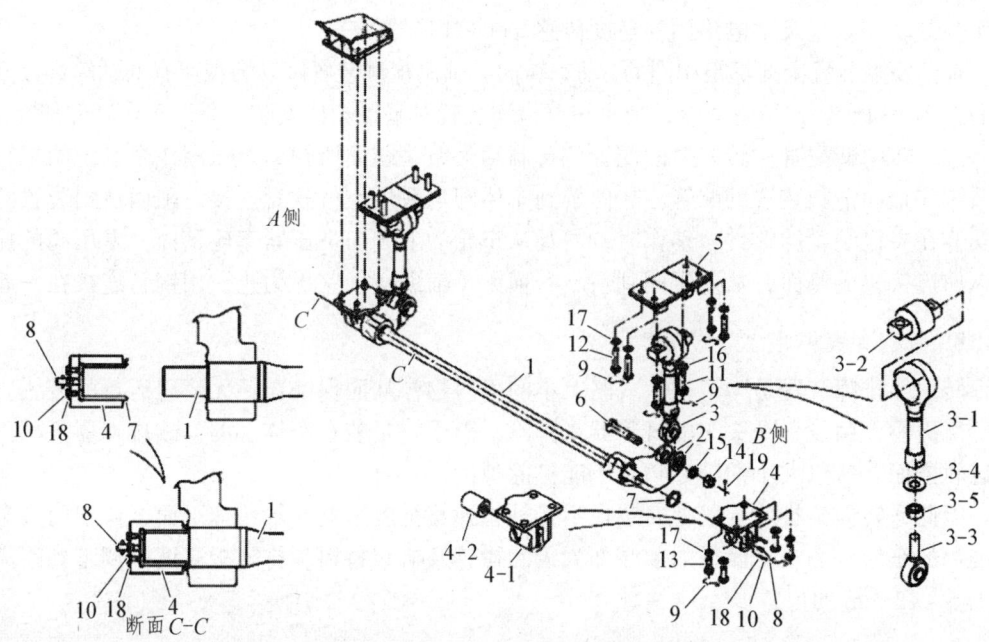

图 2-5-11 抗侧滚扭杆装置整体结构和零件构成

1—扭杆组装；1-1—扭杆；1-2—扭臂（左）；1-3—扭臂（右）；2—衬套；3—抗侧滚连杆组装；3-1—抗侧滚连杆；3-2—缓冲橡胶；3-3—杆端轴承；3-4—防松垫圈；3-5—六角螺母 M30×2；4—轴承箱体组装；4-1—轴承箱体；4-2—扭杆轴承；5—抗侧滚连杆安装座；6—特殊螺栓；7—防尘密封圈；8—润滑脂嘴；9—防松铁丝；10—螺栓 M6×12（镀锌）；11—螺栓 M24×80；12—螺栓 M20×90；13—螺栓 M20×50；14—螺母 M27（镀锌）；15—垫圈 27（达克罗）；16—垫圈 24（达克罗）；17—垫圈 20（达克罗）；18—垫圈 6（达克罗）；19—销 5×45（镀锌）

6. 转向架失稳检测装置（BIDS）

转向架失稳检测装置是通过安装在转向架上的水平加速度传感器检测到高速行驶的转向架发生了蛇行运动之后，通过各车 BIDS 控制装置传输给车辆信息终端装置，从而司机台 MON 显示器报转向架异常信息提示司机；并且当下列设备发生故障时，BIDS 将设备故障信号传输给车辆信息终端装置：

·加速度传感器故障；
·加速度传感器信号线断线；
·数字式输出/输入处故障；
·电源电压降低；
·看门狗定时器错误；
·存储器错误。

7. 转向架配线、配管

（1）转向架配线。转向架构架外配线——轴温检测装置、防滑器装置以及速度传感器在转向架与车体间以电缆线连接。另外，为了保养方便，在轴温检测装置以及防滑器装置配线的线路中设置有端子箱。

速度传感器：动车转向架安装于牵引电机上，拖车转向架安装于车轴轴端。速度传感器的型号为：拖车 ATC 采用 AG43，制动器控制采用 AG37。动车转向架在牵引电机端部设置有作为制动控制以及主电路用的速度传感器（PG 传感器）。

轴温检测装置全部都是相同的，动车转向架轴温检测装置因安装在所有的轴箱体以及齿轮箱上，所以每台转向架有 6 个，拖车轴温检测装置只限轴箱体安装，所以每台转向架有 4 个。

（2）转向架配管。转向架的配管包含制动夹钳、踏面清扫、差压阀 3 个系统的配管。制动系统和踏面清扫装置的配管在转向架到车体间均采用空气软管连接，踏面清扫装置的配管均安装在夹钳装置的上方，动作时，闸瓦从车轮的上方向下压紧车轮踏面。差压阀的配管设在纵向连接梁的侧面，从差压阀到左、右横梁（辅助空气室）为止，用铜管连接在一起。

8. 转向架排障装置

转向架排障装置是为了排除线路上小的障碍物，从而保证车辆无障碍运行的装置。对于大的障碍物，由设置在头车的排障器来排除，由于它是装在车体上的，故排障器下部不能太靠近轨道面，所以太小的障碍物是不能排除掉的。

因此，转向架排障装置是安装在不受轴箱弹簧挠度影响的轴箱体下面，位于两头车靠近车端部的车轮外侧。排障板的前端部为天然橡胶及帆布材料。排障板高度应调整到距离轨道面上 5～13 mm 的位置。

三、轮轴、制动盘及驱动装置

1. 轮　轴

（1）车轮。新轮直径为 ϕ860 mm，辐板两侧装有制动盘。动车转向架和拖车转向架所用的车轮可以互换。车轮材质为 ER8，踏面形状为 LMA 磨耗型踏面。

（2）车轴。采用 EN 标准设计，材质为 EA4T。

为减轻簧下质量，采用了 ϕ60 mm 的直线镗削空心车轴。

（3）轮装制动盘。轮装制动盘（以下简称轮盘）为一体式，动车轮盘与拖车轮盘相同。轮盘的材质是耐热性高的铸钢。轮盘摩擦盘的圆周上有一个凸面，据此可以判断摩擦盘是否已经达到磨损极限，是否需要更换。轮盘的磨耗极限量为：动车轮盘、拖车轮盘均为 3 mm。轮盘结构如图 2-5-12 所示。

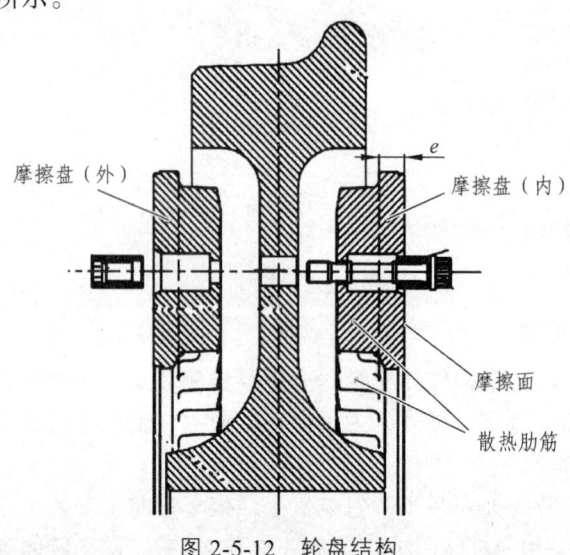

图 2-5-12　轮盘结构

2. 驱动装置

（1）齿轮装置。

齿轮装置的作用是对主电动机的高速旋转进行减速，且传递给车轴。齿轮装置由齿轮箱、大齿轮、小齿轮、轴承、悬吊装置、通气装置、接地装置、油位表构成。

为了使齿轮箱轻量化，采用了铝合金材质，因此在组装、分解及搬运时尤其要特别小心。大盖的把手也是铝合金铸件产品，因此，不要施加高载荷（通过杠杆式起钉器支撑齿轮装置等）。

齿轮箱为一体化部件。小齿轮轴通过拆卸轴承压件盖等，能把整个轴承取出。只要不从车轴加油压，大齿轮就不可能拆下。

为了防止漏油，小齿轮主电动机侧的密封构造，除了迷宫式密封圈结构外，其结构分别设置为水密封和油密封。此外，装备了通气装置，以减轻因温度变化而引起的齿轮箱内的压力变化，防止漏油。

齿轮和各轴承的润滑均使用相同的润滑油 JRK65，采取大齿轮旋转带动的飞溅润滑方式，润滑油使用油量约为 3.1 L。同时配有油量自动调整装置，油量自动调整装置安装在小齿轮下部的储油箱内，高温（约 40 °C 以上）时开始运行。

齿轮箱采用铝合金制造，轴承的轴向间隙会因外界温度的变化而不同。为了提高轴承的寿命，其内、外圈均采用渗碳钢，20 °C 时轴向间隙值分别为 0.120~0.150 mm、0.120~0.180 mm。

接地装置：为了确保接地，同时为了防止各轴承的电腐蚀，接地装置设置在齿轮箱的主电动机侧，使用弹簧压着接地装置的电刷，用导线与车体的端子进行连接。

磁铁栓是通过磁铁来收集齿轮箱内的金属磨耗粉等的装置。

悬吊装置是把齿轮箱固定在转向架构架上的部件，齿轮箱和转向架构架的电机吊座分别通过缓冲橡胶进行安装。

此外，把轴承温度检测装置设置在齿轮箱大端靠近电机侧，与装备在轴箱体上的传感器是同一产品。齿轮箱构造如图 2-5-13 所示。

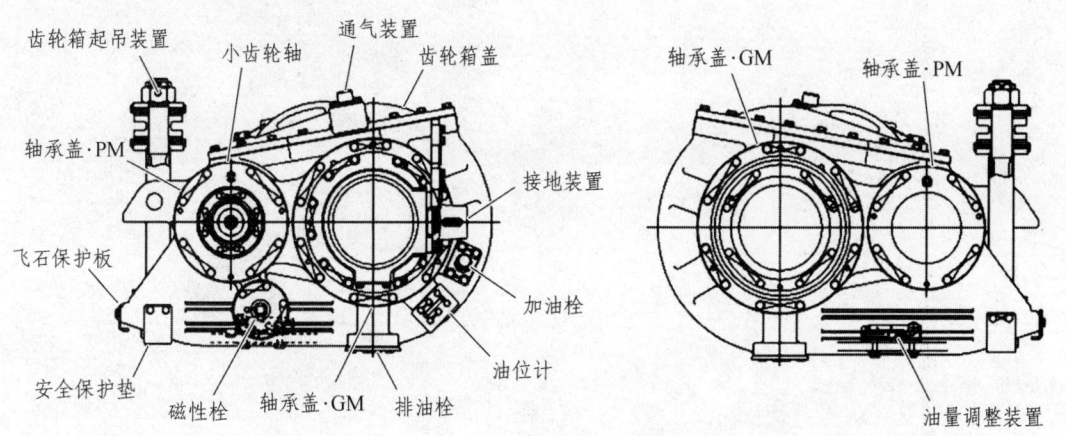

图 2-5-13 齿轮箱构造

（2）联轴节的作用与结构。

齿轮型联轴节，将轴箱弹簧上的主电动机侧的电机轴和轴箱弹簧下齿轮箱的小齿轮轴连接起来，准许相对运动同时能传递动力。

结构上允许的静态最大位移值为径向方向 ± 16.5 mm，轴向 ± 12 mm，转向架弹簧的弯曲变化及轮轴的横向、纵向移动而产生的两轴相对位移有充分的自由度。

联轴节与电机轴端、齿轮装置小齿轮轴端采用 1∶50 锥度配合，采用油压装拆，通过特殊螺栓、螺母将两半联轴节紧固在一起。

一般将小齿轮的齿端加工成适当的曲面，且将外筒的齿轮长度加长，这样可以容许轴向位移和角位移，当电机侧和齿轮箱侧的主轴存在夹角和位移时可以更加有效地传递动力，联轴节示意图如图 2-5-14 所示。

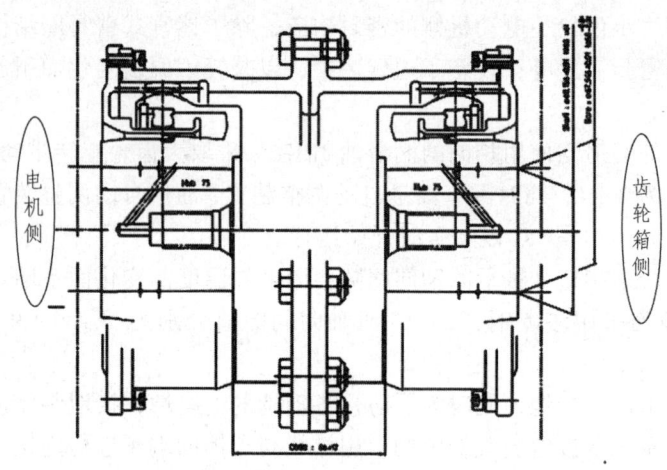

图 2-5-14　联轴节示意图

第三章 重载列车技术

第一节 重载铁路的发展

一、重载铁路概述

1. 重载铁路标准

世界各国的铁路由于运营条件、技术装备水平不同，采用的重载列车形式和组织方式也各有特点。国际重载协会先后于1986年、1994年和2005年3次修订了重载铁路标准。1986年10月在加拿大温哥华召开的第三届国际重载大会上讨论确定，要求重载铁路应至少满足下列3个条件中的两项：

- 列车质量至少达到5 000 t；
- 轴重21 t及以上；
- 年运量2 000万吨及以上。

1994年修订的标准要求重载铁路至少满足以下3个条件中的两项：

- 列车质量至少达到5 000 t；
- 轴重25 t及以上；
- 在长度至少为150 km的线路上年运量不低于2 000万吨。

在2005年国际重载协会理事会上，对新申请加入国际重载协会的重载铁路，要求至少满足以下3条标准中的两条：

- 列车质量不小于8 000 t；
- 轴重达27 t以上；
- 在长度不小于150 km线路上年运量不低于4 000万吨。

目前，我国的大秦、朔黄线满足国际重载协会2005年的重载铁路新标准，京广、京沪、京哈等干线满足1994年的标准。瓦日重载铁路于2014年6月建成，是世界上第一条按照30 t轴重标准一次性建成的里程最长的重载铁路。

2. 国际重载铁路组织

国际重载协会（IHHA），是非营利性质的非政府性科技组织，1986年在美国密苏里州注册成立。国际重载协会的成员为国家铁路、地方铁路及私有铁路和铁路组织，现有澳大利亚、巴西、加拿大、中国、印度、南非、俄罗斯、瑞典/挪威和美国9个会员国，国际铁路联盟（UIC）为该组织准会员。1982年9月在美国召开的第二届国际重载铁路大会上通过决议，决定成立国际重载运输委员会；1984年国际重载运输委员会正式成立，当时的成员有中国、美国、澳大利亚、加拿大和南非5个国家；1986年在加拿大召开的第三届国际重载铁路大会上，将国际重载运输委员会更名为国际重载协会。

国际重载协会致力于在重载铁路运营、维护、技术方面追求卓越化，主张通过重载解决运输能力问题，并推进国际铁路及其成员之间在重载技术上的合作和交流。国际重载协会通用语言为英语。国际重载协会决策机构为协会理事会，理事会由会员国代表组成，现有10名理事。理事会选举产生理事会主席、副主席，任命首席执行官及其他工作人员。

国际重载协会每四年举行一次大会，每两年举行一次专家技术会议，每年举行一次理事会年会。至今已在澳大利亚、美国、加拿大、中国、南非、巴西、印度等国举办了十一届国际重载大会。历届国际重载大会情况如表3-1-1所示。

表3-1-1　历届国际重载大会情况

历届情况	时间	地点	主题
第一届	1978年	澳大利亚	—
第二届	1982年	美国	重载铁路
第三届	1986年	加拿大	通过技术和运营效率改进营利性
第四届	1989年	澳大利亚	铁路在行动
第五届	1993年	中国	重载运输领域的效率和安全
第六届	1997年	南非	21世纪的战略
第七届	2001年	澳大利亚	重载铁路运输技术所面临的障碍
第八届	2005年	巴西	重载铁路：安全、环境和生产力
第九届	2009年	中国	重载运输的创新、实践与发展
第十届	2013年	印度	重载运营能力建设
第十一届	2017年	南非	重载铁路运营中的卓越技术

3. 重载列车模式

世界铁路重载列车主要有3种模式：

（1）重载单元列车：列车固定编组，货物品种单一，运量大而集中，在装卸地之间循环往返运行。以北美（美国和加拿大）为代表，包括巴西、澳大利亚和南非等国，在重载运输专线上均开行重载单元列车。我国在大秦线使用C63、C70、C76、C80等车辆开行这种重载列车。

（2）重载组合列车：两列或两列以上列车连挂合并，使列车的运行时间间隔压缩为零。这种列车以俄罗斯为代表，我国大秦线开行的4×5 000 t和2×10 000 t列车为这种重载列车。

（3）重载混编列车：单机或多机重联牵引，由不同形式和载重的货车混合编组而成。列车在运输途中可以根据实际需要进行改编，因此具有更大的通用性。我国京沪、京广、京哈等长大干线开行的5 000 t货物列车属于这种重载模式。

二、国外重载铁路的发展

1. 发展历程

重载铁路运输因其运能大、效率高、运输成本低而受到世界各国铁路部门的广泛重视，特别是在一些幅员辽阔、资源丰富、煤炭和矿石等大宗货物运量占有较大比重的国家，如美国、加拿大、巴西、澳大利亚、南非、中国等，发展尤为迅速。目前，重载铁路运输在世界范围内迅速发展，重载运输已被国际公认为铁路货运发展的方向，成为世界铁路发展的重要趋势。

世界铁路重载运输是从 20 世纪 50 年代开始出现并发展起来的。第二次世界大战后的经济复苏以及工业化进程的加快，对原材料和矿产资源等大宗商品的需求量增加，导致这些货物的运输量增长，给铁路运输提出了新的要求，而大宗、直达的货源和货流又为货物运输实现重载化提供了必要的条件。铁路部门从扩大运能、提高运输效率和降低运输成本出发，也希望提高列车的重量。同时，铁路技术装备水平的不断提高，又为发展重载运输提供了技术保障。

从 20 世纪 50 年代起，一些国家的铁路就有计划、有步骤地进行牵引动力的现代化改造，先后停止使用蒸汽机车，新型大功率内燃机车和电力机车逐步成为主要牵引动力。由于内燃机车、电力机车比蒸汽机车性能优越，操纵便捷，采用多机牵引能获得更大的牵引总功率，这为大幅度提高列车的质量提供了必需的牵引动力。从而，以开行长大列车为主要特征的重载运输开始出现。但这一时期的重载技术尚不配套，长大列车货车间的纵向冲动、车钩强度、机车的合理配置、同步操纵，以及制动等技术问题都没有得到很好的解决。

20 世纪 60 年代中后期，重载运输开始取得实质性进展，并逐步形成强大的生产力。美国、加拿大及澳大利亚等国铁路相继在运输大宗散装货物的主要方向上开创了固定车底单元列车循环运输方式，而且发展很快。美国 1960 年只有 1 条固定的重载单元列车运煤线路，年运量不过 120 万吨；而到 1969 年，重载煤炭运输专线增加到 293 条，运量占铁路煤炭运量的近 30%。苏联在 20 世纪 60 年代末为解决线路大修对运输的干扰，在通过能力紧张的限制区段组织开行了将两列普通货车连挂合并的组合列车，这种行车组织方式后来成为提高繁忙运输干线区段能力的重要措施。

南非铁路在 20 世纪 60 年代末开始引进北美重载单元列车技术，并从 70 年代开始在其窄轨运煤和矿石的线路上，逐步把列车质量提高到 5 400 t 和 7 400 t，并不定期开行总重 11 000 t 的重载列车。巴西铁路是从 20 世纪 70 年代中期开始，通过借鉴、引进北美和南非的技术，开行重载单元列车。另外，德国、波兰、瑞典、印度等国，也根据各自国家的具体情况和实际需要，开行了质量和长度都超过普通列车标准的重载列车。

20 世纪 80 年代以后，由于新材料、新工艺、电力电子、计算机控制和信息技术等现代高新技术在铁路上的广泛应用，铁路重载运输技术及装备水平又有了很大提高。特别是对大功率交流传动机车，在车辆大型化、轻量化方面，以及同步操纵和制动技术等方面有了新的突破，极大地促进了重载运输的发展。

近 60 多年来，重载运输技术的不断进步，推动了重载列车试验牵引质量的世界纪录不断被刷新。

（1）1967 年 10 月，美国诺福克西方铁路公司（N&W，现已归入诺福克南方铁路公司）在韦尔什—朴次茅斯间 250 km 区段内，开行了 500 辆煤车编组的重载列车，由分布在列车头部和中部的 6 台内燃机车进行牵引，列车全长 6 500 m，总重达 44 066 t。

（2）1989 年 8 月，南非铁路在锡申—萨尔达尼亚矿石运输专线上，试验开行了 660 辆货车编组的重载列车，由 16 台机车牵引（5 台电力机车+470 辆货车+4 台电力机车+190 辆货车+7 台内燃机车+1 辆罐车+1 辆制动车）。列车总长 7 200 m，总重达 71 600 t。

（3）1996年5月28日，澳大利亚在纽曼山—海德兰铁路线上，开行了540辆货车编组的重载列车，由10台Dash 8型内燃机车牵引（3台机车+135辆货车+2台机车+135辆货车+2台机车+135辆货车+2台机车+135辆货车+1台机车）。列车总长5 892 m，总重达72 191 t，净载重57 309 t，这次试验列车平均车速为57.8 km/h，最高达75 km/h。

（4）2001年6月21日，澳大利亚在纽曼山—海德兰铁路线上，开行了682辆货车编组的重载列车，由8台AC 6000型机车牵引。列车总长7 353 m，总重达99 734 t，净载重82 000 t，创造了最长、最重列车新的世界纪录。8台机车分散布置，每两台1组，分成3组，另外两台机车单独布置，1名司机通过LOCOTOL机车无线同步操纵系统操纵全部机车，该列车平均车速55 km/h，如图3-1-1所示。

图3-1-1 澳大利亚重载世界纪录列车

目前世界铁路货车技术发展可分为两大流派，如图3-1-2所示。

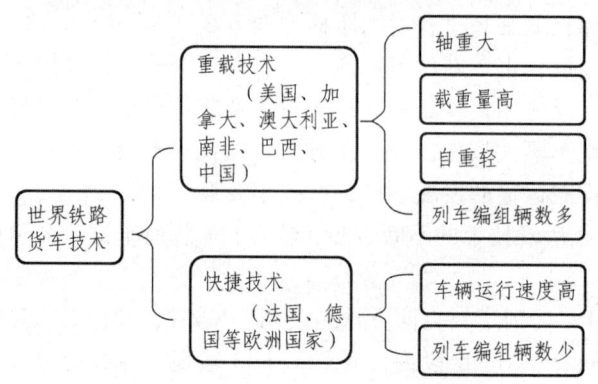

图3-1-2 世界铁路货车技术发展分类

重载技术以美国、加拿大、澳大利亚、南非、巴西、中国等为代表，主要特征是车辆轴重大、载重量高、自重轻及列车编组辆数多。快捷技术以法国、德国等欧洲国家为代表，其主要特征是车辆运行速度高、列车编组数量少。

近年来，中国、印度、俄罗斯等大国由于经济发展的需要，重载运输发展迅速，有后来者居上之趋势。澳大利亚由于铁矿石出口的运输需要，重载货车最大轴重达到 40 t，其中 FMU 公司在 2015 年运用轴重已达 42 t。目前，中国在设计制造的 40 t 轴重货车的基础上正在为 FMU 公司设计制造轴重 44.45 t 的货车。

2. 主要国家铁路重载运输

（1）美国、加拿大。

美国是世界重载运输首创国，当前美国拥有全部铁路里程 23 万千米，居世界首位。其中开展重载运输的 I 级线路约 19 万千米。

重载铁路煤炭运量占铁路全部货运量的 45%，占全美国煤炭运量的 65%。汽车运量占全美汽车产量的 70%，粮食运量占全美粮食产量的 40%。

美国重载列车轴重多为 29.8~32.43 t、载重 95~110 t，少数列车轴重为 35.7 t、载重为 120 t。重载列车编组一般为 135~150 辆，牵引质量为 1.752 万吨，列车主要为单元式重载列车，如图 3-1-3 所示，运输速度为 70~80 km/h，两层集装箱货车运输速度可达最高 115 km/h。

考虑到线路条件等各方面因素的限制，为了进一步提高重载运输的效率，降低成本，美国铁路将重载运输发展的重点由增加车辆轴重转向加强交流内燃机车和轮轨界面两个领域的研发。例如增大交流内燃机车功率，改善轮轨黏着力，提高转向架的导向性能，对机车和列车运行状况进行智能监控，研究电空制动技术，对故障车辆的稳定性监控及处理智能技术，研制更好的车辆合成材料，使用 IT 技术进行车辆维护保养、轨道故障探测系统等方面。

图 3-1-3　美国、加拿大重载运输

加拿大铁路重载运输方式与美国相似，是北美铁路重载运输的基本统一模式。20 世纪 60

年代，加拿大重载运输已取得了实质性进展。

加拿大铁路共 4.7 万余千米，有 CN、CP 两大铁路公司，4 万多名员工，采用重载运输后铁路占货运市场份额达 30%，占全部出口运量的 40%。

加拿大典型单元重载列车：3×4 400 HP 交流传动内燃机车+124 辆轴重 33 t 货车、牵引质量 16 000 t，平均速度 70 km/h，最高速度 85 km/h。

美国和加拿大的重载车辆现绝大多数轴重为 29.8 t、32.43 t，也有少量货车轴重为 35.7 t，25 t 轴重货车多数已经淘汰。其载重大多数为 90~110 t 级，少量货车载重达 120 t。运煤车车体材料多为铝合金，少量为耐候钢。列车编组：普通列车为 100~150 辆，牵引吨位为 15 000~17 500 t，运煤专列为 17 500~20 000 t；运行速度一般为 80~96 km/h，部分集装箱、汽车运输车速度为 100~120 km/h。

（2）澳大利亚。

澳大利亚的矿产资源非常丰富，煤炭和铁矿石以及铝土、黄金的储量都位居世界前列。煤炭主要分布在东南部的新南威尔士州，这里的煤田面积达 55 000 平方千米以上，储量占全国的 75%。铁矿石主要分布在西澳大利亚的皮尔巴拉（Pilbara）地区。铝土矿分布在北部的约克角半岛等地。澳大利亚昆士兰煤矿是世界上最大的煤矿之一，煤产量逐年上升，1994 年为 0.85 亿吨，2005 年为 1.5 亿吨。澳大利亚必和必拓（BHPbilliton）、力拓（RioTinto）与巴西的淡水河谷（CVRD）公司是世界三大矿业巨头，它们掌控了全世界铁矿石海运量的 70%。此外，澳大利亚还是世界上主要的粮食（小麦）输出国之一，这样的资源特点推动了澳大利亚铁路重载运输的发展。

全澳 16 个私有铁路公司，4 个国有铁路公司。重载运输产值占全澳 GDP 的 1.7%，年运输产值 70 亿美元，煤炭运量占铁路货运总量的 37%，矿石运量占 39%。重载运输货运量占年澳货运市场的 40%，有潜力发展为 50%。年增长率达 4.5% 左右（2000 年前为 3.3%）。

现轴重为 30 t 及以上，最大为 40 t 轴重的矿石车，列车牵引总质量可达 3 万吨以上，运行速度为 80 km/h 左右。图 3-1-4 所示为澳大利亚重载列车。

图 3-1-4　澳大利亚重载列车

（3）南非。

20 世纪 60 年代末，南非铁路就已经开始发展重载运输。相对其他国家，南非铁路的重载运输发展有其独特的优越性。首先，南非作为世界五大矿产国之一，矿产资源极为丰富，其北部地区盛产煤炭和高品质的铁矿石，出口形势很好。另外，南非地处两大洋间的航运要冲，拥有世界上最繁忙的海上通道。在将北部矿区的煤炭和铁矿石运往大西洋、印度洋沿岸主要港口转运出口的过程中，南非铁路发挥着极其重要的作用。因此，南非铁路积极借鉴美国铁路的经验，开始大力发展重载运输。目前，南非重载列车的牵引质量一般为 20 000 t。

发展初期，南非引进了北美重载单元列车技术，从 20 世纪 70 年代开始修建重载铁路，其后又对线路进行过数次升级和改造。南非有两条重载铁路：一条是锡申（Sishen）—萨尔达尼亚（Saldanha）的矿石运输专线（Orex），里程 861 km；另一条是北部的煤炭基地姆普马兰加（Mpumalanga）—理查兹湾（Richardsbay）的运煤专线（COALlink），里程 580 km。现在运煤车轴重为 26 t、载重 84 t，车体材料为不锈钢；列车编组 200 辆、牵引吨位为 20 800 t，运行速度为 60 km/h 左右，安装 ECP 的货车最高达 80 km/h。矿石车轴重 30 t、载重 100 t，车体材料为耐候钢。列车编组 216 辆、牵引吨位为 25 920 t；运行速度一般为 50～60 km/h，最高达 70 km/h。

（4）欧洲。

欧洲各国由于国土面积的限制和货运物品的分散（矿石和煤炭等大宗运输少），对重载运输的要求不是很高，更加注重快捷运输。

欧洲货车轴重为 18～22.5 t，运行速度 140～160 km/h，列车编组通常为 20 辆左右，牵引质量 1 400～1 800 t。近几年来，欧洲开始开行 25 t 轴重的重载货车和 200 km/h 的轻快货车。

三、国内重载铁路的发展

我国是典型的国土辽阔、资源丰富的国家，由于煤炭等工业原料的储存主要集中分布于中西部地区，而对原料需求更迫切的发达工业区和密集人口区却多分布在东部及沿海地区。在过去很长一段时间里，我国铁路运能严重不足，运能与运量不相适应的矛盾非常明显，很大程度上限制了国民经济的发展。从 20 世纪 80 年代起，我国为改善货运紧张和滞后的被动状态，结合我国铁路运营特点和实际需求，在货物运输方面把发展重载运输当作主研方向，铁路扩大运能、提高效率的主要手段是研究和开行多种类型的重载列车运输模式。通过 30 多年的实践，我国重载铁路科技水平得到较大提升，已位居世界先进行列。回顾我国重载铁路运输的发展过程，可分为 4 个阶段。

第一阶段，20 世纪 80 年代中期：1984—1986 年，通过改造既有线，先后开行了双机牵引 7 000～8 000 t 的重载组合列车。

第二阶段，20 世纪 80 年代中期至 90 年代初期：为提高"三北"地区煤炭运输的能力，自行设计并新建大秦铁路，开行 1 万吨重载单元列车，1992 年 12 月 21 日大秦线全线正式开通。

第三阶段，20 世纪 90 年代初期至 21 世纪初：1992 年起，为缓解繁忙干线的运输紧张状况，通过调整机车类型、增加车站到发线长度等方式，对京沪、京广、京哈等繁忙干线进行了改造，开行 5 000 t 级重载混编列车。

第四阶段，21 世纪初至今：2006 年，大秦铁路正式开行 2 万吨重载组合列车。2014 年 4 月，大秦铁路成功开行 3 万吨级重载列车，这是我国铁路重载运输发展新的里程碑，中国也成为世界上仅有的几个掌握 3 万吨铁路重载技术的国家之一。2007 年，京沪、京广、京哈等繁忙提速干线将重载列车牵引定数由 5 000 t 提升到了 5 500～5 800 t，进一步提高了繁忙干线的运输能力。

2014 年 12，瓦日（晋中南）铁路通车，全长 1 260 km，设计速度 120 km/h，这是我国首条按照 30 t 重载铁路标准建设的重载铁路，设计年运量 2 亿吨。大秦线普遍开行轴重 25 t 的 2.1 万吨组合列车和 1 万吨单元列车，并于 2014 年，完成了 3 万吨重载列车运行试验，年运量高达 4.5 亿吨。1999 年建成的朔黄线普遍开行 1 万吨、1.74 万吨和 2 万吨列车，并于 2014 年 9 月成功开行了 30 t 轴重 2.5 万吨重载列车，2016 年年运量达 2.7 亿吨。其余主要干线普遍开行 5 000～6 000 t 列车。2014 年 10 月，蒙华铁路的建设获得了国家发改委的批复，该线路起点为内蒙古浩勒报吉南站，终至江西吉安站，跨内 7 个省区，线路全长 1 879 km，设计为国铁 I 级铁路，规划输送能力超过 2 亿吨/年，建成后将是世界上一次性建成里程最长的重载铁路和中国规模最大的运煤专线。

第二节　重载关键技术

一、重载机车技术

用于牵引重载列车的机车，美国、加拿大、澳大利亚、巴西等国家较多采用内燃机车，而南非、俄罗斯等国多采用电力机车。原则上这两种机车都可以胜任重载列车的牵引，但是作为重载列车的牵引动力，机车的牵引功率要求尽量大，而电力机车的牵引功率远大于内燃机车。因此，电力机车相对更加适合牵引重载列车。采用内燃机车，可以通过适当增加机车数量来弥补牵引功率的不足。目前，美国、加拿大等重载运输发达的国家，重载机车主要采用了交流传动、径向转向架和微机控制防滑防空转系统等技术。

1. 交流传动技术

20 世纪 90 年代以前，用于重载运输的机车主要采用直流传动方式。90 年代以后，大功率交流传动机车逐渐成为重载运输牵引动力的发展趋势。

早期的机车，无论是电传动内燃机车还是电力机车，都是采用传统的直流电传动，即使用直流串励牵引电动机，轴功率很少超过 1 000 kW。而传统的直流串励电动机的防空转性能较差，机车的黏着性能不理想。主要原因是机车动轴实际发出的牵引力最终要取决于它的黏着力，因而黏着性能直接影响到机车的起动和爬坡性能。加拿大、南非、苏联等国家曾经研究采用他励电动机作为牵引电动机，机车的实际黏着牵引力可以提高 10%～15%。

交流传动技术的优点是电动机结构简单，质量轻，尺寸紧凑，有利于加大机车功率。同时，交流异步电动机的防空转性能远比直流串励电动机优越，因此能提高机车的黏着性能，有利于机车产生更大的有效牵引力。此外，交流异步电机的转子由铜条和磁芯组成，它的抗过载能力较强。该特点对于牵引重载列车发生坡停事故以及在大坡道上起动时尤为重要。

交流传动技术自 20 世纪 70 年代末开始发展。20 世纪 80 年代，联邦德国研制的交流传动内燃机车和电力机车在技术上已经过关。到 80 年代后期，由于大功率 GTO 变流器的成熟，交流传动技术具有了使用价值，欧洲各国的电力机车开始大规模采用交流传动技术。到 90 年代初，整个欧洲几乎已不再生产直流传动的电力机车。交流电力机车的轴功率普遍达到 1 600 kW，个别达到 1 800 kW。这样，一台四轴电力机车功率可达 6 400～7 200 kW，为牵引重载列车创造了技术条件。

20 世纪 90 年代后，美国通用汽车公司（GM）和通用电气公司（GE）公司研制出了用于重载牵引的 SD70MAC（试制型为 SD60MAC）、SD80MAC、SD90MAC、AC4400CW、AC6000CW、SD70Ace、Evolution Series 等新型货运交流传动内燃机车。目前已在美国、加拿大、澳大利亚、巴西等国铁路批量投入运营，美国重载机车中已经有超过 1/3 的机车改用了交流传动内燃机车。

瑞典 LKAB 矿山公司采用的重载机车为原 Adtranz 公司制造的交流传动电力机车，每台机车功率为 5 400 kW，长度为 22.9 m，起动牵引力为 600 kN，采用异步牵引电机，再生制动。重载运行速度为 60 km/h，空载运行速度为 70 km/h。

2. 径向转向架技术

径向转向架的使用可使轮对与轨道间的冲角减少，轮轨间的横向作用力降低，机车的运行品质和稳定性改善，并使轮对的阻力减少，轮轨磨耗减少约一半，车轮寿命延长 10%。此外，径向转向架可减少轴重转移，在黏着系数为 0.25 和 0.35 时，轴重转移分别只为 7% 和 10%，比普通转向架低得多（普通转向架在黏着系数为 0.25 时，轴重转移为 15%～20%；黏着系数为 0.35 时，轴重转移达 35%），从而增加了牵引力。在重载运输中，黏着系数的限制比功率的限制更为突出。

美国铁路于 20 世纪 90 年代开始使用的 SD60MAC、SD70MAC、SD80MAC、SD90MAC 等交流传动重载内燃机车，采用了 HTCR 高黏着自导向径向转向架，这种转向架的黏着系数比传统的 HTC 转向架可以提高 12%～20%。

径向转向架与传统转向架过曲线时的对比如图 3-2-1 所示。

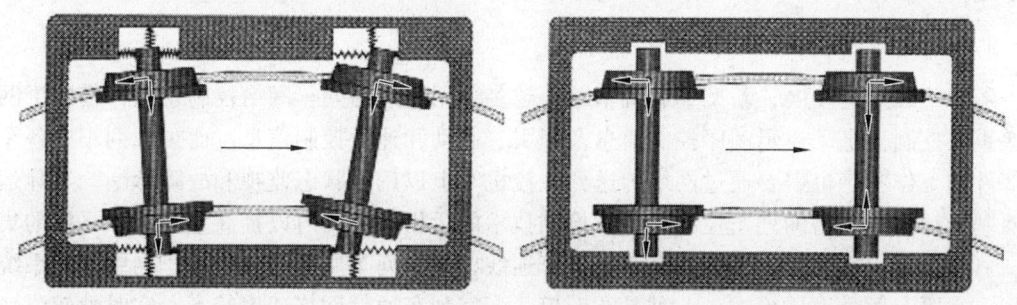

（a）径向转向架　　　　　　　　（b）传统转向架

图 3-2-1　径向转向架与传统转向架过曲线时的对比

瑞典 LKAB 公司运输矿石的交流传动电力机车采用了原 Adtranz 公司的新型径向转向架。该转向架选用了大直径车轮和新型轮对导向装置。轮对纵向定位装置采用螺旋弹簧、刚度较低的弹性橡胶和导向杆定位，保证了曲线通过时处于径向位置，横向由螺旋弹簧定位。轮对和构架间的纵向拉杆使构架既能保持平直线路上的直线运行，又能保证通过曲线时具有较好的径向通过性能。上述定位装置使轮缘和踏面磨耗较小并且均匀。

澳大利亚 EDI 铁路在其窄轨机车上采用了一种径向转向架，该转向架的导向机构与 GM/EMD 公司 SD70MAC、SD80MAC 等机车采用的径向转向架类似，但这种转向架采用了装配式构架，使得转向架在窄轨和准轨上都能运用，并且成本最低。

3. 微机控制防滑技术

为了进一步提高机车的黏着性能，国外重载机车广泛采用车轮防滑系统。20 世纪 90 年代以后，美国的 AC6000CW、SD90MAC 等新型重载机车，开始采用了新型微机控制的防滑系统。

防滑系统早期为机械式防滑器，它由（防滑）传感阀和（防滑）排风阀两部分组成。防滑系统判断是否发生滑行的根据（简称"判据"）只有一种，即车轮的角加速度。防滑系统发展的第二阶段是电子式防滑器。它可以采用多种判据，具有较高的灵敏度和较快的作用速度，并能进行必要的监督和轮径补偿。其缺点在于电子元件的零点漂移现象不易清除，需要进行各种偏置电压的大量调整工作，而且易受环境影响，性能不稳定，维修量较大。

随着微型计算机技术的发展，防滑系统的发展也进入了第三阶段，即采用微机控制的防滑器。微机控制防滑器是目前最先进的一种防滑器，比起机械式、电子式防滑器，它的突出优点在于能随着轮轨黏着系数的变化调节制动力。它可以对制动、即将滑行、缓解、再黏着的全过程进行动态检测与控制，信息采用脉冲处理，既简单又可靠，无零点漂移，因此无须调节和补偿。更重要的是，微处理器（MPU）控制的防滑器运算速度快，防滑判据丰富，可以建立复杂而精确的控制模型。从速度的检测、运算处理、运行部件监督到发出控制指令，一般均在 $0.1 \sim 0.2$ s 内完成，保证了实时跟踪黏着情况变化。因此，可大大提高检测精度，即使微小而缓慢的滑行也能及早检测出来并采取措施加以防止。

微机控制的防滑器还有一个很大的优越性，即它可以利用软件随时提供有关信息，进行自我检查、诊断和监督，必要时可把有关信息随时存储、调用和显示。它还能根据新的情况和要求很方便地改变控制判据而不必改动软件。微机控制防滑器具有智能化特征，能够实现动态冗余技术、制动诊断技术、故障判断与定位技术。通过实施多项可靠性措施，防滑系统稳定性大幅度提高。

4. 重载列车网络控制技术

随着重载运输发展，新型重载机车越来越多采用先进的列车网络控制系统，借助于网络传递重联控制信息，逻辑顺序控制信息及牵引、制动和速度控制信息。而重载列车中各车辆或部件的工作状态也需要通过网络传送到主控机车上以用于状态监视和故障诊断。实际运用表明基于计算机网络的列车控制与故障检测技术的运用，不仅可以提高重载列车系统的集成度、可靠性和可维修性，而且可以节省列车连线，减轻列车质量。重载列车网络控制系统在国际上主要有两种发展模式：一种是欧洲模式，其列车通信网络速度较高，实时性较强，具有代表性的是 TCN 网络，已形成 ICE61375 列车通信网络的国际标准；一种是北美模式，可以分为有线列车通信网络和无线列车通信网络两种。有线车载网络基于 LonWorks 现场总线，基础标准是 IEEE1473 列车通信网络协议。主要供应商有 Webtec 和 NYAB 公司；无线车载网络供应商主要是 GE 公司。

另外，重载机车柴油机节油技术和重载机车故障遥测监控技术也是关键的重载机车技术。

二、重载车辆技术

大轴重、低自重、低动力作用是重载货车发展方向。为了适应重载铁路，铁路的固定设施和移动设备必须有一定的技术改造，其中作为载运工具的铁道车辆应具备一些特殊的结构和性能，主要体现在以下几个方面。

1. 大吨位

重载列车的牵引质量比常规列车大得多，因此要求组成重载列车的每一辆货车具有较大的吨位。扩大吨位的途径有：增加轴数和增加轴重。增加轴重必须加强线路，更换重型钢轨；增加轴数则使车辆复杂，并且增加车辆自重。铁路专家经过长期论证，最后统一了认识，采取逐步增加轴重的途径来提高铁路车辆的吨位。

在轴重方面，美国、加拿大、澳大利亚等为 32.5~37.5 t，巴西、瑞典为 30 t，南非为 28 t（旧车 26 t），俄罗斯计划提高到 27 t，欧洲也向 25 t 迈进，我国目前也进行了 30 t 轴重的实验并新建了 30 t 轴重重载专线。美国进行了 39 t 轴重的安全性运行试验。

2. 低自重系数

重载列车的牵引质量中有一部分为车辆自身质量，一部分为装载货物的质量。如果车辆自重小，则每辆车在同样的轴重条件下，可装载的货物量大，运输效率提高。因此，作为重载运输的车辆应在保证必要的强度、寿命条件下尽可能减小车辆的自重。

降低车辆自重可以增加载重，同时节约能源，提高效益，美国重载货车中 90%采用了铝合金车体，其成本仅比钢车体增加 1/3，但使用寿命大大延长，而且提高了载质量，取得了很好的经济效益。

3. 大延米荷载

重载列车的牵引质量大、列车的编组辆数比较多，因此列车的长度也比较长，但是列车的长度受到车站到发线长度的限制，我国车站到发线长度一般为 650 m、850 m、1 050 m 等几种，在运煤专线某些站的到发线长度可以到达 1 700 m 甚至 2 000 m。因此，在某一区间运行的列车长度，要根据该区间的到发线长度而定，如果根据运输需要增加列车长度，则需要加长该区间车站的到发线。

根据我国铁路桥梁和线路设计标准规定，车辆每延米载重最大可达 8 t，而我国大部分车辆的延米载重均低于此标准，如果重载车辆能充分利用线桥容许的延米载荷，可以在同样牵引吨位下缩短列车长度，也可在到发线长度不变的情况下增加列车吨位。

4. 低重心高度

为了运行安全，防止车辆在运行过程中出现倾覆事故，按《铁路技术管理规程》车辆及其装载货物的重心不能超过 2 m。虽然增加车体高度、缩短车辆长度可以提高车辆的延米载荷，但是由于车辆重心高度的限制，使车辆不能充分利用容许轴载荷或不能充分利用线路容许的延米载荷。为了降低车辆的重心高度，重载车辆很多采用浴盆式结构，即把车箱底部做成向下突出的浴盆结构，使其重心下降。

5. 便于迅速装卸

单元重载列车采用固定编组，按固定线路循环运行于装、卸货物的两地。为了加快车辆周转，采用机械化装卸方式，如我国大秦线运煤重载列车，在大同用装料机不停车装煤，在秦皇岛用翻车机不摘钩卸煤，因此运煤单元列车的车辆上采用可以两车相对转动的转动车钩、同时考虑车体侧墙有足够的刚度和强度，能满足翻车机上工作的要求。

6. 减少纵向冲动、加强纵向力的承受能力

由于重载列车中的编组车辆增加，当列车在线路断面变化区间运行以及起动、制动时，列车内部的纵向冲力加剧，使列车中每辆车承受的纵向力加大，因此作为重载运输的车辆要

有强固的车钩，并用大容量的缓冲器来吸收列车冲击时的能量，同时要采用制动波速较快的制动机。在制动工况下使列车中每辆车的速度接近，以减小车辆之间的冲击速度。为了重载列车能承受较大的纵向力，我国铁道车辆强度设计规范也做了适当修改，提高了车辆纵向强度的要求。

7. 低动力作用转向架

为了减少由轴重增加而对轨道的损伤，世界各国铁路正在着重研制和改进车辆转向架结构性能，减少因增加轴重对轨道的破坏作用。改善车辆性能的投资远低于全面加强轨道的支出费用，通常先考虑改进车辆来改善轮轨的相互作用。

通过改进转向架结构来改进货车的动力学性能，一直受到世界各国铁路的重视，对于大型重载货车尤为重要。南非铁路早在1975年就开始在矿石货车上使用自导向径向转向架，现已在重载铁路上广泛应用。

近年来，瑞典矿石公司与南非铁路合作推出了运输铁矿石的新型货车，该车采用了新改进的轴重30 t的南非谢菲尔（Scheffel）自导向转向架。其轴箱定位处采用了弹性橡胶，取消了侧架导框；谢菲尔自导向转向架的摇枕在内部径向上进行了优化设计，改善了动态载荷下的应力分布。加拿大、美国、澳大利亚等国的铁路部门近年来研制了导向臂式货车转向架（有径向作用）。对该型转向架与原三大件式转向架的线路动力学试验分析比较表明，导向臂式转向架较三大件式转向架的横向稳定性能有了较明显的改善。

美国标准转向架公司还研究了一种重载三大件式转向架优化方法。该方法既不增加附属部件也不采用交叉杆，而是通过改变斜楔的摩擦阻尼力来使车辆的横向和垂向振动性能达到最优，提供足够的抗菱形刚度，并且能使轮轨间的磨耗降到最小。该方法主要围绕改变斜楔摩擦角来进行优化设计，对摩擦角有两个要求，第一要使阻尼力平衡，产生的摩擦阻尼力要能满足二系悬挂阻力；第二要求静摩擦力应能满足抗菱刚度的要求，以阻止摇枕与侧架间的相对转动。根据这两个要求确定斜楔角、斜楔宽度和摩擦系数等参数，可以改善重载车辆的运行性能。

我国近年研制成功的K7和DZ3转向架也具有径向功能。

8. 高性能耐磨车轮

重载车辆在运用中的突出问题是车轮的踏面剥离严重。由于轮轨接触应力的增加，车辆热负荷上升，引起车轮的剥离失效。美国TTCI系统研究了轨顶润滑和钢轨打磨、监测轮轨间动力作用、改进转向架附件和维修、心盘涂油等方法，以降低轮轨间应力，但关键问题是提高车轮材质的抗剥离性。

三、机车无线同步操纵

1960年以前，美国为了开行重载列车，在列车的中部（和/或后部）另外加挂一台或几台机车，以适当增加机车的牵引能力，这种牵引方式称为动力分散式（Distributed Power）。这种加挂的机车均有乘务组值乘，采用各自独立操纵的方式。早期的列车中，前部机车对后部机车的操纵控制是靠机车发出的预先约定的汽笛声来传递信号，由后部机车上的司机执行操纵，之后采用了司机之间用无线电话联络的方式。但是随着列车的长度和质量的增加，在这样的操纵方式下，列车前后的牵引和制动操纵的时间差越来越大，列车的纵向冲动力增大，无法保证列车的行车安全。为此，美国从 20 世纪 50 年代末开始研究利用电传递操纵信号，自动操纵后部机车，实现前后机车同步操纵的技术，其传递操纵信号的通信方式分为无线和有线两种。但基于无线通信方式的动力分散同步操纵系统的装车量和使用数量要远大于有线方式，美国在这项技术领域具有绝对的优势，主要产品都出自美国的 GE 公司和 Wabtec 公司。动力分散无线控制技术最大的研究生产厂商为美国 GE 的 GETS Global Signaling（通用电气运输系统全球信号设备公司），其研制、生产的 Locotrol 技术是机车动力分散式无线控制系统的代表产品，如图 3-2-2 所示。

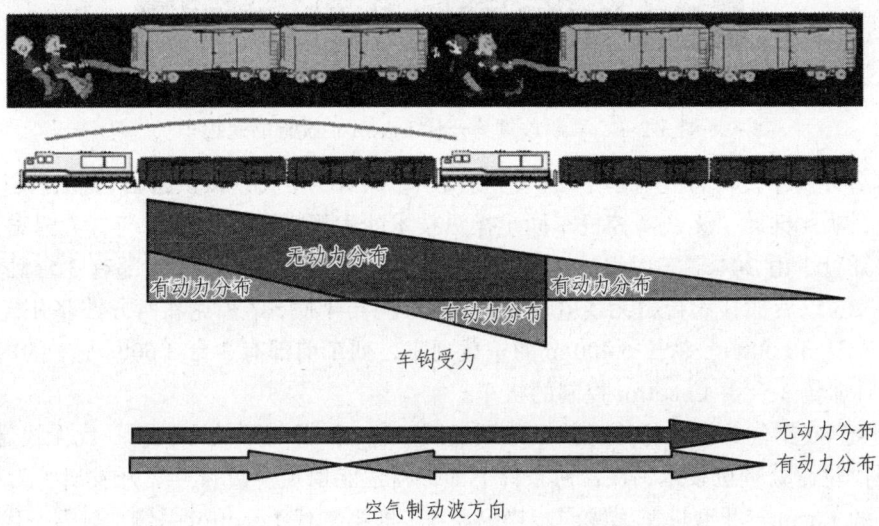

图 3-2-2　LOCOTROL 动力分布概念

1959 年，美国开始进行了机车无线遥控的机车动力分散控制试验。1962 年，美国 Wabtec 公司的前身——西屋（Westinghouse）公司的远程机车遥控系统开始使用在由 200 辆车编组的 18 000 t 列车上。随后经过多次试验、改进，该系统于 1964 年以后陆续在美国南方铁路公司、南太平洋铁路公司、宾夕法尼亚铁路公司、纽约中央铁路公司、联合太平洋铁路、圣太菲铁路以及加拿大太平洋铁路公司等大量采用。20 世纪 70 年代，该项技术逐步成熟，澳大利亚、巴西等国的铁路也采用了这种技术。

另一家美国公司，哈里斯（Harris）公司（通用电气运输系统全球信号设备公司——GETS Global Signaling 的前身）于 20 世纪 60 年代开始研制类似的机车动力分散式无线遥控系统，并于 1965 年生产了第一代产品，这就是 Locotrol 机车无线同步操纵系统。Locotrol 是通过本务机车利用无线技术遥控列车中部的从控机车，通过列车中部或后部的各个机车向后面的车辆传递空气压力波信号而达到改善制动性能、减小列车纵向冲动和车钩受力的目的。列车的制动管则用作制动信号备用传递通路，可使被控机车减速并使列车制动停车。

第一代 Locotrol 系统是利用分立的逻辑卡来控制继电器和电磁阀，从而实现对机车操纵手柄和空气制动的控制。该系统产品应用了摩托罗拉公司生产的固态无线电技术，系统由安装在头部主控机车上的主控设备和安装在列车中部专门车辆上的无线电受控设备组成。司机从主控机车发出经过逻辑处理的指令，这些操纵命令通过无线电信道传送到后面的受控设备上；受控设备接收到指令后对这些信号进行处理，通过继电器控制电路，控制各台从控机车的牵引和制动设备的动作，实现各台从控机车与主控机车的同步操纵。当时的受控系统设备体积很大，占据整整一节车辆——遥控车，如图3-2-3所示。

图 3-2-3　早期放置第一代 Locotrol 设备的遥控车

美国南方铁路公司首先订购了 16 套这种设备。1965 年底，该铁路公司接着又订购了 50 多套设备，从此推动了无线遥控机车同步操纵技术的大规模应用。1967 年，美国宾夕法尼亚铁路公司开行了由 341 辆车编组、总重达 25 500 t 的重载列车。列车头部有 3 台机车，在列车全长的 2/3 以后加挂 6 台由无线电遥控的机车。同年年底，诺福克和西方铁路开行了由 500 辆车、总重达 48 000 t、总长 6 400 m 的重载列车，列车前部有 3 台 3 600 马力[*]的内燃机车，300 辆车后加挂 3 台由 Locotrol 控制的机车。

20 世纪 80 年代，由于计算机技术飞跃发展，Harris 公司开始开发新一代无线遥控系统。它采用现代化微处理机技术，在任何条件下能保持性能稳定。1984 年，开发出了第一台装有微处理器的 Locotrol Ⅱ 型机车无线同步操纵系统，即第二代 Locotrol 系统。与第一代 Locotrol 相比，Locotrol Ⅱ 的功能扩大了，体积大大缩小了，可以直接放置在列车中部的从控机车上，从而取消了遥控车。继电器和电磁阀置于软件的控制下，可以进行制动管路连通性测试、漏泄测试和主控与从控设备的连通性测试以及对空气流速变化的检测。对空气流速有无变化的检测使得制动管路成为辅助的控制信号传输通道。主控机车与从控机车能够互换通用，进一步提高了安全性和灵活性，使操作和维修更加容易。

20 世纪 90 年代初，Harris 公司开发出第三代动力分散式控制的 Locotrol 产品——Locotrol Ⅲ。该系统采用了更先进的微处理器，功能更强，可提供增强型的用户界面、多项遥控支持等。Locotrol Ⅲ 能提供一个完整的动力分散式控制系统，并且能与各种类型的机车和制动系统接口。

近年来，GETS Global Signaling 开发了第四代动力分散式控制的 Locotrol 并在铁路上试用。它采用最先进的微处理器和固态电子技术，使用更少的元件，工作更加可靠，并且更容易与现代机车相配合。第四代产品中，Locotrol LSI 或 MVB 把所有向司机显示的信息都集中反映在司机台的显示屏上。Locotrol 处理器模块和双重无线电通信模块通过与 LSI 或 MVB 的接口而控制和监视从控机车。处理器模块将信息经由机车计算机控制系统传送到机车的司机控制器、空气制动系统、列车尾部装置和司机台的通用显示器。Locotrol LSI 或 MVB 的主要特点是体积比 Locotrol Ⅲ 小 80%，标准的司机台显示屏、标准的成套的处理器模块，与车载电子和空气制动设备的接口简化了，具有更高的可靠性。

---

　　[*] 马力为非法定计量单位，1 马力 ≈ 735.499 瓦（W）。

另外，GE 与 NYAB（纽约空气制动机公司）还共同开发了一个很独特的 Locotrol EB（LEB）系统，它把两个独立的、以前互不相干的机车系统——动力分散式控制和电子空气制动机结合起来，从而减少了在功能及设备方面的重叠。开发这一产品的主要目的是在减少寿命周期成本的同时，改善系统的可靠性。Locotrol EB 主要由 4 个模块组成：

（1）电子制动阀 EVB：启动空气制动机的运行。
（2）集成处理模块 IPM：执行空气制动控制和动力分散式控制处理。
（3）电子空气制动单元 EPCU：执行对空气制动的直接控制和监视。
（4）双重无线电模块：执行动力分散式控制的无线通信。

同时，20 世纪 90 年代后期，由于重载列车有线电控空气制动技术的出现，借助于贯穿全列车的通信电缆，拥有有线电控空气制动技术的 NYAB 和 Wabtec 公司开发了基于有线通信的机车动力分散式控制系统。

近年来，随着重载运输的发展，铁路市场对 Locotrol 系统的需求增加，在美国、加拿大、澳大利亚、巴西、中国等国家和地区铁路的电力机车和内燃机车上均有使用。Locotrol 机车无线同步操纵系统的优点和效果如表 3-2-1 所示。

表 3-2-1　Locotrol 的主要操作优点和效果

优　点	效　果
最佳的动力分配和制动操作	增加总吨位牵引能力（列车长度加长）；改善设备利用率；减少列车内部纵向受力；减少乘务员的数量需求
减少列车在陡坡运行时的车钩受力	不需要有人驾驶的补机
更快的加速和减速	改善铁路通过能力；减小列车间隔；更快的循环周期；缩短停车距离（30%）；减少停车时间（22%）
增加牵引效率和减少滚动阻力	改善燃油的经济性（平均 5%）；减少轮缘和轨轨的磨耗
更快的制动缓解动作	有效地减少制动管充风时间（60%），从而减少循环时间；改善对低速列车的控制；更平稳的制动动作；改善对列车间隙效应的控制，减少货物的损失
可以将多个短列车连接成一个长列车	增加线路通过能力；简化调度场对列车分解的后勤支持

四、电空制动 ECP 技术

20 世纪 90 年代，美国和欧洲一些国家的铁路开始研究用于货物列车的电空制动系统 ECP，这是一种电子控制的直通式空气制动系统。这种系统采用了先进的信息技术（IT），直接用计算机控制列车中每辆货车的制动缸的制动和缓解，取消了传统的空气制动阀系统，保证了长大重载列车中各节车辆的制动、缓解动作的一致，大大加快了制动速度、缩短了制动距离，降低了车辆间的纵向冲动力，优越性非常明显。

按信号传递方式分，ECP 又有两种形式：一种是通过列车上贯通全长的电缆（列车总线）来传递制动控制信号及后面车辆向机车的反馈信息（称有线方式）。另外一种是利用每节车辆两端的无线电装置在相邻的两节车辆之间接收和发送制动控制信号及反馈信息（无线方式）。电缆（有线）方式的优点是结构比较简单而且工作也比较可靠，但是不适用列车需要经常解编的普通货物列车，而适用于像旅客列车那样的固定编组的货物列车（单元列车）。无线方式的优点是比较灵活，适用于列车编组不固定，需要经常解编的列车。但是它要求在每节车辆上安装无线电装置的电源，还要在车辆的两端安放无线电接收和发送装置，以便与相邻的车辆交换、传递及反馈信息，而无线电信号容易受干扰，工作可靠性不如有线方式。美国铁路于1997年开始对于这两种方式都进行了试验，最后在固定编组的单元重载列车上首先使用了有线方式的电子控制空气制动系统（ECP）。

美国的技术服务销售公司（TSM）从1994年开始就研制出早期的有线ECP制动系统。后来它与美国著名的威斯汀豪斯空气制动机公司（WABCO）、Pulse电子公司、洛克威尔铁路电子公司（Rockwell）以及Q-Tron公司一起组成了Wabtec公司，Wabtec公司继续生产有线ECP制动系统。它与北美铁道协会（AAR）通力合作，在1999年3月制定出有线ECP系统的工业标准——S4200标准。此外，美国的纽约空气制动机公司（现在属于著名的跨国公司，Knorr制动机公司的麾下）也研制和生产了有线ECP制动系统。1997年，ECP在北美开始装车试验。目前，美国、加拿大、澳大利亚、南非、中国等国在重载铁路上均采用了该项技术。

美国铁路试验表明，重载列车采用电空制动的主要优点为：① 保证前后车辆制动和缓解的同步作用，使纵向冲动大为改善；② 减少空气压力波传播需要的制动空走时间，使列车制动距离缩短了30%～70%，在闭塞区间长度不变的情况下，可提高列车速度18～30 km/h，增加线路的通过能力；③ 具有良好的阶段制动和阶段缓解作用，便于司机操纵；④ 因为列车管充气加快，装、卸载时间也加快，缩短了列车停留时间，使列车周转时间缩短，节约能源5%，降低车辆维修成本，手动制控制更精确，减少车轮损伤；⑤ ECP装置具有监测车辆制动系统的功能，有利于车辆维护，并可取消守车。此外，这种新型的货车电空制动还具有检测折角塞门关闭、ECP芯片损坏报警等安全保障功能，因此是重载列车技术装备的一大突破。柏林顿北方圣太菲铁路公司已决定在其所有新机车上装设电空制动系统。

当然，重载列车的运行需要的是一个系统性的技术组成，包括的范围很广，这里不再一一介绍，如图3-2-4所示。

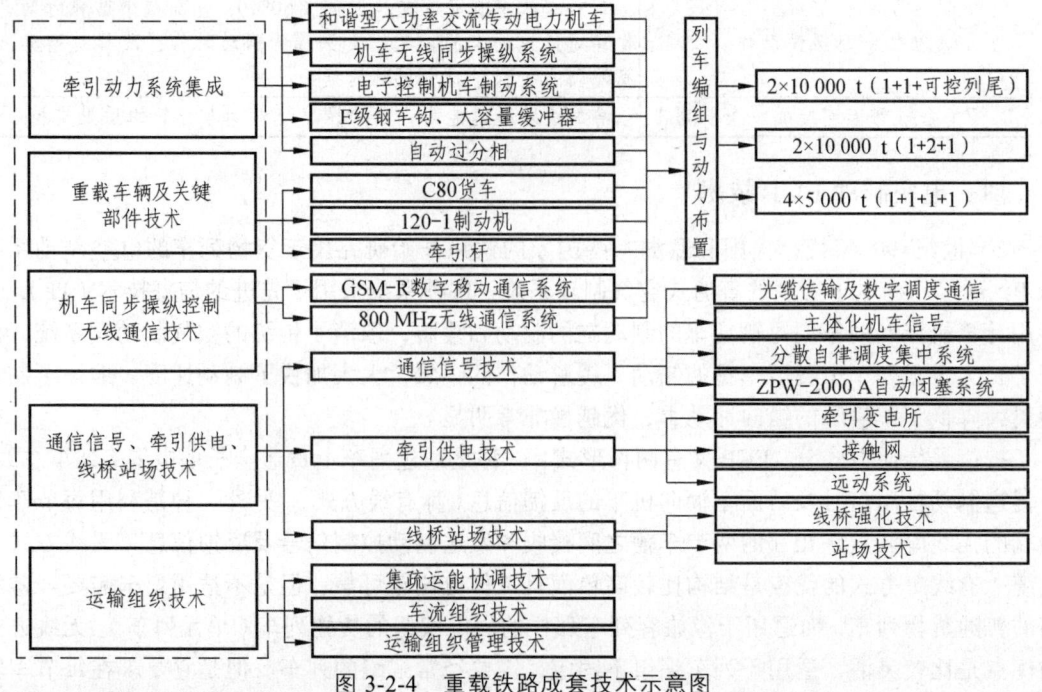

图3-2-4　重载铁路成套技术示意图

第三节 重载车辆

近年来,我国重载铁路和重载列车发展迅速,原有重载铁路如大秦铁路、朔黄铁路等均不断扩能,新建的瓦日铁路、蒙华铁路均为高标准重载铁路,线路的发展迫切需要相应的重载车辆设备,因此我国发展了 80~100 t 级左右的车辆设备,如 C80E、C96、KM98、KM100 等;这类车型装用 27 t 以上轴重转向架,如 DZ1、DZ2 到 DZ5。本节主要介绍相关的重载车辆。

1949 年中华人民共和国成立后,中国铁路货车经历了两个发展阶段、实现了 4 次大的升级换代。第一阶段是从 1949—1957 年的仿制国外产品阶段;第二阶段是从 1957 年至今的自行研发、自主创新阶段。在两个阶段中,中国铁路货车实现了 4 次大的升级换代,如图 3-3-1 所示。2014 年 C80E 通用型敞车的出现说明我国铁路载重正式进入 80 t 级载重标准,标志着我国迈入国际重载铁路先进行列。这是我国铁路车辆行业继高速动车组之后取得的又一重大自主创新成就(以前出现的 80 t 级货车均为 25 t 轴重的低自重或多轴车,C80E 为 27 t 轴重)。

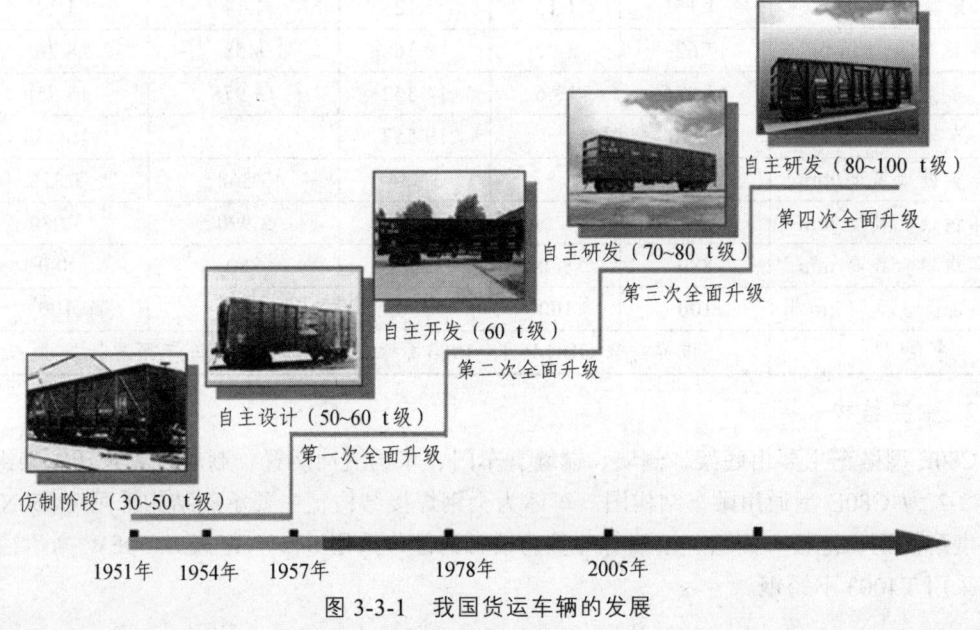

图 3-3-1 我国货运车辆的发展

一、C80E

提高货车轴重、发展重载运输是实现铁路提质增效、降低运输成本的最佳途径,因此,中车齐齐哈尔车辆有限公司研制了适用于我国既有线路、桥梁、站场的 27 t 轴重、载重 80 t 的 C80E 型通用敞车。2008—2009 年,完成了 27 t 轴重通用货车可行性论证、考核标准等研究;2010—2012 年,完成了 27 t 轴重通用货车标准体系的建立、技术经济论证、关键技术研究和惯性故障解决方案等工作;2012—2014 年,完成方案设计、结构优化、样车试制、各项型式试验、线路适应性试验,并通过了中国铁路总公司方案评审和样车审查;2014 年 6 月批量生产的 5 000 辆该型车投入太原铁路局进行运用考核;2015—2016 年通过运用考核评审、技术审查,并取得型号合格证,目前正在全国铁路线路上推广应用。

C80E、C80EH、C80EF 型敞车分别装用 DZ1 型交叉支撑式转向架、DZ2 型摆动式转向架、DZ3 型副构架式转向架，3 种车型采用相同车体[统称 C80E（H、F）型通用敞车]。DZ1，DZ2 和 DZ3 型转向架采用低动力作用技术，采用非金属磨耗件、可拆卸金属磨耗件，可实现换件修。

1. 主要技术参数

表 3-3-1 中列出了几种 27 t 及以上轴重车辆的主要技术参数，并进行了比较。

表 3-3-1　几种重载车辆的主要技术参数

型号	C80E	C96	KM98	KM98AH	KM98AF
轴重/t	27	30	30	30	30
载重/t	80	96	98	98	98
自重/t	26.5	24.1	22.4	22	22
容积/m³	92	110	110	112	110
比容/(m³/t)	1.15	1.15	1.12	1.14	1.12
每延米重/(t/m)	7.62	8.82	8.36	8.58	8.36
车辆长度/mm	13 976	13.6	14 352	13 978	14 350
车辆定距/mm	9 210		10 552		10 550
车辆最大宽度/mm	3 190		3 334	3 368	3 326
车辆最大高度/mm	3 530		4 008	3 990	3 980
车钩中心线高/mm	880	880	880	880	880
最高运行速度/(km/h)	100	100	100	100	100
限界	限界符合 GB 146.1—1983《标准轨距铁路机车车辆限界》要求				

2. 主要结构

C80E 型敞车主要由底架、侧墙、端墙、车门、车钩缓冲装置、制动装置及转向架组成。图 3-3-2 为 C80E 型通用敞车结构图。车体为全钢焊接结构，主要承载结构采用 Q450NQR1 高强度耐候钢，地板、侧墙、端墙等与货物接触的部位采用 S450AW 或 S450EW 高耐蚀钢，车门采用 T4003 不锈钢。

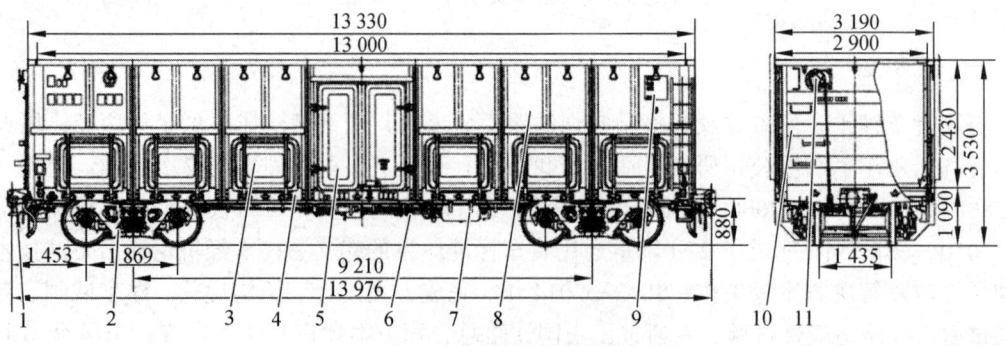

图 3-3-2　C80E 型通用型敞车结构图

1—车钩缓冲装置；2—转身架；3—下侧门；4—底架；5—侧开门；6—底架附属件；7—空气制动装置；8—侧墙；9—标记；10—端墙；11—手制动装置

（1）底架。

底架由中梁、下侧梁、枕梁、大横梁、端梁、小横梁、纵向梁及钢地板组焊而成。中梁为 2 片乙型钢组焊而成的几形结构，下侧梁为冷弯或热轧型钢。装用直径为 358 mm 的锻造上心盘、B+级铸钢的冲击座和绳栓、C 级铸钢前后从板座，心盘、冲击座、绳栓、前后从板座均采用拉铆钉与车体连接。

（2）侧墙。

侧墙为板柱式结构，由上侧梁、侧柱、侧柱连铁、立柱、侧板及侧柱内补强座等组焊而成。上侧梁为冷弯矩形钢管，侧柱为冷弯双曲面帽形型钢，侧柱与下侧梁间采用拉铆钉连接，下侧板采用整体压型结构。

（3）端墙。

端墙由上端缘、角柱、横带及端板等组焊而成。上端缘、角柱为冷弯矩形钢管，横带采用梯形横截面的槽形结构，提高了端墙刚度，满足载重运输纵向冲击要求。

（4）车门。

车门采用整体压型门框和配套压型门板，车门与门框间为 S 形曲路配合，如图 3-3-3 所示，下侧门采用整体锻造折页、两级搭扣锁闭结构，可有效改善车门的密封性能和使用功能。图 3-3-4 所示为新型两级搭扣结构及下侧门二级锁闭状态。

 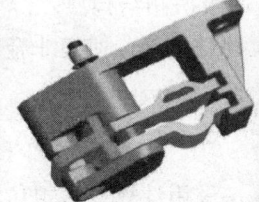 

图 3-3-3　S 形曲路密封车门结构　　　图 3-3-4　新型两级搭扣结构及下侧门二级锁闭状态

（5）车钩缓冲装置。

车钩缓冲装置采用 E 级钢 17 型车钩、17 型锻造钩尾框、HM-1 或 MT-2 型缓冲器、含油尼龙钩尾框托板磨耗板，适应载重运输编组列车纵向力要求。

（6）制动装置。

制动装置满足列车主管定压 500 kPa 和 600 kPa 的要求。采用模块化组装，120 阀模块、制动缸模块、制动主管模块、脱轨自动制动装置模块与既有 C70 型敞车的形式相同。装用高摩合成闸瓦，采用具有防误装功能的整体模锻式制动杠杆及整体拉杆头、不锈钢制动管系，主管采用整体穿入式法兰，提高了制动装置密封可靠性。

采用 NSW 型手制动机，装用非金属动滑轮、定滑轮和具有防止手制动链脱落功能的滑轮座。

（7）转向架。

转向架采用 DZ1 型下交叉支撑转向架（见图 3-3-5），也可装用 DZ2 型摆式转向架或 DZ3 型副构架式转向架。摇枕、侧架采用 B+级铸钢，侧架实现无选配组装。采用辗钢或铸钢车轮、352132A 型轴承。中央悬挂采用两级刚度弹簧、组合式斜楔。采用具有垂向压缩限位、纵向消除间隙功能的常接触弹性旁承。转向架具有低动力、准径向、无焊接、低磨耗的特点，大幅提高了车辆动力学性能。

图 3-3-5　DZ1 型下交叉支撑转向架

3. 主要特点

（1）车辆长度与 C70 型敞车相同，完全适应既有线路和站场，满足列车编组要求，可在不改造站场和线桥的前提下提高运输能力。

（2）车辆载重 80 t，单车载重较 70 型敞车提高 14.3%；容积 92 m^3，较 C70 型敞车增加 19.5%，扩大了运输能力，提高了运输效率。

（3）车体采用外置侧柱、侧柱连铁与立柱组合结构，提高了车体抗变形能力。创新采用 S 形曲路密封车门和新型两级搭扣结构。

（4）该车全面采用拉铆钉连接，使用非金属和可拆卸金属磨耗件，实现了换件修、无焊修，为修制改革创造了条件。

4. 关键技术

（1）采用轻量化技术。采用计算机模拟仿真技术进行整体优化设计、关键部位和节点局部细化设计，提高了车辆结构可靠性和运用安全性，并实现了车辆轻量化。

（2）采用新型高耐蚀材料。应用 S450AW 或 S450EW 新型高耐蚀钢车体材料和新型环保涂料，提高了车辆腐蚀性能和材料使用寿命。

（3）采用大轴重低动力转向架。装用 DZ1 型下交叉支撑转向架，采用 LZ45CrV 钢车轴、CL70 型辗钢车轮和 ZL-C 型铸钢车轮，保证车辆长期运行稳定可靠。

（4）关键零部件采用可靠性技术。S 形曲路密封车门结构配合两级搭扣结构、主管整体穿入式法兰、改进型橡胶密封圈等的装车应用，提高了关键配件可靠性和车辆使用性能。

二、KM98AF

为满足我国 30 t 轴重重载运输发展需要，提高煤炭运输效率，2013 年，根据中国南车股份有限公司科技研究开发计划及国家科技支撑计划的要求，当时，南车眉山车辆有限公司（简称眉山车辆公司）承担了该课题项目的研究，并进行了 KM98AF 型煤炭漏斗车的研制。

1. 研制过程

KM98AF 型煤炭漏斗车外形与 KM98AH 型煤炭漏斗车外形（主要技术参数见表 3-3-1）有所不同，如图 3-3-6、3-3-7 所示，其用于中国标准轨距铁路，采用固定编组运输煤炭，可实现边走边卸的卸货要求。2013 年 9 月，眉山车辆公司完成了 KM98AF 型煤炭漏斗车技术方案设计，并对车体结构强度、刚度以及车辆动力学性能进行了计算分析。2013年11月，眉山车辆公司完成了KM98AF型煤炭漏斗车样机试制。2014年4月，中国铁路总公司产品质量监督检验中心车辆检验站在眉山车辆公司完成了KM98AF型煤炭漏斗车车体静强度试验和冲击试验。2014年5月，中国南车会同神华集团在眉山共同组织召开了KM98AF型煤炭漏斗车设计方案和样机技术评审，并通过了评审，同年在神华集团线路上开展运行试验。

图3-3-6 KM98AH型煤炭漏斗车

图3-3-7 KM98AF型煤炭漏斗车

2. 主要结构

该车主要由车体、底门及底门开闭机构、车钩缓冲装置、转向架和制动装置等组成。

（1）车体。

车体为侧壁与底架共同承载结构，与煤炭接触部位采用铝合金和不锈钢，主要由底架、侧墙、端墙、漏斗和撑杆等组成。脚蹬与侧梁采用专用拉铆钉连接，装有铁路货车车号自动识别标签。侧墙上设有供攀登用的扶梯。

（2）底门及底门开闭机构。

全车共有3组底门开闭机构，每组分别控制一对底门。底门开闭机构由双联杠杆、传动轴、轴承座、关门缓解装置等部分组成，具有双向运行卸货功能，适应车辆掉头后边走边卸的需要。

（3）车钩缓冲装置。

该车采用E级钢17型车钩、17型锻造钩尾框、HM-1型缓冲器。当5辆车为一组时，车组内采用短牵引杆连接。

（4）转向架。

该车采用30 t轴重副构架式径向转向架，安装有PAB型集成制动装置。

（5）制动装置。

空气制动装置采用150型控制阀，列车主管定压500 kPa，并能满足主管压力600 kPa的工作要求。预留电空制动安装空间，手制动装置采用NSW型手制动机。

3. 关键技术和创新

（1）车体重载承载技术。

车体为钢铝混合铆接结构，侧墙与底架共同承载，提高了车体承受纵向载荷的能力，并采用贯通中梁结构，有利于车体纵向载荷的传递。

端墙和侧墙采用板梁式直壁结构，具有足够的强度和刚度。中梁上方布置纵向漏斗脊，与车体中央横向漏斗脊形成4个卸货口，底门沿车体横向布置，充分利用了车体下部空间，提高了车辆每延米承重。

（2）车体轻量化技术。

车体采用轻量化结构设计，车体各梁形成立体交叉封闭框架结构，质量轻、刚度好、变形小。

大量采用铝合金挤压型材，侧墙板为铝合金型材组焊结构，底门板为铝合金整体挤压成型，上侧梁、下托梁、上端梁为铝合金整体型材，自重轻。

侧墙板采用搅拌摩擦焊工艺，焊缝接头增强设计，强度有保证。侧墙板外侧增加条形筋设计，平面度好，外胀小。

（3）双向运行自动卸货技术。

该车采用地面机械碰撞式底门开闭机构，底门开闭机构具有双向运行卸货功能，能适应车辆掉头卸货需要。

（4）副构架式径向转向架技术。

该车采用30 t轴重副构架式径向转向架，其特点是：前后轮对轮轨横向力分配均匀，降低了轮轨横向力；大挠度橡胶堆隔离侧架、轮对间振动，减小了轮轨垂向力；减小轮对冲角60%~80%，避免轮缘接触；改善轮轨接触，降低轮轨磨耗30%~50%，延长车轮寿命和换轨周期；径向通过曲线，降低阻力和牵引能耗20%以上；转向架安装PAB型集成制动装置，制动缸与闸调器集成化程度高，双向调节；双推杆设计，改善了制动梁受力。

（5）新型150型制动系统技术。

该车采用150型空气控制阀、组合式集尘器、卡套式法兰等制动新技术，提高了车辆制动性能。

150型控制阀是在120阀基础上研制开发的，在保持120阀作用性能和接口尺寸的前提下，主阀采用无滑阀结构，取消研磨；采用夹布橡胶膜板，寿命较120阀膜板提高3倍以上；采用铝合金铸造技术，防锈蚀能力强，质量轻。150阀彻底消除了膜板失效、配合不良等故障，同时提高了紧急阀常用制动安定性，避免意外紧急情况，可大幅提高检修周期至4年以上。

GL型组合式集尘器采用了由铜基粉末冶金过滤材料烧结的滤尘杯，大幅提高了过滤精度，同时具有离心力除尘和重力除尘的双重效果，过滤效果比原集尘器提高30%。

卡套式法兰可有效增强制动管路的连接刚度、提高法兰接头抗变形能力，保证制动管系密封性能。

（6）新型拉铆紧固连接技术。

拉铆钉和套环表面采用锌铝多元合金共渗技术，锌铝共渗合金层与铝合金车体之间的电位差异小，腐蚀速度小，耐腐蚀性能优异。

（7）车体防腐蚀技术。

端墙和侧墙采用板梁式结构，端柱和侧柱外置，车体内壁光滑，不易积煤和冻煤。与煤炭接触部位采用铝合金和不锈钢，提高了车体防腐蚀性能。

（8）底开门漏斗车制造技术。

该车研究应用了底开门漏斗车车体制造、地面机械碰撞式底门控制开闭机构安装调试，以及大轴重转向架制造等技术。

第四节　DZ 系列重载车辆转向架

DZ 系列转向架是我国重载货运线路车辆所使用 27 t 级及以上轴重的转向架，主要包括 27 t 级轴重的 DZ1、DZ2、DZ3 和 30 t 级轴重的 DZ4、DZ5、DZ6 等。其中 DZ1、DZ4 为中车齐齐哈尔车辆有限公司研制；DZ2、DZ5 为中车长江车辆有限公司研制；DZ3、DZ6 为中车眉山车辆有限公司研制。DZ4 在 DZ1 的基础上研制，DZ5 在 DZ2 的基础上研制，DZ6 在 DZ3 的基础上研制，结构区别不是很大，主要进行了轴重增加和技术提升，因此本节主要介绍 DZ1、DZ2、DZ3 转向架。DZ1 具有下交叉支撑杆；DZ2 具有摆动功能和弹簧托板；DZ3 具有副构架和径向功能。

一、DZ1 转向架

为满足我国大轴重铁路货车技术发展需要，中车齐齐哈尔车辆有限公司在总结我国 60 t、70 t、80 t 级重载提速货车转向架技术、吸收出口的 30～40 t 轴重货车转向架成熟技术和运用经验的基础上，研制了 27 t 轴重 DZ1 型交叉支撑转向架。实现了"低动力、准径向、无焊接、轻磨耗"的四大功能，技术可靠、性能先进。DZ1 转向架三维图如图 3-4-1 所示。

图 3-4-1　DZ1 转向架三维图

1. 适用范围

DZ1 型转向架适用于 1 435 mm 轨距、27 t 轴重、最高运行速度 100 km/h 的铁路货车。

2. 主要技术参数

DZ 系统转向架技术参数对比如表 3-4-1 所示，表中将 DZ1、DZ2、DZ3、DZ4、DZ5 的技术参数做统一比较。

表 3-4-1　DZ 系列转向架技术参数对比

转向架形式	DZ1	DZ2	DZ3	DZ4	DZ5
轨距/mm	1 435	1 435	1 435	1 435	1 435
轴重/t	27	27	27	30	30
自重/t	5.15	5.2	5.4	5.4	5.4
固定轴距/mm	1 860	1 860	1 860	1 860	1 860
轴颈中心距/mm	2 006.6	2 006.6	2 006.6	2 006.6	2 006.6
旁承中心距/mm	1 520	1 520	1 520	1 520	1 520

续表

转向架形式	DZ1	DZ2	DZ3	DZ4	DZ5
心盘面高度（心盘载荷 78 kN）/mm	680	680	680	680	680
心盘磨耗盘内径/mm	363	363	363	405	405
下心盘直径/mm	375	375	375	419	419
侧架上平面高度/mm	787		788	787	
侧架下平面高度/mm	168			168	
车轮直径/mm	915	915	915	915	915
最高运行速度/(km/h)	100	100	100	100	100
通过最小曲线半径/m	几何 80	限速 145	限速 145	几何 80	限速 145
限界	限界符合 GB 146.1—1983《标准轨距铁路机车车辆限界》要求				

注：几何 80：几何学计算可以通过半径为 80 m 的曲线、不考虑动力学因素；

限速 145：在限制速度下可以通过 145 m 半径的曲线。

3. 主要技术特点

（1）该车采用交叉支撑技术，提高了转向架抗菱刚度，保证了车辆运行的稳定性和平稳性。

（2）该车采用成熟的一系八字形橡胶垫，合理匹配垂向、纵向、横向刚度，实现了轮轨间低动力作用，结构简单、可靠，检修方便。

（3）交叉杆和两侧架之间采用弹性连接，与一系八字形橡胶垫配合作用，实现了车辆通过曲线时的轮对准径向功能，且车轮轮缘、踏面磨耗小；保持轮对对中运行，实现了导框与承载鞍的无磨耗。

（4）摇枕组成、侧架组成采用无焊接组装，支撑座与侧架铸造成一体，实现了整个转向架的无焊接组装，造修方便，性能恢复快速准确。

（5）除车轮、闸瓦外，实现了摇枕与侧架间、侧架导框与承载鞍间无磨耗，交叉杆弹性连接机构无磨耗、连接性能不衰减，减振摩擦系统磨耗低等技术要求。

4. 主要结构

DZ1 型转向架为铸钢三大件式转向架，结构如图 3-4-2 所示。

图 3-4-2　DZ1 转向架三维图

(1)轮对组成。

该组成装用 HFS 型辗钢整体车轮或 HFZ 型铸钢车轮,车轮材质为 CL70 或 ZL-C 级钢,对车轮进行静平衡测试,最大残余不平衡值 ≤125 g·m,同一辆车需装用同一型号的车轮。装用材质为 LZ45CrV 或 IZW 的 RF_2 型车轴,轮对组装符合 TB/T 1718—2003《铁道车辆轮对组装技术条件》的要求。

(2)滚动轴承

滚动轴承采用 353132A 或 353132B 型轴承。轴承轮廓尺寸为 160 mm × 270 mm × 170 mm(内圈内径 × 外圈外径 × 轴承宽度)。图 3-4-3 所示为滚动轴承接口结构。

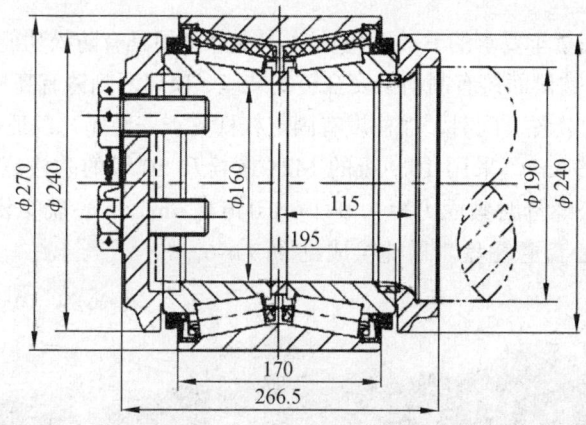

图 3-4-3　滚动轴承接口结构

(3)轴箱橡胶垫组成。

该组成采用八字形 TJC-1 型轴箱橡胶垫,橡胶垫由上下衬板与橡胶硫化在一起,并设有与侧架和承载鞍定位的挡边,上下衬板间设置内置导电结构。配套采用材质为 B+级钢的 JF-1 型承载鞍。图 3-4-4 所示为轴箱橡胶垫和承载鞍。

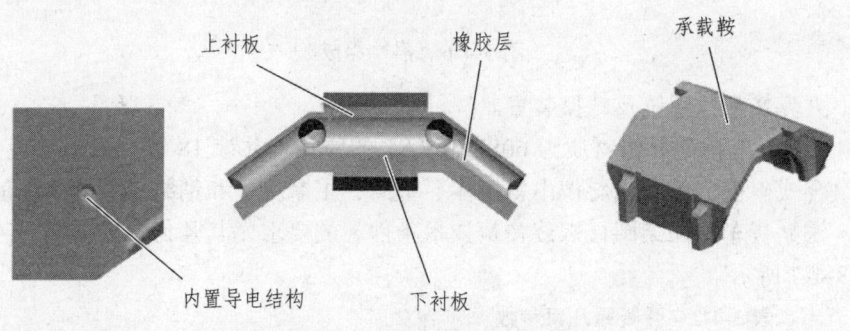

图 3-4-4　轴箱橡胶垫和承载鞍

(4)侧架组成。

侧架采用符合运装货车《B+级钢(ZG25MnCrNi)铁道货车铸钢摇枕、侧架技术条件》要求的 B+级钢整体芯铸造,铸有交叉支撑装置和横跨梁安装座;不设轴距标志,不铲豆,无条件互换;侧架滑槽处安装卡入式 CHM-1 型滑槽磨耗板,利用折头螺栓连接侧架立柱磨耗板。折头螺栓、侧架立柱磨耗板与转 K6 型转向架通用。侧架导框内侧安装挡键,保证在转向架吊运过程中轮对不与转向架分离。支撑座和横跨梁座与侧架为铸造一体结构。图 3-4-5 所示为侧架组成。

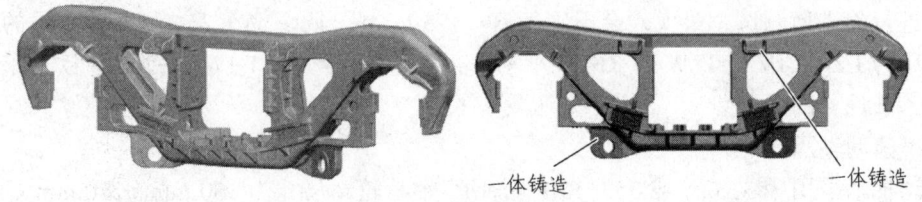

图 3-4-5 侧架组成

（5）摇枕组成。

摇枕采用符合运装货车要求的 B+级钢整体芯铸造。采用具有防松功能的螺栓连接的 BML-1 型摇枕斜面磨耗板，摇枕侧面铸有制动梁安全链安装座，顶部两侧铸有高挡边摇枕旁承盒，摇枕中部孔可安装集成制动装置。同时，摇枕设有固定杠杆支点安装座，以适应杠杆制动系统。

下心盘直径为 375 mm，采用 10.9 级的 M24 螺栓及 10 级的防松螺母与摇枕下心盘面连接，采用 BY-B 型防松螺母时紧固力矩为 941～1 046 N·m，下心盘安装采用与转 K6 型转向架相同的尼龙导电式心盘磨耗盘。摇枕组成见图 3-4-6。

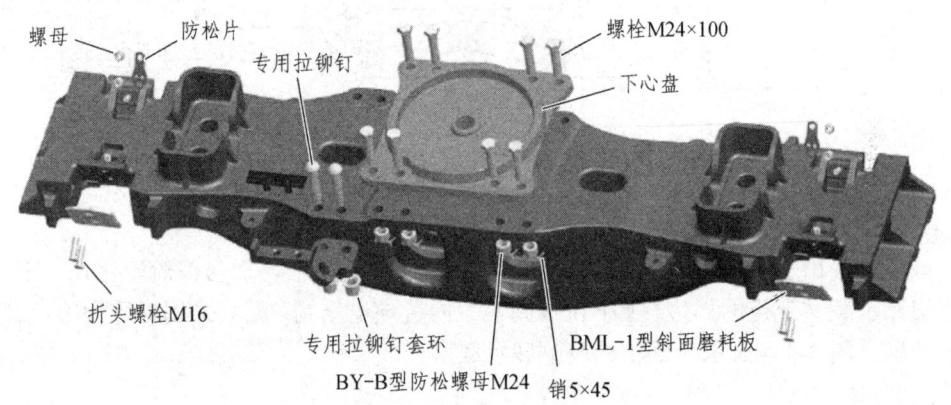

图 3-4-6 摇枕组成

（6）中央弹簧悬挂系统及减振装置。

1 个侧架承台上排列 9 组材质为 60Si2CrVAT 的弹簧，共计 18 组。采用与转 K6 型转向架相同的组合式斜楔，组合式斜楔由斜楔体、垫圈、主摩擦板和销组成。弹簧组的制造符合运装货车《铁路货车转向架圆柱螺旋弹簧技术条件》的要求，其几何参数如表 3-4-2 所示，结构如图 3-4-7 所示。

表 3-4-2 弹簧组几何参数

弹簧名称	杆径/mm	自由高/mm	数量/个
DZ1-Z 型外圆簧 1	25	252	12
DZ1-Z 型内圆簧	17	229	14
外圆簧 2	24	229	2
减振内簧	12	262	4
减振外簧	20	262	4

图 3-4-7 DZ1 转向架中央悬挂弹簧组

（7）基础制动装置（见图3-4-8）。

装有DZ1型转向架的提速货车多采用杠杆制动形式或BAB-1型集成制动装置。

转向架基础制动装置采用中拉杆结构的单侧滑槽制动形式，由左右组合式制动梁、中拉杆总成、固定杠杆总成、游动杠杆总成、固定杠杆支点、GM915D型高摩合成闸瓦和耐磨销套等组成。除支点与固定杠杆间采用扁孔圆销外，其余部位均采用拉铆销。

（8）交叉支撑装置（见图3-4-9）。

交叉支撑装置符合运装货车《铁路货车交叉杆组成技术条件及检验方法》的要求，交叉杆总成、轴向橡胶垫、锁紧板、双耳垫圈、螺栓等零部件与转K6型转向架相同。上下扣板采用可重复使用的短尾拉铆钉连接，取消了焊接。

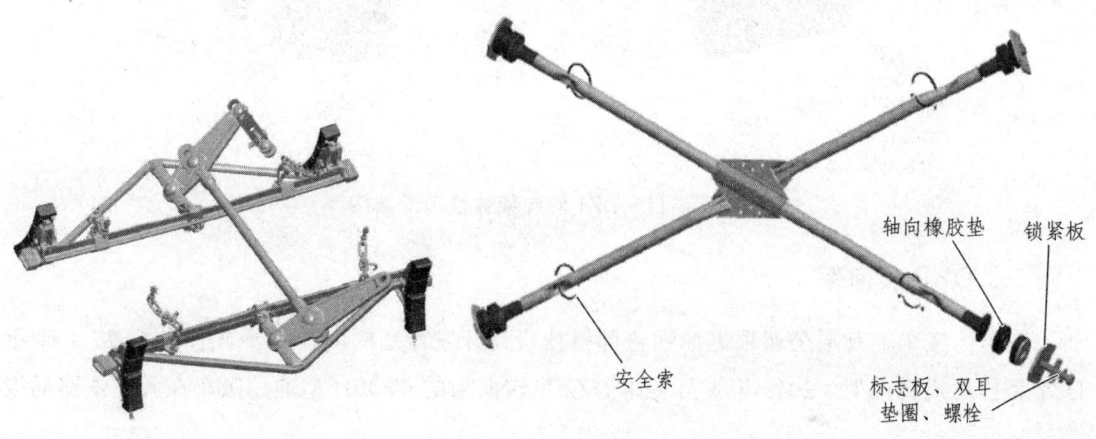

图 3-4-8　基础制动装置　　　　图 3-4-9　DZ1转向架交叉支撑装置

（9）横跨梁总成（见图3-4-10）。

为满足空重车自动调整装置的需要，在转向架游动杠杆端安装HKL-2型横跨梁，在固定杠杆端安装HKL-1型横跨梁。

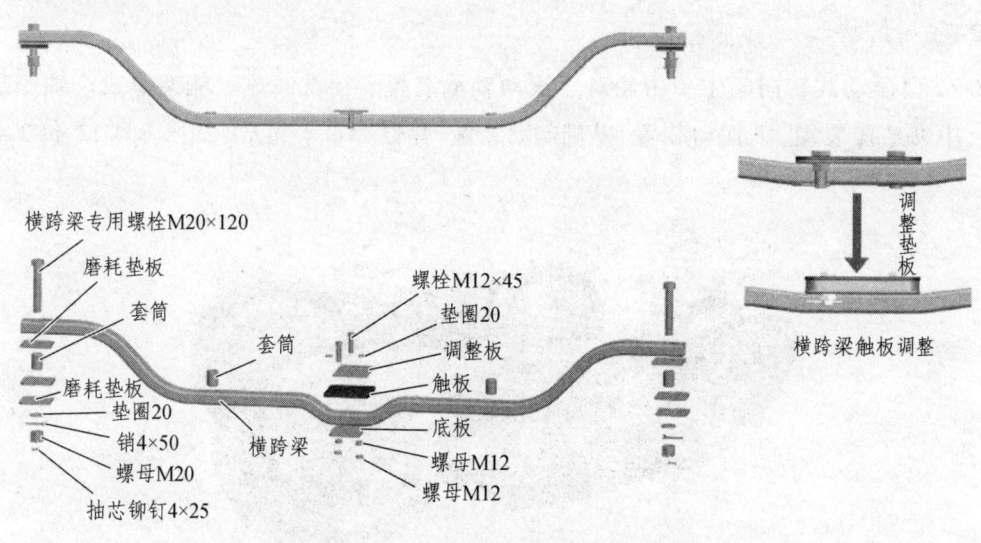

图 3-4-10　DZ1转向架横跨梁总成

（10）弹性旁承。

DZ1 型转向架采用的弹性旁承按结构可分为 CJC-1 和 CJC-2 型两种，CJC-1 型弹性旁承由弹性旁承体总成、侧板总成、支撑磨耗板总成、旁承座、调整垫板和挡铁等零部件组成；CJC-2 型弹性旁承由弹性旁承体总成、支撑磨耗板总成、旁承座、调整垫板和挡铁等零部件组成，如图 3-4-11 所示。

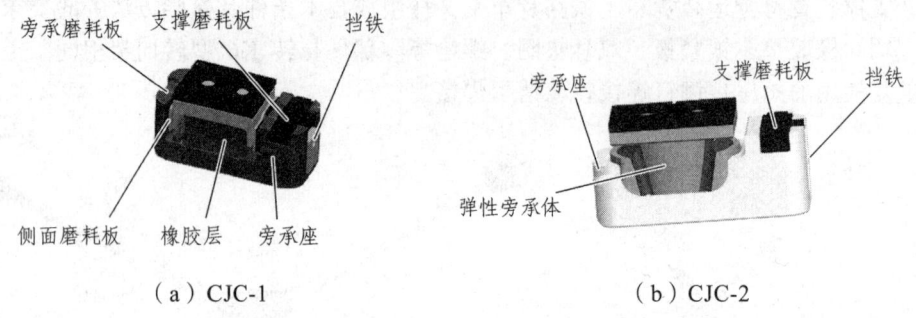

图 3-4-11 DZ1 转向架弹性旁承结构

二、DZ2 转向架

南车长江车辆有限公司根据原铁道部科技研究开发计划的内容和要求研制了 27 t 轴重 DZ2 型摆动式转向架。2013 年 6 月装用 DZ2 型转向架的 C80EH 型通用敞车在太原铁路局投入试运营。

1. 主要用途

该转向架适用于在中国标准轨距铁路上运行，适合装用于最大轴重 27 t、最高运行速度 100 km/h 的各型铁路货车，如可装用于 C80EH 等货车。

2. 主要结构

DZ2 型摆动式转向架主要由轮对、滚动轴承装置、摇枕总成、侧架总成、轴箱悬挂装置、中央悬挂装置、下摆动装置、基础制动装置、弹性旁承等组成，如图 3-4-12 和 3-4-13 所示。

图 3-4-12 DZ2 摆动式转向架实物图

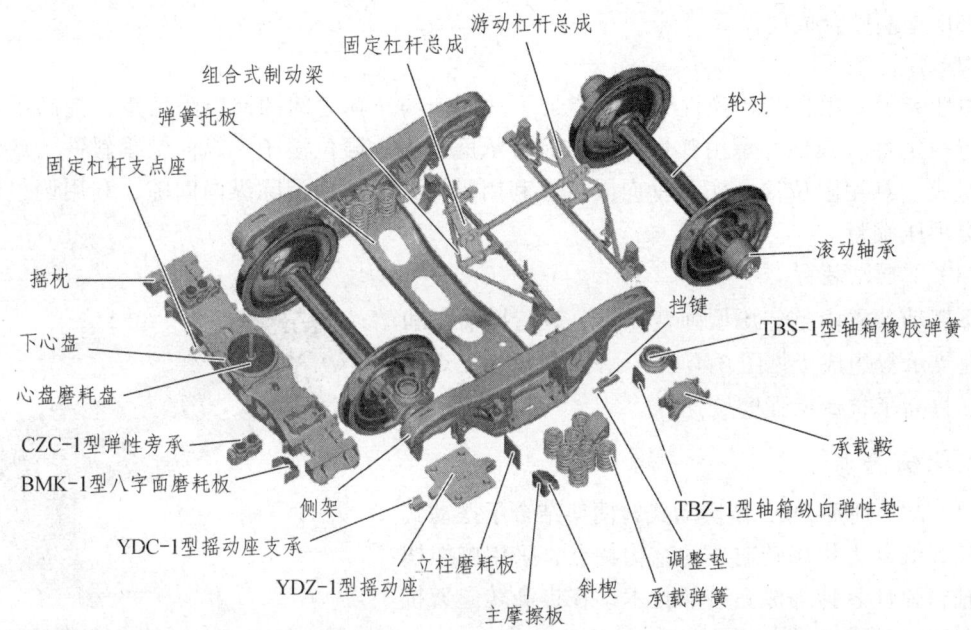

图 3-4-13　DZ2 摆动式转向架爆炸图

（1）轮对和轴承。

轮对采用 RF2 型车轴、HFS 型或 HFZ 型车轮。车轴材质为 LZW 钢或 LZ45CrV 钢；车轮采用 LM 磨耗形踏面，材质为 CL70 钢或 ZL-C 钢。

轴承采用 353132A 型、353132B 型或经批准的其他新型滚动轴承，轴承外廓尺寸为 160 mm×270 mm×170 mm（内径×外径×外圈宽度）。

（2）侧架总成。

侧架总成主要由侧架、立柱磨耗板、滑槽磨耗板等组成。侧架材质为 B+级铸钢。侧架立柱磨耗板采用折头螺栓紧固，侧架铸有横跨梁安装托座，实现了无焊接连接。侧架不设轴距标志，实现了无选配组装。

（3）摇枕总成。

摇枕总成主要由摇枕、固定杠杆支点座、卡入式摇枕斜楔摩擦面磨耗板、下心盘等组成，材质为 B+级铸钢。摇枕铸有制动梁安全链吊座，摇枕与摇枕斜楔摩擦面磨耗板采用 U 形卡入式连接，固定杠杆支点座与摇枕采用拉铆钉连接，实现了无焊接连接。

（4）轴箱悬挂装置。

轴箱悬挂装置由承载鞍、轴箱橡胶弹簧、轴箱纵向弹性垫等组成。侧架导框槽采用上小下大的"八字形"结构，便于轴箱悬挂装置的安装和拆卸。

（5）中央悬挂装置。

每侧中央悬挂装置由 8 个外圆弹簧，8 个内圆弹簧和 2 个组合式斜楔组成。承载弹簧与减振弹簧相同，利于生产组装和检修更换。

（6）转向架基础制动装置。

转向架基础制动装置采用中拉杆式基础制动装置，也可以装用 DAB-1 型集成制动装置或 BAB-1 型集成制动装置。中拉杆式基础制动装置主要由制动梁、锻造制动杠杆、锻造中拉杆、

GM915D 型高摩合成闸瓦等组成。

（7）弹性旁承。

弹性旁承采用长行程弹性旁承，增加了转向架与车体之间的回转阻力矩，提高了转向架运行稳定性。弹性旁承由弹性旁承体、旁承磨耗板、限位滚子、纵向锁紧斜铁、调整垫板等组成。利用限位滚子实现垂向限位，利用纵向锁紧斜铁消除纵向间隙，利用调整垫板调整旁承压缩量。

（8）下摆动装置。

下摆动装置由整体压型弹簧托板、锻造摇动座和摇动座支承等组成（见图 3-4-14），弹簧托板为无焊接结构，提高了抗疲劳强度。

3. 技术特点

（1）27 t 轴重 DZ2 型摆动式转向架结合了摆动式转向架和低动力作用转向架的结构特点，采用侧架摆动和轴箱弹性悬挂等成熟可靠技术，在提高转向架抗菱刚度的同时增加了横向柔性。

图 3-4-14 DZ2 转向架下摆动装置

（2）承载鞍与侧架之间设有轴箱橡胶弹簧和纵向弹性垫，实现了一系弹性悬挂和轮对弹性定位。

（3）两侧架通过摇动座、弹簧托板连成一体，形成下摇动台；轴箱橡胶弹簧悬挂在承载鞍上，利用橡胶弹簧的低扭转刚度特性形成上摆点，使转向架形成有效的摆动机构。

（4）采用卡入式摇枕斜楔摩擦面磨耗板、拉铆结构固定杠杆支点座、铸造一体的吊座及托座等结构，实现了转向架无焊接组装和主要磨耗部位无焊接检修。

三、DZ3 型副构架径向转向架

中车眉山车辆有限公司在 25 t 轴重转 K7 型副构架式转向架的基础上，研制了 27 t 轴重 DZ3 型转向架。

1. 主要特点

我国铁路重载运输要求转向架具有技术成熟、性能可靠、结构简洁、布置合理、性能稳定等特点，DZ3 型转向架就是按照该要求设计的，其轴重为 27 t，最高运行速度为 100 km/h。转向架的总体技术要求和接口尺寸满足《大轴重铁路货车总体技术条件（暂行）》的要求。

DZ3 型转向架如图 3-4-15 所示。为实现 DZ3 型转向架的低动力、低磨耗和径向性能，采取的主要技术措施有：继承转 K7 型转向架的副构架径向技术，转向架前后轮对通过轮对径向装置连接，在保证车辆有较高的蛇行失稳临界速度的同时，具有优良的曲线通过性能；采用两系悬挂技术，轴箱悬挂采用橡胶堆；中央悬挂采用带变摩擦减振装置的中央枕簧悬挂系统，摇枕弹簧为两级刚度；采用长行程弹性旁承，既可以提供合适的回转阻力矩，保证必要的横向稳定性和曲线通过能力，又可降低车辆回转阻力矩对旁承工作行程的敏感度；采用下拉杆式单侧闸瓦制动结构，制动杠杆为直杠杆，降低了制动装置的附加横向力。DZ3

型转向架副构架结构如图 3-4-16 所示。

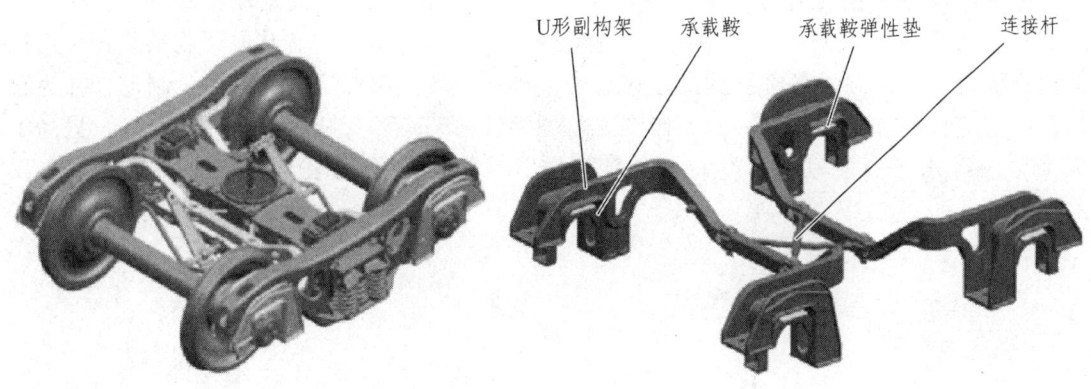

图 3-4-15　DZ3 型转向架　　　　图 3-4-16　DZ3 型转向架副构架结构

2. 转向架结构

（1）轮轴系统。

车轮材质采用 CL70 或 ZL-C 钢的 HFS 型辗钢车轮或 HFZ 型铸钢车轮。车轴采用材质为 LZW 或 LZ45CrV 钢的 RF2 型车轴，轴承为我国 27 t 轴重转向架统一采用的 352132A 型双列圆锥滚子轴承。

（2）轮对径向装置。

轮对径向装置主要由 U 形副构架、承载鞍、承载鞍垫和连接杆等零部件组成。副构架和承载鞍的材质均为 B+级铸钢，采用二者分离的模块化设计。承载鞍装配于副构架承载鞍导框中，鞍面直径为 270 mm，承载鞍顶面通过承载鞍垫实现弹性定位。承载鞍垫通过挡边与承载鞍和副构架上的卡槽配合，可在一定程度上隔离高频振动，降低轮轨动作用力。连接杆为整体锻造结构，材质为 40Cr，端部装用弹性铰，起减振、缓冲作用。轮对径向装置采用无磨耗的柔性连接，具有横向剪切刚度、弯曲刚度易于匹配，垂向扭曲刚度小，线路适应性强等优点。

（3）摇枕和侧架总成。

摇枕、侧架、下心盘材质均采用 B+级铸钢。下心盘与摇枕采用 BY-B 型防松螺母连接。摇枕与材质为 0Cr18Ni9 的斜面磨耗板采用折头螺栓连接，固定杠杆支点座与摇枕体采用拉铆钉连接，从而实现了摇枕各磨耗部位非焊接设计。侧架总成由侧架、立柱磨耗板、滑槽磨耗板等零部件组成。侧架与立柱磨耗板之间采用折头螺栓连接。立柱磨耗板材质为 45 钢，滑槽磨耗板材质为 T10。

（4）弹性悬挂装置。

轴箱悬挂采用橡胶堆，相对于轮轴中心线斜对称布置，橡胶堆为铜导线内置的矩形结构。中央悬挂由 8 组两级刚度弹簧和斜楔变摩擦减振装置组成，减振弹簧和承载弹簧相同。斜楔采用组合式斜楔，斜楔体材质采用贝氏体球墨铸铁，主摩擦板采用高分子合成材料。转向架与车体连接采用心盘和常接触弹性旁承。下心盘直径为 375 mm，内设导电型心盘磨耗盘。长行程弹性旁承工作行程为 16 mm，间隙为 7 mm，材质为异戊橡胶。

（5）转向架制动装置。

转向架制动装置采用下拉杆单侧闸瓦制动结构，装用组合式制动梁和厚 50 mm 的 GM915D 型高摩合成闸瓦，采用模锻制造的游动杠杆和固定杠杆。转向架制动装置采用拉铆销防脱设计，消除了各部件间的连接故障，提高了转向架的运用可靠性。制动杠杆为直杠杆，固定杠杆和游动杠杆一致，制动梁与同类转向架一致，减少了部件的数量，提高了标准化设计水平。制动所产生的横向附加作用力较小，游动杠杆横向偏离摇枕中心仅 350 mm。

第四章　新型城市轨道交通车辆

第一节　城市轨道交通发展形式的多元化

从1863年世界上第一条地铁（大都会地铁）在英国伦敦开通以来，人们就认为轨道交通是解决城市交通的重要方法，但是限于技术条件，直到20世纪初才开始大力发展，但主要限于欧美国家。20世纪70年代以后在世界范围内城市轨道交通得到了较快的发展，特别是我国近十几年来的发展速度和规模前所未有，截至2017年，我国已经有35个城市开通了城市轨道交通。

城市轨道交通是城市公共交通系统的一个重要组成部分，是城轨交通的主干，影响着城市发展的格局，城市轨道交通的发展关系着城市发展的战略。根据中华人民共和国建设部于2007年发布的《城市公共交通分类标准》（CJJ/T 114—2007）中的定义，城市轨道交通为"采用轨道结构进行承重和导向的车辆运输系统，依据城市交通总体规划的要求，设置全封闭或部分封闭的专用轨道线路，以列车或单车形式，运送相当规模客流量的公共交通方式"。随着轨道交通的发展，这种定义已经不太全面，因此将定义修改为"采用固定或虚拟轨道结构进行承重和导向的车辆运输系统，依据城市交通总体规划的要求，设置相对封闭的专用轨道线路或预设的虚拟迹线，以列车或单车形式，运送相当规模客流量的公共交通方式"。

《城市公共交通分类标准》中还明确城市轨道交通包括：地铁系统、轻轨系统、单轨系统、有轨电车、磁浮系统、自动导向轨道系统、市域快速轨道系统。此外，随着交通系统的发展已出现其他一些新交通系统。

城市轨道交通是城市公共交通的骨干，具有节能、省地、运量大、全天候、无污染（或少污染）又安全等特点，属绿色环保交通体系，特别适用于大中城市。

一、城市轨道交通的制式

中国城市轨道交通经历了50余年的发展，在发展速度和建设规模上已经成为世界第一。我国目前拥有轨道交通系统制式的全部形式，在中低速磁悬浮、中低运量跨座式单轨等新兴制式领域也有长足进步。随着大城市路网规模的进一步扩大和大量中小城市的参与，为了满足不同的需求，轨道交通制式问题重新成为关注的重点之一。目前，"智轨""云轨"等一些新概念也吸引了较为广泛的社会关注。下面我们就简单介绍一下城市轨道交通的制式。

1. 发展现状

以2016年年底的统计为例，我国共30多座城市开通城轨交通运营，共计开通城轨交通运营线路133条，总长度4 152.8 km。其中，地铁3 168.7 km，占76.3%；其他6种制式（包括轻轨、单轨、市域快轨、现代有轨电车、磁浮交通、APM*等）共计984.1 km，占23.7%；轻轨占5.6%；单轨占2.4%；市域快轨占9.9%；现代有轨电车占4.5%；磁浮交通占1.2%；APM占0.1%。在建线路中，地铁4 925 km，轻轨13.4 km，单轨33.4 km，市域快轨300.7 km，现代有轨电车328.6 km，磁浮交通28.8 km，APM 6.6 km，7种制式同时在建。

2. 城市轨道交通的类型

城市轨道交通中的很多类型还没有绝对明确的规范定义。"地铁"和"轻轨"的名称本身就不严谨，因为"地铁"早已不特指地下铁路，"轻轨"也不特指轻型轨道，两者概念在民间和学术界一直存在很大争议。从已建成的城市轨道交通情况来看，国内的地铁系统，其技术规范、数据规格、建成效果等都较为统一，在多座城市中应用，可以形成相对完善的标准体系。轻轨系统没有清晰规定，一般被标为中运量系统，也有将运行C型或L型地铁车辆的系统称之为轻轨的情况。国内各地成立的城市轨道交通公司及其线路概况名称中，只有"轨道交通"和"地铁"的标注，但其框架内并不仅限于某种铁路系统类型，例如广州地铁包括了APM系统，重庆轨道交通涵盖了两条单轨系统。

单轨系统和磁浮系统的整体模式比较独立，但同样存在交叉关系，因为在已经运行的磁悬浮轨道系统中，列车一般都是跨座式运行的，和跨座式单轨在外观上一致。悬挂式单轨的本质是索道缆车，已偏离常规车辆交通的特征。

旅客自动输送系统（简称APM），还有自动导向系统，这类轨道系统往往是在地铁系统的基础上改造而来的，甚至很多无人驾驶的地铁系统、单轨系统以及磁悬浮轨道系统，它们本身就完全符合APM的基本特点。

有轨电车长期以来作为轨道交通的另类，与公路车辆混行，因其主要沿着地面微型轨道行驶，仍将它纳入城市轨道交通的范畴。不过，虚拟轨道列车（俗称智轨列车）的出现又打破了有轨电车和无轨电车间的独立性。

我国已经建成或正在兴建的城市轨道交通几乎包括了上述各种类型，已有30多座城市建成了城市轨道交通线路，还有很多个城市正在建设、筹建或规划中。中国已经成为世界上最大规模的城市轨道交通市场。

因此，城市轨道交通的种类形式繁杂多样，很难有统一的分类。

（1）地铁系统。

地铁是一种大运量的轨道运输系统，采用钢轮钢轨体系，标准轨距为1 435 mm，主要在大城市地下空间修筑的隧道中运行，当条件允许时，也可以穿出地面，在地上或是高架桥上运行。

世界上首条地下铁路系统——伦敦大都会铁路（Metropolitan Railway）于1863年1月10日全线通车，运行第一年就载运了950万名旅客。由于当时电力尚未普及，所以此地下铁路须用蒸汽机车牵引，隧道每隔一段距离便要有和地面打通的通风槽。1965年7月1日，北京地铁一期工程正式开工，这是我国第一条地铁线路，于1969年完工并运营。

按照选用车型的不同，又可分为常规地铁和小断面地铁，根据线路客运规模的不同，又可分为高运量地铁和大运量地铁。地铁车辆的基本车型为A型车、B型车和L_B型车（直线电机）3种，A型车基本宽度3 000 mm；B型车和L_B型车车辆的宽度为2 800 mm。每种车

---

* APM：Automated People Mover Systems，旅客自动输送系统。

型都有带司机室和不带司机室、动车和拖车的区分。地铁系统的列车编组通常由 4~8 辆组成,列车长度为 70~190 m,要求线路有较长的站台相匹配,最高行车速度不应小于 80 km/h。郑州地铁 1 号线 B 型车辆如图 4-1-1 所示。地铁系统的主要标准及其特征如表 4-1-1 所示。

图 4-1-1　郑州地铁 1 号线 B 型车辆

表 4-1-1　地铁系统主要标准及其特征

项目		标准及特征		
	车型	A 型	B 型	L_B 型
车辆	车辆基本宽度/mm	3000	2800	2800
	车辆基本长度/m	22.0	19.0	16.8
	车辆最大轴重/t	≤16	≤14	≤13
	车辆编组/辆	4~8	4~8	4~8
	车辆长度/m	100~190	80~160	70~140
线路	类型、形式	地下、高架及地面,全封闭型		
	线路半径/m	≥200	≥250	≥100
	线路坡度/‰	≤35	≤35	≤60
客运能力/(万人次/h)		4.5~7.0	2.5~5.0	2.5~4.0
供电电压及方式/V		DC 1 500 接触网供电	DC 1 500 V/750 接触网或三轨	DC 1 500 V/750 接触网或三轨
平均运行速度/(km/h)		≥35		

（2）轻轨系统。

轻轨是一种中运量快速轨道交通运输系统,英、美称之为 LRT,俄国称为 OPT,其意为"轻轨运输"或"轻轨系统"。德国把它称为"城市铁道",日本称为"轻轨电车"。它可以运行在地下,也可以建成高架轨道形式,也可在地面运行,它是由现代有轨电车发展起来的,既可在技术上自成体系,也可采用地铁技术制式,几乎与地铁难以辨别。但从宏观上说,轻轨交通最主要的特征是其运量规模比地铁小,其单向高峰小时断面流量在 10 000~30 000 人。因此,有人把凡是高峰小时断面流量在这个范围的其他形式轨道交通如单轨交通、新交通系统、直线电机驱动的城轨车辆交通等都称为轻轨交通。

长春轻轨是我国较早建设和具有较大规模的轻轨系统,采用70%和100%低地板车运营,主要采用高架和地面线路敷设形式,能满足中等运量客流需求。长春轻轨车辆如图4-1-2所示。

图4-1-2 长春轻轨车辆

(3)现代有轨电车。

世界上第一条有轨电车线路正式开通是在美国弗吉尼亚州里士满,时间是1888年5月。我国第一条有轨电车线路于1909年3月5日在上海南京路上建成。旧式有轨电车速度低、运量小、舒适性差,技术落后,许多国家都对其进行了改造或拆除。我国的北京、天津、上海、大连、长春、哈尔滨、鞍山、香港、沈阳等城市和地区,都曾经有过有轨电车,现在使用有轨电车的有沈阳、长春、大连、上海、天津(滨海新区)、成都、青岛、威海等。随着技术的发展,现代有轨电车有很多也归为轻轨系统。有轨电车如图4-1-3所示。

图4-1-3 有轨电车

(4)单轨系统。

单轨系统是一种车辆与特制轨道梁组合成一体运行的中运量轨道交通系统,轨道梁不仅是车辆的承重结构,同时是车辆运行的导向轨道。单轨系统的类型主要有两种,一种是车辆跨骑在单片梁上运行的方式,称为跨座式单轨系统;另一种是悬挂在单根梁上运行的方式,称为悬挂式单轨系统。

重庆引进了日本日立的跨座式单轨系统,建设了2、3号线等几条线路,并实现了全部关键技术的自主化,运营里程达100 km,是世界上运营单轨里程最长的城市。芜湖市轨道交通

1、2 号线采用浦镇车辆厂引进的庞巴迪跨座式单轨技术，已经开工建设。此外，比亚迪推出了名为"云轨"的中低运量跨座式单轨系统，并在银川花博园建设运营了一条试验观光线路，目前全国有 20 多个城市计划修建单轨交通。跨坐式和吊挂式单轨交通系统如图 4-1-4 所示。

图 4-1-4 跨坐式和吊挂式单轨交通系统

（5）磁浮系统。

它是一种运用"同性相斥、异性相吸"的电磁原理、依靠电磁力使车厢悬浮并行走的轨道运输方式。磁浮交通有常导和超导两种类型。日本使用超导体产生的磁力使列车悬浮，列车速度可达 500 km/h。德国使用常导相吸原理达到磁浮，速度也提高到 400 km/h。上海浦东建成的磁浮交通，最高速度可达 430 km/h。近年来，我国的永磁悬浮技术、高温超导技术、混合电磁悬浮技术发展较快，在磁浮技术领域我国也逐渐进入世界的前列。目前城市磁浮交通主要发展中低速磁浮。磁悬浮列车如图 4-1-5 所示。

图 4-1-5 磁悬浮列车（左图为北京磁浮 S1 线，右图为长沙机场磁浮快线）

（6）市域快速轨道交通系统。

市域快速轨道交通系统是一种大运量的轨道运输系统，客运量可达 20 万~45 万人次/日（一般不采用高峰小时客流量的概念）。市域快速轨道交通系统适用于城市区域内重大经济区之间中长距离的客运系统。市域快速轨道列车主要在地面或高架桥上运行，必要时也可采用隧道。当采用钢轮钢轨体系时，标准轨距亦为 1 435 mm，由于线路较长，站间距相应较大，必要时可不设中间车站，因而可选用最高运行速度在 120 km/h 以上的快速专用车辆，也可选用中低速磁悬浮列车。

二、发展轨道交通多制式的优势和意义

我国城市数量大，城市人口众多，不同城市以及大城市的不同区域的交通需求存在差异

性，不同的轨道交通制式能满足不同城市和不同区域的个性化交通需求。特别是不同城市的地理特性和城市结构多样，为各种制式的发展都提供了空间。

我国已经是全球城市轨道交通最大的市场，在轨道交通建设、运营、装备制造方面都具有强大的实力，并且已经具备了完整的轨道交通产业体系，几乎具备所有常用制式轨道交通系统的产业能力和实践经验，发展多制式轨道交通既可以满足自身的需求也可以为世界其他国家提供全面和多样性的产业服务。

目前，《城市公共交通分类标准》将城市轨道交通分为地铁、轻轨、有轨电车、单轨、APM、磁悬浮和市域快轨共7类。城市轨道交通系统制式的优点、缺点及适用地区对比如表4-1-2所示。

表4-1-2 城市轨道交通系统制式优缺点及适应地区对比

系统分类	优点	缺点	适用地区
地铁	运量大、能耗低、技术成熟	噪声大、造价高	特大、大城市中心区域
轻轨	能耗低、技术成熟	振动噪声大	大中城市
单轨	噪声低、爬坡能力强、转弯半径小	胶轮易老化	中小城市、专用线路，特殊地形城市
有轨电车	介于轨道交通和公交之间、布线灵活、造价低	噪声大、运量与路权关系大	大中城市、专用线路
APM	噪声低、爬坡能力强、转弯半径小、可实现全自动和无人驾驶	胶轮易老化	城市机场专用线或客流相对集中的点对点线路
磁悬浮	爬坡能力强、转弯半径小、振动噪声低	能耗略高、造价较高	大、中城市，大城市开发区，山地城市，江河城市或旅游区
市域快轨	能耗低、技术成熟	振动噪声大	城市长距离郊区

第二节 单轨胶轮导向电车

城市交通系统一般由地铁、有轨电车、单轨交通等组成。单轨胶轮电车属于有轨电车的一种，具有结构简单、曲线通过性能好、爬坡能力强等优点。与地铁车辆相比，单轨胶轮电车投资较少、工期较短。与高架轻轨线路相比，单轨胶轮电车的建造成本低、对环境污染小，且对道路要求较低，适合在城市中运行。此外，单轨胶轮电车结构较为简单，容易检查和保养。因此，建设和发展单轨胶轮电车系统是改善我国城市交通拥挤现状的有效途径。

单轨胶轮导向电车引入由铁路运输的轨道衍生出的导轨，单一条导轨与导轮相配合引导车辆的移动方向，但推动车辆的角色依然是由与导轮同轴的胶轮担任。现今的胶轮导向电车制造商主要有两个，分别是法国劳尔重工的Translohr及加拿大庞巴迪的导轨轻级运输系统。两者的导电方式都是架空电缆加集电杆或集电弓。

导轨置于路面的凹槽中而不影响其他汽车的运行，电车的导轮则以特殊形式将导轨"套"着移动。胶轮导向电车的角色介乎于导向巴士与电车之间，与电车相比它拥有更小的转向幅度、爬坡度可达13%，以及低运转噪声。由于需要安装的轨道只是单一条导轨，比需要双轨的传统电车对道路的影响较低。

一、单轨胶轮电车概述

单轨胶轮电车是一种采用橡胶车轮在常规路面上进行承载和驱动,由坐落在中间导轨上特殊形状的钢轮引导车辆运行的特殊形式的有轨电车。目前主要有两种类型:庞巴迪的ULT(Uuided Light Transit,导向式轻轨交通系统)型单轨胶轮电车和劳尔的Translohr型单轨胶轮电车。两者的导向原理基本相同,但导向钢轨的形状有所差异:ULT单轨胶轮电车采用H形导向钢轮(见图4-2-1);Translohr单轨胶轮电车采用V形导向钢轮(见图4-2-2)。

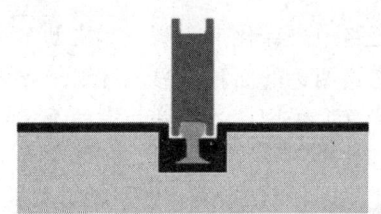
图4-2-1　H形导向钢轮

图4-2-2　V形导向钢轮

第一条ULT单轨胶轮电车线路于2001年在法国南锡市开通运行。经过升级改造,新型ULT单轨胶轮电车于2002年11月在法国卡昂市再次投入运行,但由于H形钢轮稳定性差,容易发生脱轨事故,现已拆除改造线路。

第一条Translohr单轨胶轮电车线路于2001年在法国克莱蒙费朗开通运行。自2007年至今,意大利帕多瓦陆续修建了3条Translohr线路,贯穿整个城市。由于其运行性能好,意大利、法国等欧洲国家都选择修建了Translohr线路。

近年来,我国十分重视城市有轨电车的发展。2005年,天津市滨海新区建成了首条Translohr单轨胶轮电车线路(见图4-2-3)。2007年12月,上海浦东张江开发区修建了Translohr线路(见图4-2-4),全长约10 km,共设15个站点。

图4-2-3　天津滨海新区单轨胶轮电车

图4-2-4　上海张江开发区单轨胶轮电车

二、车站与线路构造特点

单轨胶轮系统与钢轮钢轨式相类似,是由车辆系统、站台、维修基地和线路等组成。同时,作为一种新型的城市轨道交通,单轨胶轮系统有其独特之处,即多样化的车站布置模式,简单的线路结构,以及特殊的车辆结构。

1. 车站的布置

在常规道路上运行的车辆，会占用道路资源，影响其他交通工具运行，因此需要进行合理分配。根据利益最大化原则，单轨胶轮电车的车站布置可采用以下 3 种形式，如图 4-2-5 所示。

（1）两侧式线路布置及侧式车站。与现有的公交车站相同，线路布置在道路两旁，非机动车及机动车道设于两线之间。

（2）单侧式线路布置及侧式车站。双线布置在道路外侧，非机动车和机动车设于线路内侧。

（3）中央式线路布置及岛式车站。双线布置在道路中央绿化带两侧，非机动车和机动车道设于两线外侧。这样的布置模式完全避免了占用道路两边的面积，只需针对道路中央隔离带位置进行改造。由于车站常设置在十字交叉口的位置，采用岛式车站，方便乘客穿过半条马路就可乘车，无须来回穿行。

图 4-2-5　车站的布置形式

选择合理的车站布置形式，需要根据道路宽度、机动车数量、道路等级和人行道宽度等实际线路情况进行判断。例如，上海和天津的单轨胶轮电车系统都采用中央式线路布置形式。

2. 线　路

（1）无缝导轨。

单轨胶轮电车的轨道由导轨和行车道组成。导轨采用无缝钢轨：预先将 28 kg/m 的标准钢轨进行打磨；打磨完成后，采用气压焊接法将标准钢轨焊成长钢轨；焊好后，将长钢轨放进混凝土路面上的导轨槽中；浇注特殊树脂材料将其固定在导槽中（见图 4-2-6）。

图 4-2-6　导轨与道岔结构

铺设小于 300 m 的曲线路段需对导轨进行预校弯处理；在平交道口路段和半径小于 300 m

的曲线路，需在导轨两旁加装固定扣件；在桥梁和道岔的两端，需利用特制的伸缩节装置来调整伸缩缝。

（2）道岔。

道岔是用来改变车辆运行方向的。单轨胶轮电车的道岔较简单，由1根曲轨、1根直轨、连接装置和转辙机等组成（见图4-2-6）。

转辙机分为手动和电动两种类型，可改变道岔连通的方向。其中，电动转辙机的运用更为广泛，其工作原理为：道岔开启时电动机发生转动，从而带动减速器推动驱动机构，使道岔发生转换，转换完成后自动锁死，同时利用自动开闭器来控制信号的转换和转辙机的准确动作。

3. 供电系统

与传统的铁路系统相同，单轨胶轮电车采用架空接触网满足车辆连续受电的需求，通常供电电压为 DC 750 V。同时在车辆顶端还装有蓄电池，在平交道口等无接触网的情况下，车辆可续行 2 km 以上。

三、单轨胶轮电车车辆与走行系统结构

单轨胶轮电车车辆与走行系统以劳尔公司的 Translohr 为例进行介绍。

劳尔有轨电车通常由 3~6 节铰接式车体组成。车内地板离地面 260 mm，配合车站站台可实现无障碍登乘。列车的两端都配置司机室，可双向行驶。车辆具有出色的爬坡能力和曲线通过能力，可爬行的最大坡道为 13%，最小转弯半径为 10.5 m。采用电力驱动，2 台 220 kW 的牵引电机通过万向联轴节与动力走行部轴桥内的差速器连接，从而驱动轮胎前进。

劳尔有轨电车由标准模块铰接组成，其结构如图 4-2-7 所示，模块分为终端模块 ME、乘客模块 MP 和连接模块 MI。终端模块 ME 为驾驶室，下部装有动力走行部。ME 与 MP，MP 之间均通过 MI 连接。连接模块 MI 下部设置拖车走行部，两种走行部的前、后方向都配置了导向装置（见图 4-2-7）。导向装置主要由导向杆和导向轮组成，导向轮为一对呈 V 形布置的钢制车轮，表面覆盖橡胶层，与倒 V 形导向轨的两个侧面相配合，引导车辆沿轨道行进。导向轮设置有轮缘，防止导向轮脱轨。导向轮与导向轨结构如图 4-2-8 所示。

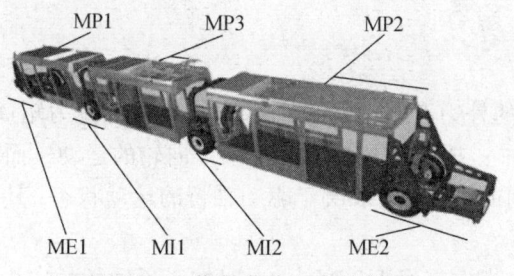

图 4-2-7 劳尔有轨电车的结构

图 4-2-8 导向轮与导轨

动力轴桥与汽车的驱动轴桥结构相似，主要的区别是在动力轴桥上安装了一套导向装置，代替汽车方向盘的作用。动力走行部结构如图 4-2-9 所示，驱动轮胎安装在轴桥端部的转向臂上，可绕轴桥旋转。转向杆一端与转向臂铰接，另一端与转型盘导向转轴铰接。导向轮转轴、导向杆、转向臂，以及轴桥构成一个平行四连杆机构，使得驱动轮胎的转角与导向杆的转角相同。通过转向机构，动力走行部中只有驱动轮胎转向，而轴桥并不参与转向，故转向

系统的转动惯量较小。ME 通过空气弹簧支承在轴桥上，并联垂向减振器，纵向采用抗侧滚总成与悬臂总成固定。

拖动走行部没有差动器等驱动装置，结构相对简单，如图 4-2-10 所示。走行轮胎固接在拖动轴桥上，不能绕轴桥垂向转动。导向轮通过一套四连杆机构与轴桥连接。在前进方向的导向装置通过锁定机构与轴桥固定。这时拖动轴桥、走行轮胎与导向轮一起转向，因此其转动惯量较大。而后退方向的导向装置能够与拖动轴桥自由转动，不参与导向，仅起安全防护作用。拖动轴桥通过空气弹簧支承 MI。纵向采用牵引拉杆固定，并设置抗侧滚扭杆、垂向减振器和横向固定装置。

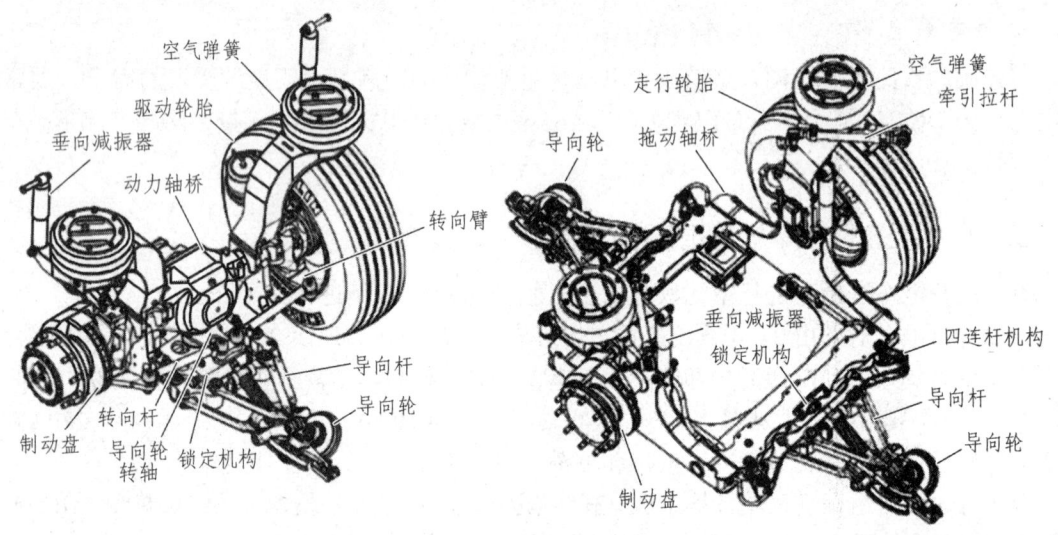

图 4-2-9　动力走行部结构　　　　　　　图 4-2-10　拖动走行部结构

四、动力走行部导向特性

从动力走行部的结构可看出，导向轮通过转向机构使得驱动轮胎转向，从而引导车辆转向。下面具体分析动力走行部的导向特性。

1. 导向原理

作用在动力走行部上、与导向作用相关的外力有驱动轮胎的侧偏力 F_w、回正力矩 M_w，以及导向轮的横向力 F_c（见图 4-2-11）。其中：F_c 的作用主要是约束导向轮的运动；而驱动轮胎的 F_w 则是对动力走行部导向起关键作用的外力，它取决于驱动轴桥的运动状态，其中轴桥的横移 y_b 起关键的作用。

假设导向轮始终在导向轨上，这时 F_c 一直在直线上，当 $y_b=0$ 时，不论轴桥的摇头角 φ_b 如何，导向机构的转角始终为 0，使得轮胎的转角也为 0。这时轮胎的侧偏力 F_w 和回正力矩 M_w 均为 0，轴桥不会产生横移运动。当 $y_b \neq 0$ 时，导向机构将产生一个转角 φ_w，带动驱动轮胎也产生一个相同的转角 φ_w，从而产生 F_w 和 M_w，该 F_w 驱使轴桥的 y_b 减小，而 M_w 驱使轮胎的转角减小，直到轴桥回到平衡位置 $y_b = 0$。

由上面的分析可知，相同轴桥横移条件下，导向杆长度越长，驱动轮胎的转角越小，侧偏力越小,回复到平衡位置的时间越长;导向杆长度越小,驱动轮胎的转角越大,侧偏力越大,回复到平衡位置的时间越短。但是太短的导向杆会造成对导向轨的不平顺敏感,并可能引起导向的不稳定。因此导向杆的长度是劳尔有轨电车的一个关键参数。需要说明的是,以上的导向效果是单向的。如果导向机构位于前进方向的后方,其导向效果正好朝着相反的方向发展,即导向趋势是使轴桥离开线路中心,这是危险的。

从上面的分析可得出,劳尔有轨电车的导向原理与同样使用轮胎走行部的跨坐式单轨车辆明显不同;劳尔有轨电车是利用走行轮胎的侧偏力进行导向,而跨坐式单轨车辆则主要依靠导向轮胎的径向力进行导向。

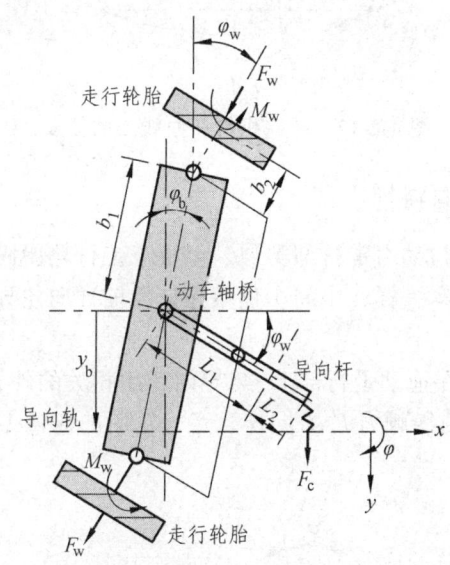

图 4-2-11　动力走行部受力示意图

注:b_1为走行轮转动铰横向间距之半,0.6 m;b_2为走行轮质心到走行轮转动铰的距离,0.2 m。

2. 曲线上的导向特性

以上讨论的是在导向装置微小转角情况(侧偏角<4°~5°)下的导向运动。当轮胎的侧偏角大于4°~5°时,轮胎的侧偏力将饱和,回正力矩将减小,呈现负刚度特性,使得导向运动出现复杂的状态。因此,为了保证系统的稳定导向,需要限制轮胎的侧偏角。

当侧偏角忽略横移速度的影响,仅仅考虑轮胎的偏转角φ_w。在半径为 R 的曲线上,假设轴桥的中心位于线路中心线,车辆沿着曲线的切线方向运动,同时导向杆受到约束也位于线路中心线,这时轮胎的侧偏角(即偏转角)为

$$\alpha = \varphi_w = \arctan \frac{L_0}{2R}$$

设车辆通过的最小曲线半径为 10.5 m,允许的最大侧偏角为 4°,则根据上式推算出导向杆的最大长度 $L_{0,\max}$=1.47 m。

根据上面的讨论,导向杆的长度是影响导向稳定性的关键参数,其长度应有一个合理的范围,导向杆太长和太短都会引起导向运动的不稳定。导向机构在曲线上的位置如图 4-2-12 所示。

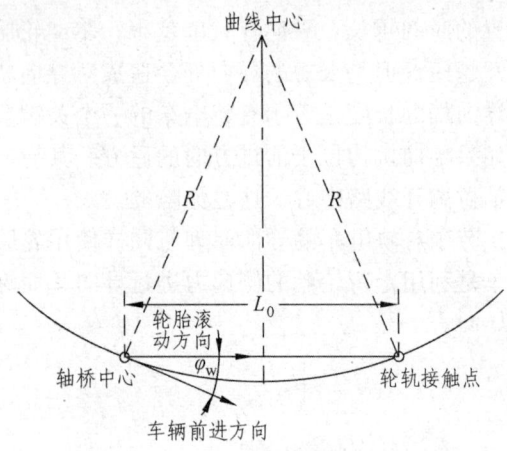

图 4-2-12 导向机构在曲线上的位置

五、拖动走行部的导向特性

拖动走行部的导向机理与动力走行部类似。但由于走行轮胎固接于拖动轴桥，走行轮胎与拖动轴桥一起转动。与头车一样，中间车仍然是依靠前导向轮导向，后导向轮仅仅起安全防护作用。

如图 4-2-13 所示，作用在拖动走行部上、与导向作用相关的外力为驱动轮胎的侧偏力 F_t、回正力矩 M_t，以及导向轮的接触力 F_g。同样，走行轮胎的侧偏力 F_t 是主要的导向力，它取决于拖动轴桥的运动状态。

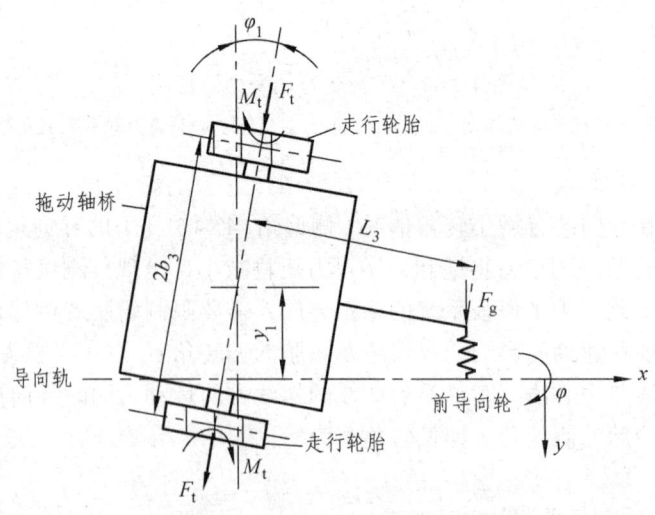

图 4-2-13 拖动走行部受力示意图

在直线上，当拖动轴桥产生横向偏移时，由于导向轮被约束在导向轨上，使得拖动轴桥绕轮轨约束点产生一个转角，带动走行轮胎也产生一个相同的转角，从而产生 F_t 和 M_t。该 F_t 驱使轴桥的横移减小，而 M_t 驱使轮胎的转角减小，直到轴桥回到平衡位置。

劳尔有轨电车是依靠走行轮胎的侧偏力进行导向的。通过前进方向的导向轮和导向轨的约束，导向杆迫使走行轮胎产生了偏转角，在轮胎侧偏力的作用下，车辆沿着导向轨运动。

劳尔有轨电车的导向运动类似一个有阻尼的单摆运动。导向运动的频率取决于轮胎的侧偏刚度和导向杆长度，运动的阻尼比取决于轮胎的侧偏刚度、导向杆长度和前进速度。导向杆长度是影响导向性能的关键参数，其长度应有一个合理的范围；导向杆太长和太短都会引起导向运动的不稳定。

第三节　低地板现代有轨电车

近年来，我国有相当多的城市在筹备建设有轨电车系统，有的在规划、有的已开工建设。在大城市，有轨电车可作为地铁骨干网络的补充、加密线路；而在中小城市，有轨电车可作为骨干公共交通系统和旅游观光特色线路。随着城市轨道交通在我国的快速发展，我国城市轨道车辆和机电设备的开发、研究和制造技术有了极大提高和发展，许多车辆企业也在积极研发低地板有轨车辆。

现代低地板有轨电车是指车辆地板面距离轨面不到 400 mm 的有轨电车，是一种中等运量、节能环保、安全舒适的新型轨道交通系统。其线路、轨道、车站、设备等要求低于地铁，建设过程中不需要大型盾构设备进行掘进，对城市原有建筑物影响较小，因此现代低地板有轨电车以其灵活方便、建设周期短、工程造价低等优势受到越来越多的青睐。作为一种新型的轨道交通系统，其具有以下主要特征：

（1）客运能力强。现代低地板有轨电车车长普遍为 20~40 m，载客量可达 150~300 人，是公共汽车载客量的数倍。

（2）运行速度快。相比传统有轨电车和公共汽车，现代低地板有轨电车的旅行速度可达 20~30 km/h，接近地铁旅行速度的水平，高于公共汽车的旅行速度。

（3）新颖舒适。现代低地板有轨电车基本采用 100%低地板技术，车门门槛距离轨面不到 400 mm，不需要加建站台即可上下车，非常方便。且其流线型车身和宽敞大方的车窗均显著提升乘客体验。

（4）可以与汽车共用道路，拆迁量少，对城市其他建筑物影响较小。现代低地板有轨电车灵活方便、适应性强、建设周期短、单位综合造价和运营成本较低。

基于上述诸多优势，国内现代低地板有轨电车得到蓬勃发展，先后有南京、广州、深圳、珠海、武汉、淮安等城市开通运营低地板有轨电车。

一、低地板有轨电车的发展

传统有轨电车出现在 19 世纪末，到 20 世纪初期成为当时许多城市最重要的交通工具。后来随着汽车工业的迅速发展，城市交通逐渐以汽车为主，传统有轨电车逐步走向衰退。到 20 世纪末，由于全球性石油危机和日渐增多的汽车保有量，导致城市交通对新型公共交通工具的巨大需求，西门子、庞巴迪、阿尔斯通、斯柯达等世界著名有轨电车生产商在传统有轨电车基础上改进、研发了新型现代低地板有轨电车，让有轨电车重新焕发了活力。

我国有轨电车技术起步较晚，但是近年来发展较快。2000 年，中国北车集团大连机车研究所有限公司和大连现代轨道交通有限公司电车工厂共同开发研制了 DL6W 系列 70%低地板车辆，是中国首台低地板有轨电车车辆，地板面距离轨面高度 400 mm，应用于大连有轨电车系统。2006—2011年，长春市2条轻轨线路先后通车运营，选用70%低地板车辆，由唐山、湘潭和长春3家公司提供车辆，地板高度尺寸均高于350 mm。

2010年，在科技部"十一五"支撑项目支持下，中国北车集团长春轨道客车股份有限公司研发100%低地板车辆，并在长春市轻轨线路进行试验。车辆采用铝合金车体、独立轮转向架，地板面距离轨面高度380 mm。2013年，中国北车集团唐山轨道客车有限责任公司、中国北车集团长春轨道客车股份有限公司研发的100%低地板车辆陆续下线，地板面高度均为350 mm。目前，株洲、四方、浦镇和大连等轨道车辆企业也在积极研发低地板车辆。我国轨道车辆企业目前具有70%和100%两种低地板车辆的研发能力。

二、低地板有轨电车车辆的技术特征

1. 模块化设计

新型有轨电车系统车辆采用模块化设计理念，尤其是运用在100%低地板车辆上，受到普遍欢迎。模块化设计理念是将车辆划分为若干各自独立而又相互联系的模块。模块可以是车辆的一个组成部分，也可以是车辆的一个或几个部件或设备的组合，例如带驾驶室和不带驾驶室端部模块、中间模块、铰接模块、转向架模块等。每个模块可以独立生产和组装，因此，模块化设计使得车辆不再采用贯通式纵梁，结构简化，生产制造也简单方便；更容易保证质量、缩短工时；互换性增强、有利于维修保养；一旦出现故障，只处理或更换该模块即可，不需进行整车作业，可大大节约工时、人力和费用。车辆被划分为若干模块后，利用增减中间模块和铰接模块，可以组成不同编组的列车；增加列车在道路上运营的灵活性，减少车辆在曲线上的内外偏移量，也不易与相邻列车发生碰触；可以满足不同城市、不同地区、不同线路、不同建设阶段的客流需求，可单向或双向运行。

经过30多年发展变化，西门子公司Combino型、阿尔斯通公司Citadis型、庞巴迪公司Flexity型等有轨电车成为知名的100%低地板车辆，并已形成标准化、系列化产品。

我国唐山、长春生产的100%低地板车辆均采用模块化设计，并达到系列化水平。按6人/m^2计算，唐山4模块车辆定员315人，其中座席数88人、站席数227人（见图4-3-1）；长春5模块车辆定员292人，其中座席数64人，站席数228人（见图4-3-2）。我国有轨电车车辆宽度均为2.65 m。

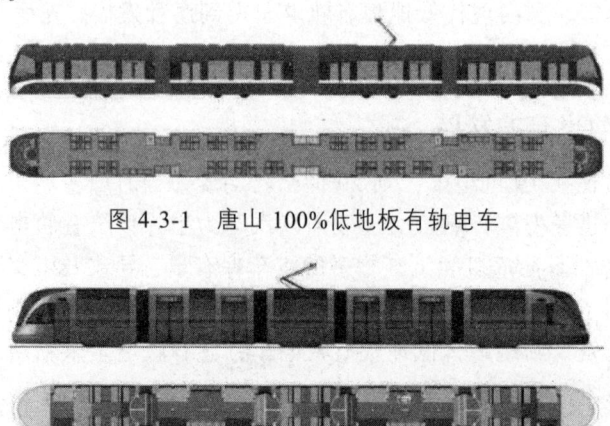

图 4-3-1　唐山100%低地板有轨电车

图 4-3-2　长春100%低地板有轨电车

2. 低地板设计

由于采用模块化设计理念，车辆设计采用低地板形式，车门多而宽、模块间联系为宽大的贯通道，乘客上下车便捷、快速，在车内移动也很方便安全。低地板车辆座椅和门窗等内部设备按人机工学进行设计，车内宽敞明亮，乘坐较为舒适。

低地板车辆通常采用简易车站，如利用人行道作为站台，与道路融为一体，易于识别，不易迷失方向，有安全感；在受到城市居民欢迎的同时，特别受到外来乘客的好评。但由于低地板车辆地板高度为 300～350 mm，利用人行道作为站台，乘客需踏步上下车，不太方便，特别是乘轮椅的乘客上下车更不方便。为了能为老年人、妇女及儿童以及乘轮椅的乘客提供乘车方便性，体现以人为本的理念，可适当提高站台高度，使站台高度与车辆地板高度平齐，并使站台与车辆地板间隙尽量小，乘客可跨步上下车。因此，站台需要开展无障碍化设计，确保乘轮椅的乘客上下车方便、安全。

3. 减振降噪设计

有轨电车主要运行在城市道路上，车辆振动噪声对周围环境影响较大，其振动对路面破坏也很严重，车辆振动噪声是旧式有轨电车被淘汰的主要原因之一。为此，新型有轨电车车辆采取轻量化结构、弹性车轮、二系弹簧、密闭式门窗和铰接结构、电机电气设备减振、加装隔声裙板等措施，有效控制簧下质量，减少车辆振动、轮轨摩擦噪声、电气设备噪声以及噪声的传递，车内外噪声均得到适当控制，例如唐山 100%低地板车辆辅助设备正常工作时车内外噪声（见表 4-3-1）均处于噪声级别 A 级。特别是当带有大型玻璃侧窗的流线型车辆运行在铺设草坪轨道线路时，不但噪声对车辆内外环境的影响很小，而且有良好的景观效果。

表 4-3-1 唐山 100%低地板车辆车外噪声

车内工况	速度/（km/h）	噪声	车外工况	速度/（km/h）	噪声/dB
静止	0	65 dB	静止	0	56
均匀加速	40	74 dB	均匀加速	40	76
加速	40	76 dB	加速	40	76

4. 适应城市道路设计

有轨电车的轨道主要铺设在城市道路路面上，低地板车辆与其他地面交通方式混行，运行情况复杂。受道路和曲线半径限制，车辆外形尺寸均小于地铁车辆，车宽通常为 2.65 m，车长不宜太长。低地板车辆采用模块化设计理念，车体由较短的多个模块铰接组成，转向架轴距较短，提高了车辆通过道路的灵活性，降低了车辆通过曲线的内外偏移量，可以通过较小的曲线半径，减少轮缘磨耗，降低线路造价。因此，有轨电车系统适应性得以提高，可更充分有效利用道路资源。

从使用角度分析，有轨电车可应用于各类规模城市和地区，例如中心城区、郊区与旅游区；适用于客流中等或客流较小的线路。从线路布设角度分析，有轨电车因曲线通过能力、爬坡能力较强，可以运用于转弯半径小或地形起伏比较大的城市和地区，运用范围更广。例如，唐山 100%低地板车辆可通过最小平曲线半径 19 m、最大坡度 70‰ 的线路，已超过低地板有轨电车车辆通用技术条件标准数值。通常情况下，为了增加轮轨之间的黏着力，防止车轮擦伤，列车还配有撒砂装置。

5. 浮车型结构

采用浮车型结构车厢下方没有转向架，车辆通过铰接装置"挂"在与其相邻的车体上。车厢内地板面不再受转向架限制，可设置为全低地板，并可如地铁车辆一样安排纵向座椅，以使车厢内空间更加宽敞（参见图 4-3-2）。浮车型结构减少了转向架数量，大大节约了生产成本及维修成本。故浮车型结构是目前大多数新研发的 100% 低地板车辆所采用的形式。

三、现代低地板有轨电车转向架技术特点

低地板有轨电车转向架作为低地板车辆最为核心的部件之一，与其他轨道车辆一样需要负载、形成导向力并可靠传递牵引力和制动力等，作为新型城市轨道交通系统，与传统轨道交通车辆转向架有着明显区别，具有很多自身的特点和新技术。

1. 独立旋转车轮轴桥

为实现 100% 低地板的设计目的，绝大部分低地板有轨电车采用独立旋转车轮轴桥设计，结构形式如图 4-3-3 所示。独立旋转轮对是将传统轮对两侧车轮旋转同步解耦，通过轴桥重新连接，轴桥替代了传统车轴将两侧车轮连接起来，是 100% 低地板车型的显著特征。

独立车轮车辆追求低地板化时，已将左右车轮解耦，消除了蛇行运动的产生基础，不再具备自动对中、自行导向的功能。只能依靠重力的横向复原力和轮缘与钢轨接触挤压导向，车轮的轮缘磨耗严重，需通过别的途径控制车辆的导向。目前比较常用的是重新形成轮对的耦合作用自行导向或添加导向机构迫导向。

图 4-3-3 独立旋转车轮轴桥

轮对耦合包括横向耦合及纵向耦合，此两种耦合作用均可以实现车辆的自行导向。独立车轮转向架的横向耦合作用可通过添加轴桥机构实现，如 Citadis 车辆的 Arpege 转向架；纵向耦合则是指将独立车轮转向架一侧前、后两车轮通过某种方式耦合起来使其具有相同的旋转角速度，牵引电动机纵向悬挂，驱动前后两车轮的转向架，如西门子公司的 Combino 动力转向架。纵向耦合轮对可实现自导向功能，但直线上车轮偏磨严重。

添加导向机构，使车辆具备迫导向功能，从而实现车辆的导向。如 Cobra 车的迫导向转向架，通过导向机构使车辆通过曲线时，车体与车体之间产生相对转动，从而带动导向机构实现车辆的导向。

2. 短轴距

有轨电车运行路线往往在城市道路上，跟汽车共用路权，部分轨道存在小曲线的情况，有些线路曲线半径最小达到 25 m 左右。较小的轴距可以增加转向架通过曲线路段的能力，因此相比地铁和动车而言，为适应低地板有轨电车存在小半径曲线路段的特点，转向架的轴距较短，一般为 1 600 ~ 1 900 mm。表 4-3-2 为国内外 100% 低地板有轨电车转向架轴距。

表 4-3-2 国内外 100%低地板有轨电车转向架轴距

生产商	车型或项目	轴距/mm	生产商	车型或项目	轴距/mm
庞巴迪	Flcxity2	1 850	中车长春轨道客车股份有限公司	沈阳浑南区	1 800
西门子	Combino	1 800	中车青岛四方机车车辆股份有限公司	15TForcity	1 900
阿尔斯通	Citadls302	1 600	中车株洲电力机车有限公司	广州海珠区	1 800
斯柯达	Forcity	1 900			

3. 弹性车轮

弹性车轮是低地板有轨电车较其他轨道交通车辆而言最显著的特征之一，弹性车轮在轮心和轮箍之间加装了弹性橡胶块，橡胶块的弹性和阻尼特性降低了轮轨的动作用力，减少了车轮和轨道之间的相对振动幅值，同时也削弱了噪声。对比刚性车轮，弹性车轮可有效吸收高频振动，降低噪声，缓和冲击，并缓解轮轨之间的摩擦力。图 4-3-4 为弹性车轮示意图。

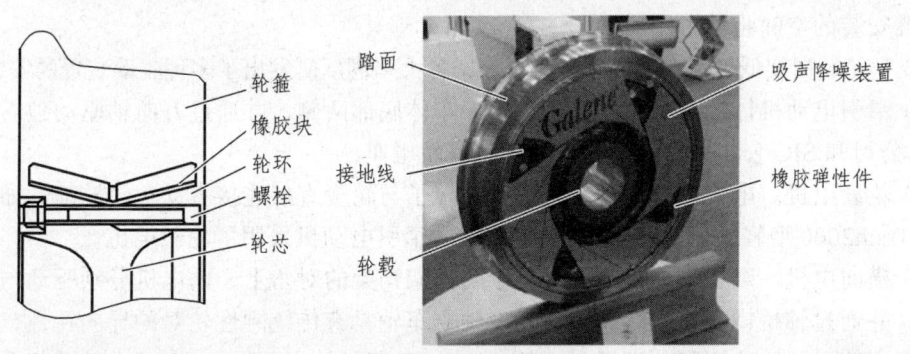

图 4-3-4 弹性车轮结构

4. 电液混合制动

轨道交通车辆制动系统通常包括电制动和机械制动。地铁等轨道交通车辆的机械制动方式常用空气制动系统，但空气制动系统设备体积较大，难适用于低地板有轨电车，因此现代低地板有轨电车普遍采用体积更小的液压制动系统。同时，液压制动较气制动拥有更好的可控性，适用于有轨电车在紧急情况下需要大制动减速度的需求。常用制动时优先采用电制动模式，在电制动力不足时，启动液压制动进行补充。

5. 磁轨制动

低地板有轨电车运行于市区中，路口多，有些路段需与公路车辆共享路权，故有轨电车需要提高制动性能。传统的制动方式包括踏面制动、盘形制动、电阻制动和再生制动等，均属于黏着制动，制动力取决于轮轨间的黏着系数。而磁轨制动不通过轮轨间的黏着起作用，为非黏着制动。在传统制动方式基础上加上磁轨制动，有助于增大制动减速度，缩短制动距离，实现准确停车。

6. 超级电容

有轨电车的线路大部分在市区中心，为了市区的景观效果，不宜架设接触网，故有轨电车上安装超级电容是一个不错的选择。超级电容充放电仅是物理作用，无化学反应，从而无爆炸、起火等危险，其充放电次数可达 100 万次，使用寿命可达 10 年，制动时可将 85%以上的动能转化为电能并存储到电容中，具有良好的节能效果。超级电容车辆运行速度可高于 60 km/h，且行驶 4 km 所需电量可在停靠站的 30 s 内补充完成。

7. 永磁同步电机

永磁同步电机具有效率高、功率高及过载能力强等特点，非常适合牵引电动机安装空间有限的低地板有轨电车。永磁同步电机转子采用永磁体结构，无电刷装置，可使电机结构更简单，性能更可靠，并且电机可直接安装于轮毂上，省去齿轮传动装置。

四、驱动装置的悬挂问题

动车组、地铁或轻轨车辆由于采用大轮径传统轮对，动力转向架中间有足够的空间用于驱动装置的安装，驱动装置可采用轴悬式、架悬式、体悬式等悬挂方式。但独立车轮转向架车辆要实现乘客区的 100%低地板化，则转向架轮对中间需设置为车厢的乘客通道，原用于驱动装置安装的空间将被占用。

独立车轮转向架低地板有轨电车诞生至今，各大车辆厂研发出了多种驱动装置的安装方式。

（1）牵引电动机体悬。牵引电动机悬挂于车体底部两侧，并通过万向轴驱动独立车轮。如 ABB 公司和 SIC 公司联合制造的 Cobra 型有轨电车。

（2）轮毂电机。电机安装在车轮轮毂上，转子与轮毂直接连接带动车轮转动。如庞巴迪公司的 Tram2000 型轻轨车 BAS2000 型转向架的牵引电动机采用了轮毂电机。

（3）横向电机。牵引电动机横向布置于转向架构架的对角上，两电机分别驱动与其相近的车轮，并通过轴桥耦合左右车轮，使左右独立车轮具有传统刚性轮对的导向特性，并具有一定的对中能力。如法国阿尔斯通公司的 Citadis 系列轻轨车 Arpege 型动力转向架采用了横向电机。

（4）纵向电机。牵引电动机纵向悬挂于构架侧梁上，不仅使左右车轮之间腾出了低地板空间，还使得驱动装置显露得更明显，更方便驱动装置的检修和维护，目前低地板轻轨车转向架多数采用纵向牵引电动机。如意大利 Ansaldo Breda 公司的 Sirio 转向架、阿尔斯通公司的 Citadis 系列轻轨车 Solfege 和 Correge 转向架、西班牙 CAF 公司的 Urbos 轻轨车转向架及日本的 Jtram 转向架等均为牵引电动机纵向布置。

（5）垂向电机。牵引电动机、齿轮箱及盘形制动装置垂直布置在转向架两侧。目前采用此种形式的是西门子公司生产的单轴超低地板轻轨车 ULF，地板面在车门处高度不超过 200 mm。

五、几种典型国产有轨电车转向架技术特点分析

随着有轨电车在国内不断发展，越来越多生产商具备生产 100%低地板有轨电车的能力，不同生产商在设计、制造过程中采用的技术方案也不尽相同。目前主流的 100%低地板有轨

电车结构类型有 3 种，分别是铰接型、单车体型、浮车型，这 3 种车型又分别以中车四方股份公司的三模块有轨电车、中车株机公司的四模块有轨电车和中车长客股份公司的五模块有轨电车为代表。下面分别以这 3 种车型为例分析国内典型的有轨电车转向架技术。

1. 铰接型转向架——中车四方股份公司三模块有轨电车

中车青岛四方机车车辆股份有限公司通过技术转让方式引进了斯柯达有轨电车技术，并在此基础上进行改进和深度开发，研制成车型为 15TForCity 的三模块有轨电车，已经在佛山南海、高明等项目应用。该转向架轴距为 1 900 mm，最高运行速度为 70 km/h，三模块编组车长约为 31 m，门区出入口距轨面高度为 320 mm，额定载客量超过 300 人。转向架布置如图 4-3-5 所示。

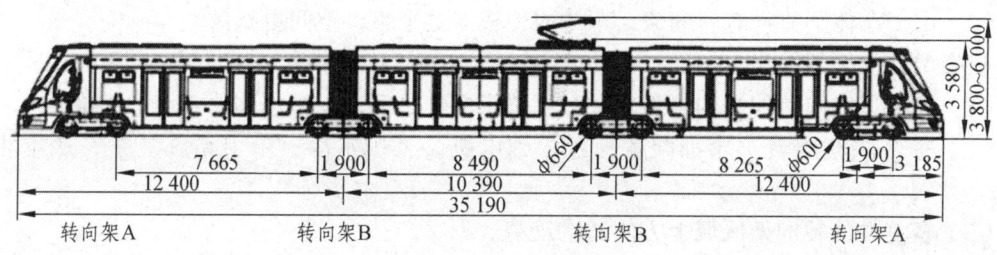

图 4-3-5　中车四方股份公司南海有轨电车编组图

该车型转向架主要技术特点为：

（1）铰接结构式转向架，即相邻两车端共用一台转向架，通过转向架将两节车铰接在一起。两侧车头采用普通转向架 A（见图 4-3-6），中间车之间采用铰接式转向架 B（见图 4-3-7），转向架带有心盘结构，使车体可以相对转向架做大幅度回转运动，增强了列车的曲线通过能力。

图 4-3-6　头车转向架 A　　　　　　　　图 4-3-7　中间车转向架 B

（2）采用独立旋转车轮轴桥的结构，降低车辆转向架区域的地板高度。独立旋转车轮轴桥结构，车轮分别独自旋转运行，左右两侧车轮在机械上解耦，通过电气方式进行耦合。独立旋转车轮结构在通过曲线时没有滑动和摩擦，可以减少轮轨间的磨耗和噪声。

（3）转向架采用永磁电机直接驱动独立旋转车轮的驱动方式，牵引电机和独立旋转车轮之间通过联轴节直接连接，直接驱动车辆运行，不需传动齿轮及润滑，其结构如图 4-3-8 所示。此驱动方式具有结构简单、质量轻、效率高、噪声低、节能、免维护或少维护的特点，技术先进、可靠。

牵引电机分左右两种形式，分别置于转向架两侧。电机后部安装制动夹钳，冷却方式为冷却液循环水冷。

铰接型转向架的优点：

（1）与单车体型相比，所需转向架数量少，成本相对较低。

（2）由于车体下方没有转向架，车体内地板面更平整，空间更宽敞。

铰接型转向架的缺点：

（1）铰接型转向架的结构更为复杂，且置于两车之间，给维修和保养增加了难度。

（2）每个独立旋转车轮都配备一台永磁电机，采用水冷，牵引系统复杂，成本相对较高。

（3）客室端部转向架区域上方的通道较窄。

（4）中间铰接式转向架轴重较大，最大可达 12 t。

铰接型转向架导向机理：

铰接型转向架采用电气耦合将左右两侧的独立旋转车轮耦合，这种控制方式依赖于电子控制技术，通过不断调整电机转速从而使两侧车轮转速一致，产生的结果在理论上可与传统轮对相同。当轮对出现横向位移时，形成纵向蠕滑，产生导向作用。但在实际列车运行过程中，轴桥两侧车轮电机转速仍会存在一定偏差，因此其导向能力较传统轮对有所不足。

2. 单车体型转向架——中车株机公司四模块有轨电车

中车株洲电力机车有限公司的低地板有轨电车转向架属于单车体型，主要基于西门子 Combino Plus 技术，并深入改进和研发了四模块 100%低地板有轨电车车型，已在云南弥勒项目应用。该转向架轴距为 1 800 mm，最高运行速度为 70 km/h，四模块车总长约 36 m，车门入口处距轨面高度为 320 mm，额定载客量超过 300 人。转向架布置如图 4-3-9 所示。

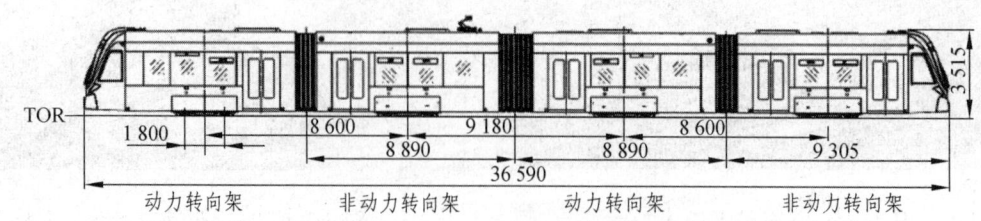

图 4-3-9　中车株机公司弥勒项目有轨电车编组图

其主要技术特点是：

（1）采用独立旋转车轮轴桥的结构，左右车轮通过轴桥相连，进行横向定位。

（2）不同于中车四方股份公司的三模块有轨电车，该四模块有轨电车采用纵置电机的方式进行驱动，将动力转向架同侧的两个车轮用纵置电机的方式进行纵向耦合，一台电机通过齿轮箱驱动同侧两个独立旋转车轮，如图4-3-10所示。

图 4-3-10　动力转向架

（3）二系沙漏簧相对于原型转向架内置，以获得更好的转向架上部客室空间。为保证车辆动力学性能，增加配置抗侧滚扭力杆。

（4）单车体型列车每节车下均有一个转向架，动力充沛，在列车满足牵引性能的前提下通常将某些车下的转向架设计为拖车转向架，降低成本。

单车体型转向架的优点：

（1）车辆编组灵活，可根据客运需求在不同编组间灵活选择。

（2）由于每节车都有转向架支撑，受力均匀，车体疲劳寿命长，车轮磨耗少。

（3）轴重小，最大轴重仅 10.5 t。

（4）地板在全部区域平整贯通。

单车体型转向架的缺点：

（1）由于每节车均有转向架，车体内地板车轮上部局部区域不够平整，客室座椅布置受到较大影响。

（2）客室中间，转向架区域上方的通道较窄。

单车体型转向架导向机理：

纵向耦合独立旋转车轮转向架是通过转向架两侧的纵向牵引单元将前、后车轮耦合在一起的，所以转向架一侧前、后车轮有相同的旋转角速度，当由于某种原因使前、后车轮产生滚动圆半径差时，不同的车轮线速度就会导致前、后车轮与钢轨间发生相对滑动，产生纵向蠕滑力，从而产生导向作用。

3. 浮车型转向架——中车长客股份公司五模块有轨电车

中车长春轨道客车股份有限公司生产的五模块有轨电车属于浮车型，采用五节编组，其中第一、三、五节车带转向架，中间两节车无转向架，单车和浮车交替相连，已经在武汉东湖、三亚等项目应用。该车转向架轴距为 1 800 mm，最高运行速度为 70 km/h。转向架布置如图 4-3-11 所示。

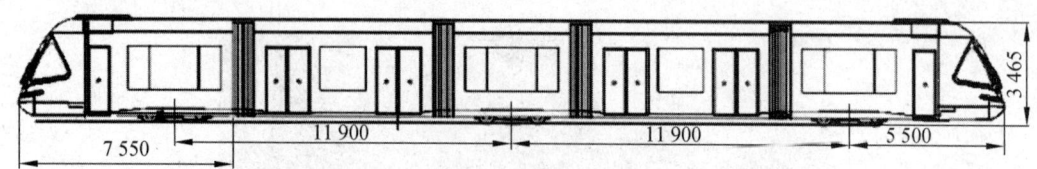

图 4-3-11　中车长客股份公司三亚有轨电车编组

其主要技术特点是：

（1）采用传统轮对，通过轮轴将两侧车轮相连，两侧车轮横向耦合。

（2）同样采用纵置电机的方式，但与单车体型不同在于：一台电机通过齿轮箱驱动一条轮轴（见图 4-3-12）。

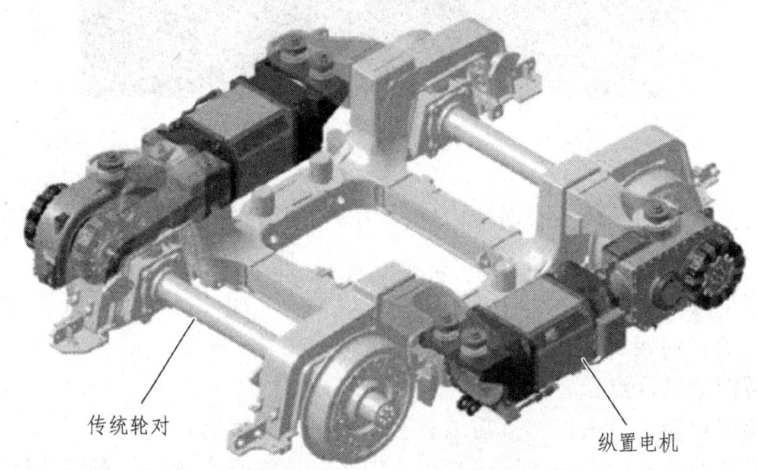

图 4-3-12　转向架结构图

浮车型转向架的优点：

（1）由于浮车下没有转向架，车体平整、宽敞，便于按需布置座椅。

（2）浮车没有转向架，可相应降低转向架成本。

浮车型转向架的缺点：

（1）由于浮车没有转向架作支撑，车体是通过铰接装置"挂"在前后单车上，因此铰接装置和车体端部受力情况较恶劣，增加了车体端墙和铰接装置出现裂纹的风险。

（2）车辆编组不灵活，需成组扩编。

（3）由于采用传统轮对，转向架上方区域地板面较高，过渡坡度相对较大，列车地板不能实现全平面贯通。

（4）轴重大，最大可达 12.5 t。

浮车型转向架导向机理：

该五模块有轨电车采用的是传统轮对方式，左右车轮角速度相等，当轮对出现横向位移时，左右轮速度不同，形成纵向蠕滑，产生导向作用。

第四节 单轨交通

单轨交通是一种轨道为单根带形梁体，轨道梁由支撑柱支撑，车辆跨坐于梁上或悬挂于梁下的交通模式，其可分为跨坐式和悬挂式两种。跨坐式是指车辆和走形部均运行于轨道梁上的单轨交通形式；悬挂式是走行部运行于轨道梁上、车辆悬挂于走行部之下的单轨交通形式，如图 4-4-1 所示。

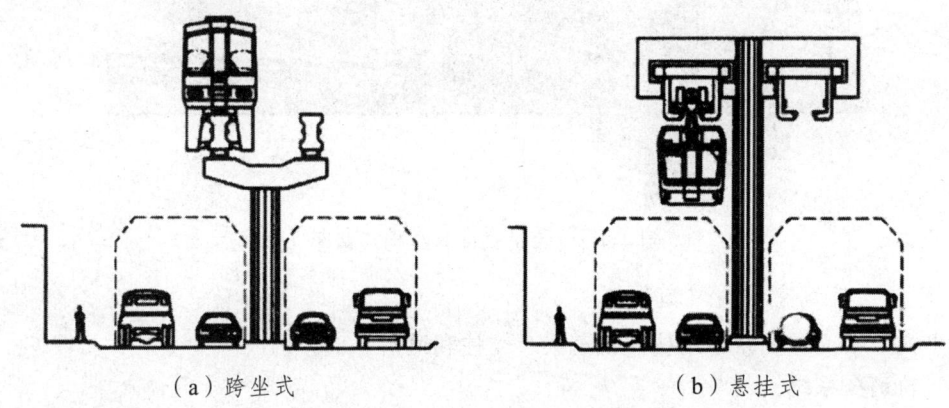

（a）跨坐式　　　　　　　　　　（b）悬挂式

图 4-4-1　单轨交通形式示意图

一、跨坐式轨道交通车辆

1. 跨坐式轨道交通简介

跨坐式单轨交通系统是在日本、美国等国家的很多城市修建的、成熟的轨道交通运输系统，并且已有几十年安全运营的业绩。从车辆、机电设备技术性能的角度分析，单轨交通系统与常规地铁系统相比较，有三大主要特点。

（1）轨道梁系统。单轨轨道梁系统将各种预埋件、结构件和供电、信号设施集成到预应力钢筋混凝土梁（PC梁）上，具有体量小、系统结构紧凑、工厂化生产、透光性好、景观性好等突出特点，但生产加工要求精度高，制作安装调整技术要求高，对设计、施工、产品生产等企业管理水平与技术能力要求极高。

（2）道岔系统。单轨道岔系统由可移动的钢制轨道梁和机电控制系统及梁上供电、信号设施等集成，在产品精度、安全可靠性等各项指标和安装调试上要求极高。

（3）能力强、转弯半径小，但转向架结构复杂，车载设备轻量化要求高。

跨坐式单轨具有技术成熟、振动小、噪声低、地形地貌适应能力强、爬坡性能好、环保性能优异、建设周期短、投资低（约为地铁 1/3）等优点，是一种比较新的公共轨道交通形式，特别适合在地形起伏变化大的山地城市推广。

跨坐式单轨目前已发展成一种优良的城市轨道交通工具，单向高峰小时断面客流量可达到 3 万~4 万人次，平均旅行速度 30~50 km/h，最高速度 75~80 km/h，平均造价 2 亿~2.5 亿元/千米，多选择高架或地下，路权为全封闭，同时小半径曲线通过性强、爬坡性能突出、城市景观效果好。重庆轻轨是单轨交通在中国的第一个示范工程，于 2004 年通车。

单轨车辆、预制混凝土轨道梁和单轨道岔是跨坐式单轨交通的关键所在。跨坐式单轨以单一轨道梁支承车体并提供引导、稳定和支承作用，车辆跨坐于混凝土轨道梁上，依靠走行轮在轨道上支承及行驶，同时在单轨道梁左右两侧，以稳定轮与导向轮夹行其上，用来保证车辆通过曲线路段的安全平顺和可靠导向。跨坐式单轨结构如图 4-4-2 所示。

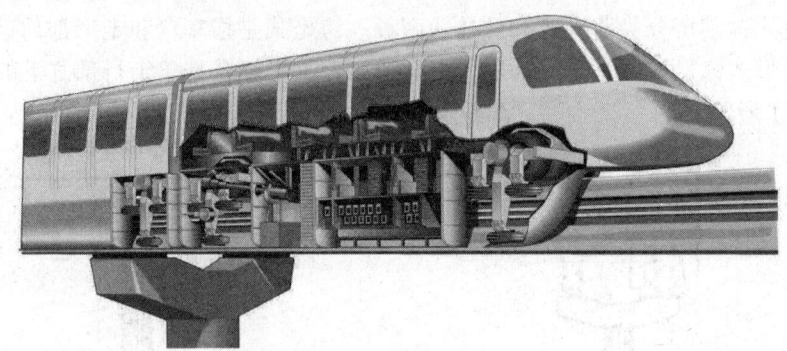

图 4-4-2 跨坐式单轨结构示意图

2. 跨坐式单轨交通的轨道结构

跨坐式单轨交通的轨道结构由轨道梁、支柱和道岔 3 部分构成。

（1）轨道梁系统。

跨坐式单轨交通较地铁制式特别之处就是大多设计为全封闭的高架系统，必要时可转入地下，且混凝土轨道梁及单轨道岔的结构也非常独特。

单轨轨道梁大多选用预应力混凝土轨道梁 PC 梁，其不仅是车辆走行其上的轨道，也是支承车体的结构；同时集成信号、供电装置，以及结构件、预埋件等；并且结构紧凑、体量小、工业批量化生产、城市景观性突出，但随之设计、制作及安装调试难度加大。

单轨交通正线铺设预制 PC 梁，其跨度通常为 20～22 m，受车辆走形面控制，轨道梁截面均选用标准工字形，中空结构，尺寸为 1.5 m（高）×0.85 m（宽）。预应力混凝土轨道梁由模板制成，拥有更高的精度，可以保证列车高速行驶，提高行车安全性与舒适度。而某些地区段，如基地尤其是填方地区，由于曲线半径的限制，不能选用预制轨道梁，则多选用现浇混凝土轨道梁。跨坐式单轨轨道梁结构如图 4-4-3 所示。

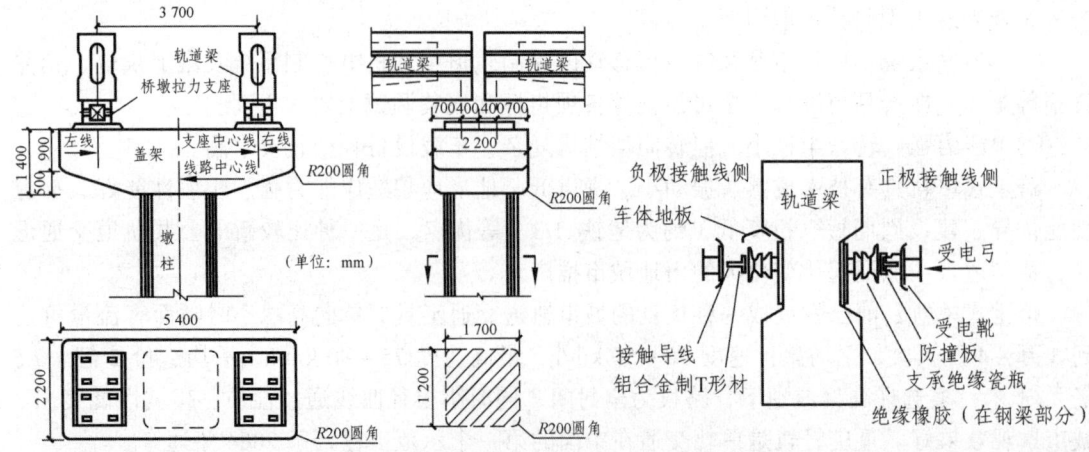

图 4-4-3 跨坐式单轨轨道梁结构示意图

（2）支柱。

支柱的主要形式有 T 形、倒 L 形和门形等，可根据地形、用地等不同情况选择使用。轨道梁支柱形式如图 4-4-4 所示。

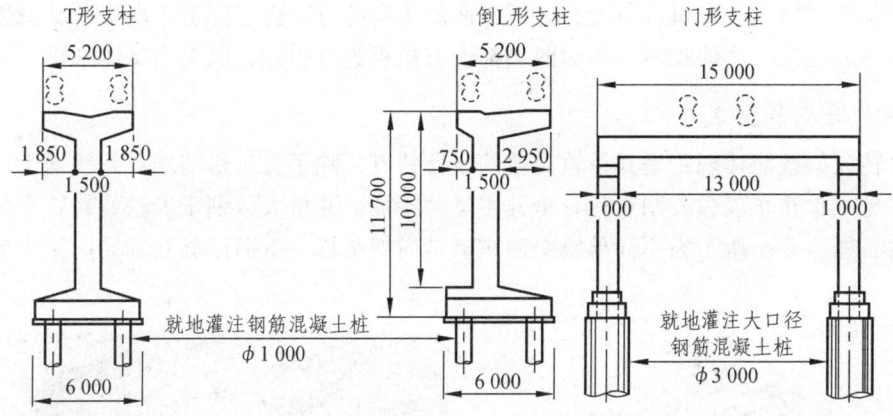

图 4-4-4　轨道梁支柱形式示意图

（3）单轨道岔。

跨坐式单轨的线路道岔是其关键技术之一，直接关系到线路的安全平稳和运行有序，它既是支承车体的结构，又起到导向及转向的作用，使得换线工况下车辆平稳、顺利地完成转辙。单轨道岔不仅要有较高的承载能力，还要拆装灵活轻便，因为需要承受车辆较大运行载荷的反复作用，如扭曲力、冲击力等，所以还要保证具有一定的强度和刚度。

跨坐式单轨的线路道岔通常由箱形钢梁组成，多为 4~5 节，选用电力驱动，使得道岔梁实现整体转辙，然后与其他道岔梁或者轨道梁实现对位，最终构成岔道，以供车辆变轨。

跨坐式单轨的线路道岔形式多样、控制及结构复杂，由一组钢箱梁组成，且结构上与预制轨道梁很像，关节间可动且互相连接，使得其与其他交通制式有着极大的区别。除了有钢制轨道、指形板、尾轴设备外，还有由转辙驱动和控制系统等组成的跨坐式单轨的线路道岔。而根据连接线路的数量和形式，跨坐式单轨道岔又可分为单开道岔、交叉道岔和三开道岔。按照结构特点又分为 3 种类型：关节型道岔、关节可挠型道岔、平移式道岔。

单轨道岔各有特点，可适用于不同场合。单轨道岔如图 4-4-5 所示。

图 4-4-5　单轨道岔

3. 单轨车辆

受橡胶轮胎载重的限制，为了多载乘客必须使车体轻量化，故车体一般采用铝合金焊接结构；司机室设在列车的两端，设侧开门，并与乘客车厢隔开，车厢间设全贯通式通道，车头部设有紧急出口门；电机设备设在地板下面的车底部分；为了降低主电机、减速齿轮装置等主要噪声源往外扩散的噪声，车辆两侧都设有裙板进行包裹，既美观又能减噪。

4. 单轨车辆转向架

单轨转向架最能体现跨坐式单轨交通的运行特点，除了头车最前端，几乎均为动力转向架。而跨坐式单轨车辆橡胶制走行轮是其明显的特征，并极大区别于地铁或轻轨车辆的整体辗制钢轮，图 4-4-6 所示为不同单轨交通车辆转向架结构，下面以某双轴转向架为例进行介绍。

图 4-4-6　单轨交通车辆转向架（左为单轴结构，右为双轴结构）

单轨车辆走行轮起支撑作用，单轨轨道梁被转向架的 4 个导向轮从侧面稳稳抱住，最终实现自动对中导向。平行轮包括平衡轮和导向轮。所有胶轮为防止失气，都备有辅助车轮，另外走行轮还安装胎压监测仪。

（1）走行轮。

走行轮在驱动轴转矩的作用下将车轮的旋转运动变为车辆沿轨道方向行驶，这一点与汽车驱动轮相似。走行轮为钢丝圈橡胶胎、充氮气、无内胎、设胎压监测仪，胎压控制在 880 kPa，一旦胶轮失气，辅助实心轮将临时代替走行轮实现功能，且通常被设计在构架的端梁上。同时，转向架还设计有压力表，每轴两个，由滑环引出并联电路，其由检测和压力开关电路构成。

（2）导向轮与平衡轮。

跨坐式单轨导向轮总成和平衡轮总成，除轮辋和辅助轮的安装位置不同外，其余均相同，故通常将导向轮总成和平衡轮总成统称为水平轮总成。除橡胶轮胎、轮心及轮辋外，立式车轴和圆锥滚柱轴承也是水平轮总成的核心部件。橡胶胎直径为 730 mm、充氮气、尼龙斜裁带形式、有内胎，同时，为确保胶轮失气状态下的车辆安全，并且能够返回基地检修，通常还装配辅助实心车轮以备用。单轨轨道梁两侧设置有导向轮总成，导向轮总成下方是平衡轮总成，两个走行轮之间只有 400 mm 间距，故具有"随遇不稳定性"，于是，通常会设计两个平衡轮，并且从侧面抱住轨道梁，产生一个横向力，从而形成一个附加力矩，使得"随遇不稳定"模式变成"随遇稳定"模式，以保证单轨车辆的行驶稳定性。

（3）目字构架与二系悬挂。

除了牵引制动装置、导向轮、平衡轮及走行轮之外，还有车体悬挂、受流器及接地装置等，也是跨坐式单轨转向架构架的关键部件。单轨转向架构架由侧、横、端梁，以及导向轮支架支座、电机吊座等构成，其俯视图呈"目"字形，由钢板焊接而成，材料为 16MnR。

单轨车辆通常选用二轴无摇枕结构，无一系悬挂，车体直接坐落在空气弹簧上，与转向架之间直接用二系悬挂，即用中央悬挂装置传递牵引力和横向力等，还包括牵引橡胶堆、空气弹簧，以及油压缓冲器、中心销、中心销座和横向止挡等，实现轻量化和舒适性，并配有高度调节阀和防过充装置。

5. 行车复合制动

跨坐式单轨车辆制动分为电气制动（分再生制动、电阻制动）和空气制动。

（1）复合制动过程。

行车复合制动要经过牵引、惰行、电气制动、空气制动。当列车制动开始时，受电弓不再接受接触网供电，电机驱动模式变为发电模式，使动能转化为电能，同时再生制动使车辆逐渐减速。

当接触网电压为额定电压的 1~1.2 倍或再生电能在一定距离内可被其他列车吸收，那么此时列车进行再生制动并向接触网反馈电能。当供电接触网过、欠压，或者一定距离内没有车吸收反馈电能时，则列车实现电阻制动，由牵引控制单元自动切断反馈电路。当车速小于一定数值时，则实施空气制动，即利用压缩空气传动的机械盘式制动，直至停车。

（2）复合制动特点。

跨坐式单轨交通具有站间距短、开行密集等特点，列车频繁起停，其制动能量的回收效益十分可观。再生制动时，通过电机发电模式，再生电能在一定距离内可被其他列车吸收，并向接触网反馈电能，却很少用于自身供能。而高效回收制动能量不但可以卓有成效地节能减排，还可以提高列车运行平稳度。

电阻制动是将能量通过电阻吸收并以热能形式耗散的制动方式，分为完全电阻制动、不完全电阻制动、零电阻制动、多端混合电阻制动。一方面，无论地面还是车载，制动电阻都会以热能的形式将能量耗散在大气中；另一方面，该能量可以通过地面装置吸收，并传输至牵引变电所，最终以热能形式集中耗散。

空气制动即机械制动，也可称为基础制动，是利用压缩空气传动的机械盘式制动，其中空气压力的大小通过调节空气压缩机输出功率来控制，通过制动盘和闸片的摩擦来吸能。

近年来非黏着制动发展迅速，它是区别于电制动或空气制动等靠车轮与轨道摩擦的黏着制动，其可以实现车轮与钢轨滚动接触并制动，除风阻制动、涡流制动外，还有磁轨制动等等。

二、悬挂式单轨交通

悬挂式单轨交通作为单轨交通的主要形式之一已经发展了 100 余年，具有造价低、占地面积小及对城市景观影响较小的特点。悬挂式列车的编组如图 4-4-7 所示。

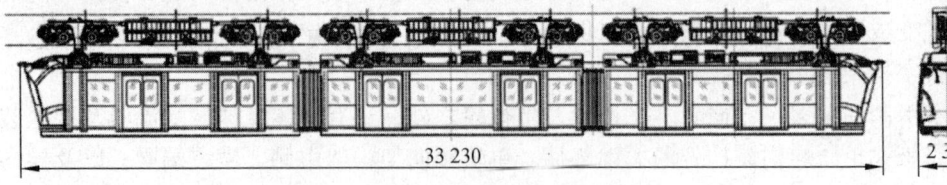

图 4-4-7　悬挂式列车的编组

1. 悬挂式单轨车的起源

在世界上第 1 条商业化铁路开通前的 3 个月，第 1 条客运悬挂式单轨交通于 1825 年 6 月 25 日在英国切森特（Cheshunt）开通，该轨道采用木制，由一匹马牵引。这条单轨线是根据 1821 年英国人亨利·帕尔默（Henry Palmer）的专利设计而成。车轮在轨道上运行，通过索链由马匹带动，车轮轴左右伸出两个悬臂用于悬挂车厢。切森特铁路建设的初衷主要用于运输砖块及其他建筑材料，却成为客运单轨交通历史的起点。随着技术的发展，悬挂式单轨也出现了多种技术形式，目前悬挂式单轨也是一种成熟的单轨交通形式。

2. 悬挂式单轨交通的类型

目前，悬挂式单轨根据走行部结构的不同，主要可以分为 4 种类型，即非对称悬挂钢轮型、"工"字轨道梁悬挂型、非对称悬挂胶轮型，以及 SAFEGE 型。

（1）非对称悬挂钢轮型。

该型由德国人浪琴设计，故称为浪琴型，其已经在德国伍拍塔尔市安全运行 100 多年。其走行部结构特殊，每个走行部有两个车轮，运行在钢轨上的两个车轮由一根轴桥连接，如图 4-4-8 所示。

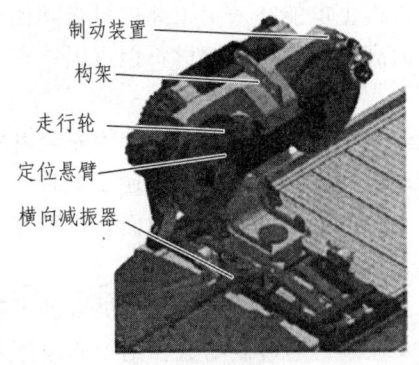 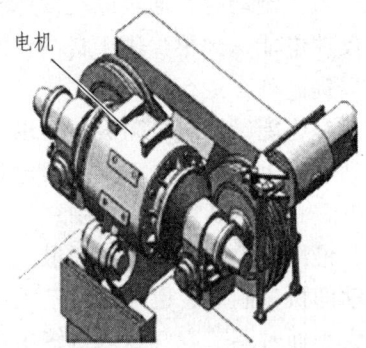

图 4-4-8　非对称悬挂钢轮型单轨走行部结构与吊挂形式

（2）"工"字轨道梁悬挂型。

该型悬挂式单轨因为轨道梁采用"工"字形，所以命名为"工"字轨道梁悬挂型。车轮嵌在"工"字轨道梁里面运行，振动较大、运量低，对轨道梁质量要求较高，适合在娱乐场所建设，如图 4-4-9 所示。

第四章 新型城市轨道交通车辆

图 4-4-9 "工"字轨道梁悬挂型单轨（巴西某公园）

（3）非对称悬挂胶轮型。

该型悬挂式单轨是将非对称钢轮型的钢制轮改用橡胶轮，并且加入导向轮，既起到导向作用，也起到固定作用，使其比非对称悬挂钢轮型更加稳定，如图 4-4-10 所示。

图 4-4-10 非对称悬挂胶轮型单轨（东京上野动物园）

（4）SAFEGE 型。

SAFEGE 型是目前最先进、应用最广泛的悬挂式单轨车，它采用对称式悬挂，最初由法国人设计。该型悬挂式单轨采用两轴转向架，对称悬挂，走行部设有 4 个走行轮，4 个导向轮，均采用橡胶车轮，轨道梁为底部开口的钢制箱形梁，走行部在箱形轨道梁内运行，受天气影响较小，但是增加了维修难度。悬挂构件通过箱形梁底部开口将车体和转向架连接起来。道岔为箱形梁内的可动轨，列车行驶方向的改变通过可动轨的水平移动来实现，如图 4-4-11 所示。

图 4-4-11 SAFEGE 型悬挂式单轨

107

3. SAFEGE 型悬挂式轨道交通的走行原理

（1）轮胎。

SAFEGE 型悬挂式单轨的走行轮轮胎采用的是扁平率大（即轮胎走行端面与整体端面之比），最大承载量可以达到 5 000 kg 的轮胎来保证其运行时的安全性能。橡胶自身具有吸收振动降低噪声的功能，这也就促进了车辆在运行时的平稳性和舒适性能。但是，橡胶轮胎本身也受到一些方面的限制，由于橡胶轮胎滚动阻力大、摩擦系数大，与路面接触会造成轮胎表面变形并且在轮胎自身带有黏滞性条件下会造成弹性的迟滞现象，进而导致滚动阻力的增大，这也是橡胶轮胎在走行滚动摩擦阻力方面和传统的钢轮钢轨接触的一个区别。SAFEGE 型的导向轮是通过预压力压装在导向轨上，在通过曲线时通过前后导向轮压力的变化辅助转向，导向轮只起到走行的辅助作用。

因为轮胎并不是刚体，轮胎的运动不是纯滚动，在轮胎的转动过程中会产生蠕滑现象，而影响蠕滑的关键因素就是接触表面的黏着系数，而影响黏着系数的关键因素主要有路面的状况和类型、车辆的前进速度、轮胎自身的结构形式，以及自身的材料属性、轮胎所承受的载荷和天气条件等。如图 4-4-12 所示，黏着系数随着蠕滑率的增加而增大，直到蠕滑率达到 15% 左右时达到黏着系数的最大值，在此之后黏着系数随着蠕滑率的增加而变小直到最后运动变成完全滑动。

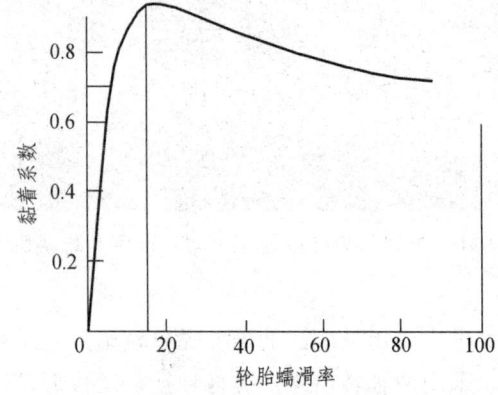

图 4-4-12　轮胎黏着系数和蠕滑特性图

在 SAFEGE 型悬挂式单轨车辆转向架结构中，走行轮的作用不仅提供了牵引摩擦力和垂向支撑力，而且在一定程度上还代替了传统铁路中的一系悬挂装置，可以通过简化其力学模型进而用弹簧和阻尼模拟轮胎在运行时的垂向振动。

在车辆运行过程中要提前给予导向轮一定的预压力，预压力过小导向辅助作用小，故车辆的运行安全存在隐患；预压力过大增大了车辆的运行阻力，将会影响车辆的正常运行，在选取预压力方面应综合各方面因素，预压力选取值为 10 kN。

（2）轨道梁结构。

目前 SAFEGE 型悬挂式单轨采用的轨道梁为 38 mm 标准梁，轨道梁箱体内部包含正负极导电轨、走行轨、导向轨和信号线等，以保证车辆走行、导向、直流电供应以及控制信号传输需求等。轨道梁的外部形式比较单一，采用箱形结构。由于悬挂式单轨的走行装置、信号线缆以及导电轨等都在轨道梁内部，所以轨道梁内部构造相对来说比较复杂，主要由走行轨、导向轨、正负极导电轨等组成，具体轨道结构如图 4-4-13 所示。

第四章 新型城市轨道交通车辆

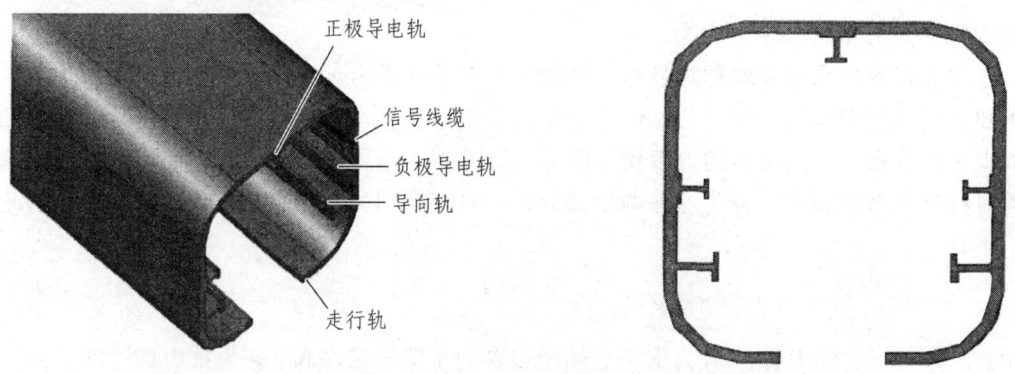

图 4-4-13 轨道结构示意图

（3）平衡与导向原理。

SAFEGE 型采用对称式悬挂，因此不存在平衡问题，而且在上下客、车辆起动以及制动等扰动情况时，车体与转向架之间的悬挂杆以及油压减振器会起到减振作用，以保持平衡。

SAFEGE 型走行部装有导向轮，依靠 4 个导向轮导向。在走行过程中，导向轮沿着导向轨运行，导向轮与导向轨在预压力的作用下相接触产生摩擦力，并且每个导向轮在不同的运动状态下相互之间受到导向轨的作用力也不同。当车辆在直线运行时，导向轨提供车辆前进的导向作用力，但车辆通过曲线时导向轨给予不同侧的导向轮不同的导向力，一侧导向轮受到驱动导向力，

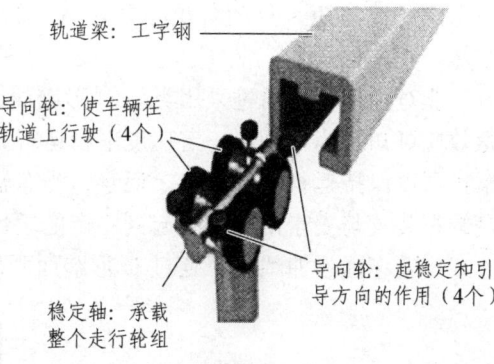

图 4-4-14 SAFEGE 型悬挂式单轨导向原理

而另一侧导向轮受到减缓导向力，这种受力的特点帮助导向轮在通过曲线时左右产生速度差，辅助车辆导向。导向力的传递过程：导向轨—导向轮—构架—悬挂连杆—车体，如图 4-4-14 所示。

4. 非对称钢轮型悬挂式单轨走行原理

（1）轮轨结构。

非对称钢轮型悬挂式单轨的轮轨结构有别于传统的铁道车辆。车轮由轮缘、轮心以及类似 U 形的踏面等组成，其轮轨模型如图 4-4-15 所示。

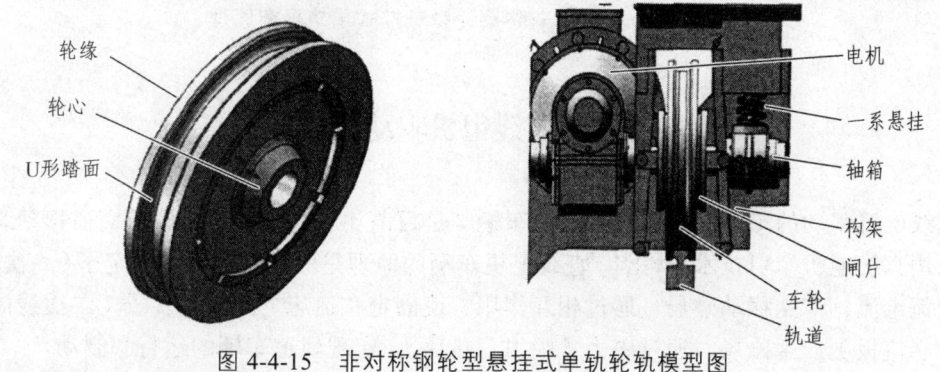

图 4-4-15 非对称钢轮型悬挂式单轨轮轨模型图

(2)平衡与导向原理。

非对称钢轮型采用非对称式悬挂,因此平衡问题就成为车辆设计的关键所在。由钢轨结构可知,当车辆保持静止时,为了使整个车辆系统静止平衡,根据杠杆平衡原理,以轮轨接触面中心为支点,支点两边的力矩相等即可。如图4-4-16所示,沿轮轨中心支点向下的虚线将非对称钢轮型单轨车辆分为左右两个部分,A和B分别为左、右重心。若车辆保持静止平衡,则有:

$$a \times m_1 g = b \times m_2 g$$

式中:a为支点左侧力臂;m_1为支点左侧所包含的车辆质量之和;g为重力加速度;m_2为支点右侧所包含的车辆质量之和;b为支点右侧力臂。

当车体发生小幅度摆动时,车轮踏面与钢轨的接触点相当于该单摆的中轴点。当车体受到顺时针方向力时,会产生顺时针力矩。此时,车体重心被升高,在重力作用下会产生一个逆时针力矩,且随着重心升高高度的增加而增大,使得车辆重新回到平衡位置,反之亦然。

非对称钢轮型通过采用类似U形踏面,可以有效地防止车辆脱轨,保证运行安全。由陀螺效应可知,当车辆以一定速度平稳运行时,旋转的车轮保持其在旋转方向上的惯性,所以车辆可以保持运行时的平衡。而且,当车辆产生小幅摆动时,可以通过车体与转向架间的弹簧减振装置与安全吊挂装置起到一定的缓冲减振作用。

车辆在通过曲线时,通过U形踏面两侧轮缘提供导向力进行导向,并且防止车辆脱轨。

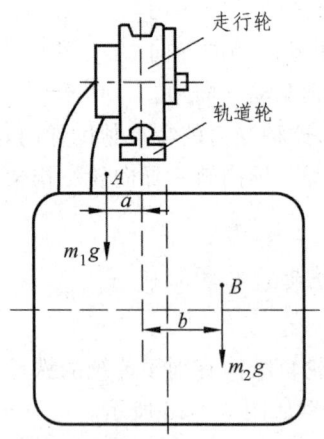

图4-4-16 德国非对称钢轮型悬挂式单轨平衡原理

第五节 直线电机驱动的车辆

直线电机驱动的车辆(简称直线电机车辆)是目前比较先进的城市轨道交通移动装备,因其采用直线电机牵引技术而得名。直线电机车辆的原理是固定在转向架的定子(一次线圈)通过交流电流,产生移动磁场,通过相互作用,使固定在道床上的展开转子(二次线圈,通常称为感应板)产生磁场,通过磁力(吸引、排斥),实现轨道车辆的运行和制动。

一、直线电机车辆的发展现状

1. 国外现状

目前，直线电机车辆技术在国外已经有多年的运用经验。直线电机运载系统在国外是技术成熟、安全可靠的轨道交通运载系统。国外直线电机轮轨车辆系统适用于中小运量，车辆的载客量和尺寸都不大。

国外直线电机车辆的主要制造厂商有庞巴迪、川崎重工等公司。加拿大是世界上最早采用直线电机车辆技术的国家，其直线电机车辆为庞巴迪公司制造。为满足线路的灵活性以及高架车站总体规模、客流因素等需要，一般采用小编组、高密度、小运量系统。如庞巴迪公司制造的车辆宽 2.65 m，车辆适合于小编组的轻轨系统，额定载客量大都在 200 人/车以下，多伦多采用此类型 MKI 和 JFK MKII 直线电机车辆。

日本是世界上拥有直线电机车辆线路较多的国家。为便于线路通过，日本一般采用 2.5 m 宽窄体车，以降低土建价格。

2. 国内现状

国内早在 20 世纪 80 年代就开始研究直线电机驱动方式的运载系统。2005 年 12 月国内第 1 条城市轨道交通直线电机车辆线路在广州开通运营；2008、2009 年首都国际机场线直线电机车辆线路和广州地铁 5 号线直线电机车辆线路相继开通运营；2011 年广州地铁 5 号线增购具有自主知识产权的国产化直线电机车辆，广州地铁 6 号线直线电机车辆下线。到目前为止，国内运用直线电机车辆的线路总里程近 150 km。

我国直线电机车辆生产厂商主要是中车青岛四方机车车辆股份有限公司和中车长春轨道客车股份有限公司。中车青岛四方机车车辆股份有限公司为国内直线电机车辆交付数量最多、品种最全的企业，为广州地铁设计制造了中大运量的直线电机车辆；长春客车股份为首都国际机场线设计制造了中等运量直线电机车辆。

二、旋转电机和直线电机驱动方式的比较

1. 传统旋转电机驱动方式

传统旋转电机驱动方式是利用轮轨黏着作用来传递车辆牵引（制动）力。采用传统旋转电机驱动方式的城市轨道交通车辆，其牵引机理是：接触网电能—受电弓—变压器—传动装置—牵引电动机—牵引齿轮箱—使动轮获得扭矩。

传统旋转电机驱动方式存在的缺点：

（1）对周围环境有比较严重的噪声、振动影响。

（2）轮对有可能出现空转打滑现象。牵引/制动力的产生基于轮轨黏着，当旋转电机输出的轮周牵引力或制动力大于轮轨间最大摩擦力时，就会造成轮对空转打滑，轮轨间的摩擦力由静摩擦力变成动摩擦力而急剧下降，轮对进而加速空转，严重时甚至危及轮轨设备安全。

（3）受轨道最小半径（一般是 300 m 或 350 m）的限制。采用传统旋转电机牵引方式的轨道交通系统受轨道最小半径限制，对于选线比较不利，有可能在线路规划时受到约束，在实施工程时付出很大代价，增加轨道交通系统建设成本。

（4）受线路纵断面设计最大纵坡度值（3%）和连续坡长的限制。地下线路与地面线路、高架线路相接时坡长较大，因而占用城市水平、竖向空间较大，影响了城市景观；难以从纵向避开不良地质、地面建筑物的基础或地下工程设施，大大增加了工程投资和风险。

2. 直线电机驱动方式

直线电机驱动方式，是采用直线感应电动机（Linear Induction Motor，LIM）驱动车辆的一种方式，其传动方式为直线运动。直线电机是由普通旋转电机演变而来，它们的基本原理是一样的。直线电机相当于将旋转电机沿径向剖开拉直，由定子演变而来的一边称为初级或原边，由转子演变而来的一边称为次级或副边。当前运营的直线电机地铁车辆是将直线电机初级（电磁铁和绕组）安装在车辆上，将次级（感应板）平铺在轨道的中间，给直线电机初级通入三相交流电流，在电机气隙中就会产生直线移动磁场，在这个移动磁场的作用下，次级导体（感应板）中感应出电流，这个电流与移动磁场相互作用产生的电磁推力即牵引力，使车辆沿着直线移动磁场移动的方向做直线运动；改变磁场的方向，则使车辆后退。直线电机的推进原理将在磁悬浮相关章节中详细介绍。

直线电机地铁车辆采用非黏着驱动方式，具有以下几个特点：

（1）由于采用非黏着驱动方式，不受黏着系数的限制，爬坡能力大幅增加（最大坡度可达 8%），因而有利于线路纵断面设计，利于避开地下建筑和选线，有效降低线路成本。

（2）取消齿轮箱联轴节等部件，减少车辆走行部噪声，转向架下布置简单，有利于径向转向架的使用，可以通过小半径曲线；有利于减小轮径，降低车体地板高度，有效减小车辆横断面面积，从而减小隧道断面面积，降低工程造价。直线电机地铁与常规地铁隧道断面的比较如图 4-5-1 所示。

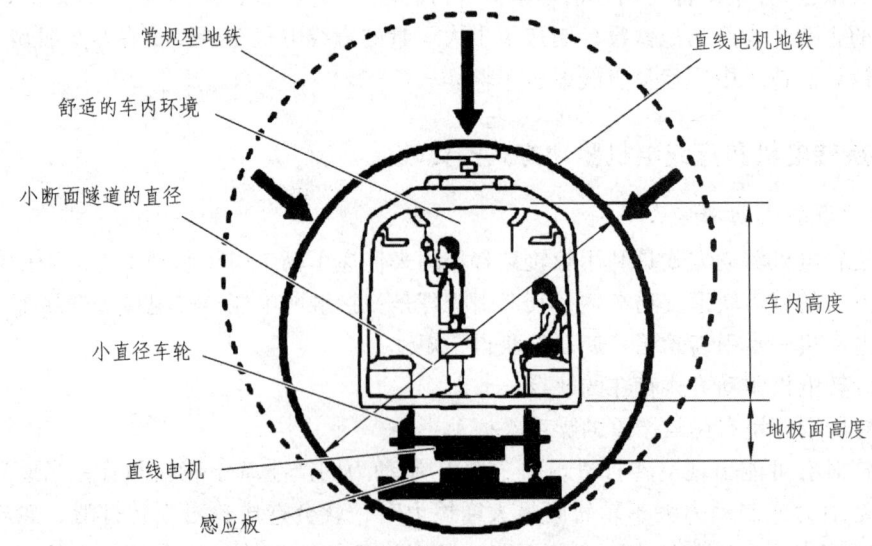

图 4-5-1　直线电机地铁与常规地铁隧道断面的比较

（3）直线电机易于控制，车辆加减速性能及停车位置控制精度较高，容易实现小编组、高密度、自动驾驶的运行模式。直线电机驱动方式仍然采用钢轮和钢轨支撑导向，故仍可采用运用成熟、安全可靠的轨道信号系统实现对列车的信号传输、集中调度和运行监控，运营适应性较好。

（4）由于直线电机的初级和感应板处在同一个振动系统内，无法避免电机气隙变化，出于运行安全的考虑，电机气隙设计得比旋转电机气隙要大，再加上直线电机特有的端部效应会产生一些额外的损耗，所以直线电机的效率和功率因数比同容量的普通旋转感应电机的要低一些，能耗也相对较大。

三、直线电机的悬挂方式

1. 架悬式

架悬式是指直线电机通过吊杆悬挂在转向架 H 形构架上。这种结构的转向架接近传统的地铁转向架，无须对轴箱和轮对进行改变。由于直线电机悬挂在构架上，其垂向振动受构架的影响。为了保证直线电机和感应板之间的间隙，需控制转向架构架振动幅度，为此，要求轴箱悬挂的垂向刚度较大。轴箱悬挂的垂向刚度较大带来的最大问题是转向架构架均衡能力差，构架受力大，当转向架通过线路不平顺时容易引起车轮的减载，带来了安全隐患。为解决转向架均载的问题，需将转向架构架对角断开，使转向架构架变为以对角为中心线的铰接结构，如图 4-5-2 所示。

图 4-5-2　直线电机架悬式结构

架悬式的优点是转向架接近传统地铁转向架，便于维护和使用。缺点是转向架构架是铰接结构，增加了构架的复杂性，电机和感应板间的间隙较大。日本于 20 世纪 80 年代引进了加拿大的直线电机轨道交通系统技术，并根据自身条件开发了外置构架直线电机转向架。在 H 形构架的横梁上安装了特制的杠杆机构，来微调电机的气隙。

架悬式结构从电机传来的垂向静态力和动态力通过构架和一系悬挂装置传递到轮对，因此改善了对轨道的动作用力。这种转向架的缺点是：转向架构架承受了额外的由直线电机带来的垂向载荷，同时一系悬挂的垂向刚度必须设计得很大才能减缓因车内载荷的剧烈变化而引起的直线电机气隙的大幅改变，因此影响了车辆乘坐舒适度。另外，来自直线电机的振动无法与转向架和车体隔离，对转向架主要部件和车体的结构强度有一定的影响。

2. 轴悬式

轴悬式是将直线电机通过轴承悬挂在车轴上。这种方式的直线电机与感应板间的间隙只受轮对的垂向运动、线路不平顺和感应板的影响，与转向架的悬挂无关。这种电机悬挂的优点是直线电机与感应板间的间隙容易保证,并且间隙变化范围不大。缺点是:直线电机属簧下质量,轮轨垂向动作用力大,电机与车轴需通过轴承连接,增加了系统的复杂性。由于电机和轮对连在一起导致电机的垂向振动加速度很大,对电机的抗振性要求较高。因此,这种直线电机转向架的技术风险仅集中在电机悬挂和轮轴设计上,可以在传统转向架的基础上,无须对悬挂系统进行更改,只需对轮对做改装设计并增加电机悬挂装置即可。图 4-5-3 所示是日本早期研制的电机直接悬挂于轮对上的一种转向架。在直线电机悬挂座中部安装有抱轴轴承,电机定子通过橡胶轴衬支撑在轴承上。从直线电机定子传来的垂向静态力和动态力直接通过轴箱轴承由轮对承受;纵向牵引力的传递与旋转电机转向架类似,即牵引力先通过轮对传递给轴箱,再由轴箱传递给构架。然而,试验结果表明,由于直线电机完全属于簧下质量,轮轨动作用力较大,而且牵引力通过轴箱传递,对曲线通过时的轮对径向摇头影响很大,这种结构后来被放弃。如果对其进行改进,将纵向力的传递直接由电机传递给车体中心销,可解决上述问题。

图 4-5-3　日本早期的直线电机轴悬式结构

3. 轴箱悬挂式

轮对左右两侧的轴箱通过连接梁连接起来,直线电机通过吊杆悬挂在连接梁上,易于控制电机气隙,但是轴箱悬挂需要内置,同时为了保持轴箱平衡,吊杆布置在连接梁的前后两侧,数量增多,增加了电机悬挂的复杂性。由于电机悬挂在轴箱上,增加了簧下质量,车辆运行时电机承受轨道垂向不平顺激励,同时电机会受到轮对蛇行运动的激扰,容易引起吊杆在其横断面内的偏摆,进而导致吊杆受力过大、间隙变动。

图 4-5-4 所示为广州地铁 4 号线直线电机转向架,该转向架属新一代轴悬式转向架结构,与副构架式不同,直线电机通过 5 根垂向吊杆悬吊在两条轮对上方的两根横向梁上,横向梁与轮对之间有弹性连接,副构架连接在左右轴箱之间,电机吊挂在副构架上,消除了一系弹簧对电机气隙的影响。一系弹簧可以采用较小的值,但不宜太小。要尽量减少电机吊杆力对轴箱的扭矩作用,轴箱悬挂的径向游隙对气隙也有影响,一般采用构架内置的形式。气隙一般控制在 8 mm 左右,气隙变动范围为 ±4 mm。电机安全鼻设在旋转车轴上方,但由于存在轴箱装置并将直线电机悬挂在轴箱上,增加了簧下质量。由于蛇行运动容易引起吊杆在横断面内的偏摆,因此设有两根横向拉杆与构架相连。电机牵引力则通过纵向拉杆

与构架相连。

图 4-5-4　广州地铁 4 号线直线电机转向架

4. 副构架悬挂式

副构架悬挂式具体结构形式为转向架前后轮对通过两副构架连接起来，副构架呈 V 字形，一端与轮对固结，一端与另一副构架铰接，在铰接点处用垂向吊杆将两副构架的一端悬挂于摇枕上，铰接点两侧通过水平拉杆将副构架与摇枕相连，以传递纵向力。直线电机位于副构架之下，两端通过三点铰接机构悬挂在副构架上，如图 4-4-5 所示。由于直线电机悬挂在副构架上，而副构架的垂向运动又受轴箱和转向架构架垂向振动的影响，因此为了保证电机和感应板的间隙要求，一系悬挂采用刚度较大的悬挂。这种悬挂方式介于架悬式和轴悬式之间。优点是电机振动比轴悬式小，也无须对转向架构架进行切断处理。缺点是电机悬挂系统复杂，需专门的副构架，增加了转向架的质量。

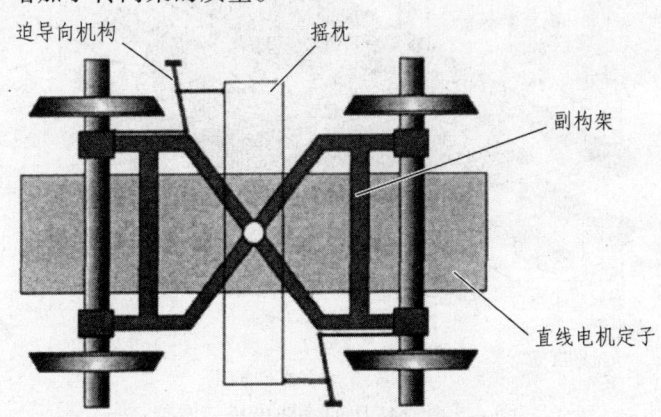

图 4-5-5　副构架悬挂式转向架

这种直线电机悬挂方式的特点是：直线电机产生的纵向牵引力以及制动力直接传递给副构架，再由副构架传递给摇枕，摇枕通过两侧的牵引杆又直接传递给车体，因此转向架构架既不承受产生于直线电机的垂向载荷，也不承受产生于直线电机的纵向载荷，因此，降低了转向架构架自重。同时，一系悬挂装置不承受额外的产生于电机的纵向载荷，可以尽量减小一系悬挂纵向刚度以改善稳定性和曲线通过的性能。

四、直线电机的车辆结构

1. 车　体

车体由底架、侧墙、端墙、车顶等部分组成，一般采用整体承载方式，采用大型铝合金挤压型材或不锈钢制成。铝合金或不锈钢制作的车体与碳素钢车体相比，质量可降低30%~35%，从而可实现车体的轻量化。车体轻量化对于城市轨道交通具有重要意义，不仅可以减少轴重，降低车辆对线路的冲击，减小车辆运行噪声，而且还可以大大节约能源消耗。

2. 转向架

直线电机车辆由于省去了传统旋转电机及其所需的传动结构，因此多余出来的空间可用来布置径向导向装置，以适应城市轨道交通小曲线的特点。径向转向架一般包括自导向和迫导向两种，自导向转向架在降低一系纵向刚度的同时，通过机构把转向架的前后两轮对铰接起来，这样在增加横向剪切刚度的同时，减少了转向架的等效弯曲刚度，从而在保证稳定性的同时，使前后两轮对在蠕滑力作用下易于实现相对回转，以顺利通过小半径曲线。迫导向转向架则是通过连杆机构将车体与转向架轮对相连接，通过曲线时，利用车体与转向架的相对回转，使机构分别推动前后轮对以使其趋于径向。加拿大开发的直线电机车 MKI 和 MKII 均采用三大件转向架的结构形式，以适应顺坡的要求，并在此基础上采用迫导向机构。二者不同之处在于 MKI 转向架单侧设迫导向机构，而 MKII 在转向架两侧都设置有迫导向机构，如图 4-5-6 所示。

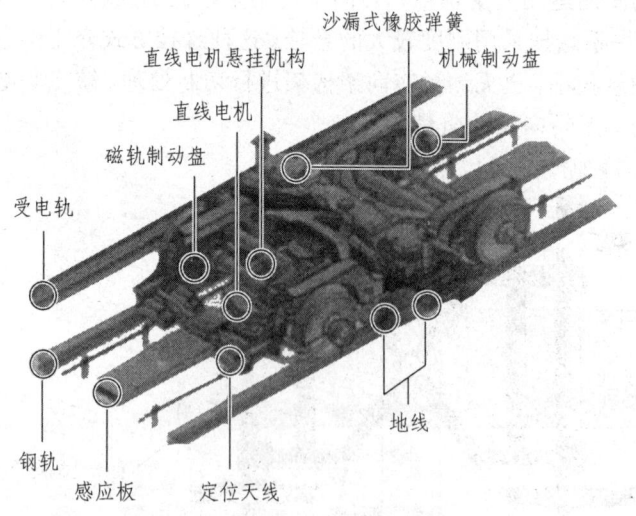

图 4-5-6　MKII 的直线电机转向架

具体结构形式为：转向架前后轮对通过两副构架连接起来，副构架呈 V 字形，一端与轮对固结，一端与另一副构架铰接，铰接点用垂向吊杆将两副构架的一端悬挂于摇枕上，铰接点两侧通过水平拉杆将副构架与摇枕相连，以传递转向架与车体之间的纵向力。两侧架通过橡胶弹性垫置于轴箱上，一侧铰接，另一侧可以在橡胶弹性垫上沿轴箱滑动，这样在通过曲线时,轮对可以向径向自由移动。

为确保良好的曲线通过性能,副构架两侧设置迫导向拉杆,拉杆一端与轮对连接,一端连接到摇枕上,摇枕通过连杆与车体相连。当车体转动时,摇枕也随之转动,这样通过摇枕和导向连杆,将车体相对转向架的转动传递到两轮对上,推动轮对趋于径向,如图 4-5-7 所示。

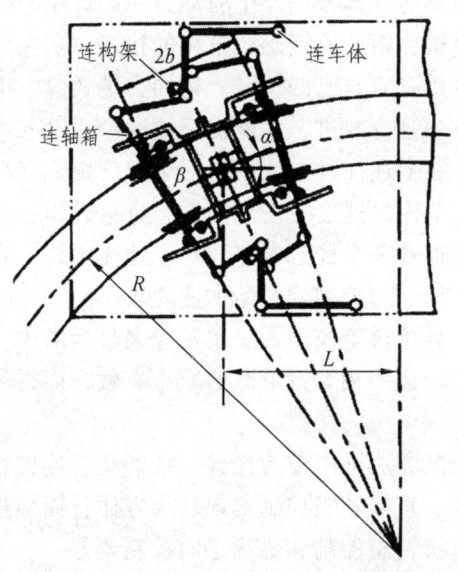

图 4-5-7　杠杆式迫导向转向架的导向原理

理论上迫导向转向架不但能够使轮对在任何曲线上处于曲线径向位置,且其导向机构同时还可提供较大的轮对纵向定位刚度,故也能满足直线运行稳定性的要求。但迫导向径向转向架的导向机构要直接或间接地与车体相连,结构比自导向径向转向架和一系柔性转向架复杂,制造精度要求较高。所以在曲线不多、曲线半径较大的线路上运行的车辆则可不必采用迫导向径向转向架。

日本直线电机车辆则是介于常规转向架和径向转向架之间的柔性定位的转向架,其一系纵向定位刚度比常规转向架小,以减小轮对在曲线上的冲角。转向架构架采用外框形式,即使在竖曲线半径很小的变坡点,在侧梁连接处橡胶垫的压缩作用下,车轮与钢轨也能很好地接触。

3. 制动系统

地铁由于线路较短,起制动频繁,因此对制动的要求也较高。直线电机车辆的制动系统常采用电力制动、空气制动(盘形制动)和磁轨制动 3 种方式。

电力制动分为再生制动和电阻制动。再生制动时电动机转换为发电机,其产生的电能直接反馈到接触网上,当其电压低于某一定值,接触网不能吸收再生制动的电能时,自动转换成电阻制动,电能将耗散在电阻上,转化成热能。

通常情况下,电制动优先于空气制动,其不足部分由空气制动补足。当车速降至 10~15 km/h 时,电制动自动切换为盘形制动。此外还可在侧架下方布置磁轨机构,紧急情况下,可以采用磁轨制动。一般来说,地铁车辆常用制动减速度为 1.2 m/s^2;紧急制动(仅用空气制动）减速度为 2.0 m/s^2；采用磁轨制动后，紧急制动减速度可高达 2.5 m/s^2。

4. 控制系统

目前传统旋转感应电机的控制方式主要有标量控制、直接磁场定向控制、间接磁场定向控制和直接转矩控制 4 种。从原理上看，直线感应电机与传统旋转感应电机有着相同性，都是通过三相交流电产生的磁场与导体作用产生驱动力，因此用于传统旋转感应电机的控制方法同样也适用于直线感应电机，因此直线感应电机的控制方法主要也是上述 4 种方法。需要强调的是，由于直线感应电机有着自己的特点，比如边端效应、电流不平衡等，往往需要根据这些特点对传统的控制方法进行改进，才能提高效率。

对直线感应电机来说，在上述 4 种方法中，对于速度突变工况，直接磁场定向控制的响应最快且没有振荡；在低速范围的速度突变工况下，直接转矩控制和磁场定向控制都有较快的响应，但是直接转矩控制存在一个稳态误差。对加速度来说，直接转矩控制和标量控制都能获得较大的加速度，而磁场定向控制的初始加速度较小。

在控制的复杂程度上，直接转矩控制方法实现起来最为简单，只需要知道初级阻抗的值就可以；标量控制方法需要知道一相等效电路的所有参数；而磁场定向控制实现起来较为复杂，需要知道大量的直线感应电机的参数。

综合而言，磁场定向控制方法性能较为优异，特别是直接磁场定向控制在速度控制和位置控制上都有很高的精确度。直接转矩控制实现较为方便，而标量控制也是可行的；但在动态性能上，标量控制要比直接转矩控制和磁场定向控制要差。

5. 驱动系统

驱动系统通过控制功率转换单元（PCU）来驱动直线电机运行。一般来说，LIM 常用来指安装在车辆上的定子，而把转子称之为感应轨。LIM 由薄铁心和三相六级绕组绕制而成，沿电机方向布置了温度传感器和冷却风扇，电机两端通过三点铰接机构悬挂在副构架上，安装位置应保证定子与感应轨之间的间隙控制在 10 mm 左右。电机结构不同，对气隙的要求也不同，一般来说，气隙越大，效率越低，如图 4-5-8 所示。

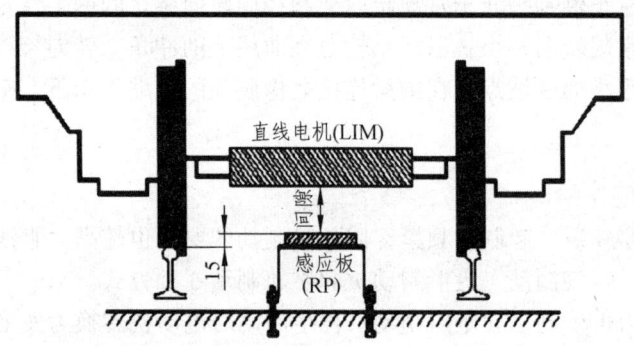

图 4-5-8　直线电机驱动车辆示意图

第五章 无人驾驶列车技术

第一节 无人驾驶列车简介

一、研究背景

我国以及世界上一些大城市的轨道交通经过不断的建设和发展,已经形成了城市轨道交通网,城市轨道交通正在成为市民出行的主要公共交通工具。乘客和运营管理部门从安全、舒适、正点高效、运营灵活、绿色节能、降低全生命周期成本等方面对城市轨道交通提出了更高的要求。全自动无人驾驶作为目前城市轨道交通的最先进技术,从上述多维度解决了乘客和运营管理部门的需求,是城市轨道交通的发展目标之一。

早在 20 世纪 80 年代,法国、联邦德国、英国、丹麦、新加坡等国家已先后建成并开通运营全自动无人驾驶地铁线路,我国的台北、香港等城市也早在 1996 年开通了无人驾驶地铁线路,北京、上海等城市也相继进行了全自动无人驾驶线路的规划和设计。我国 2008 年 7 月开通的北京机场线,是国内首条按照全自动驾驶等级建设的线路;2010 年 4 月开通的上海 10 号线,于 2014 年 8 月开始应用有人值守的全自动驾驶;上述两线目前均按 DTO(GoA3)模式运营。广州市珠江新城旅客自动输送系统(Autometed People Mover System,简称 APM),线路全长 3.94 km,全部采用地下线路,共设 9 个车站、1 个地下控制中心和 1 个地下车场,已经于 2010 年 11 月正式投入运营。APM 线是国内第一条无人驾驶的全自动化城市轨道交通运输系统,不仅列车运行采用全自动无人驾驶模式,而且车站也实现了无人值守。

2017 年 12 月北京燕房线开通,是国内首条采用自主化全自动驾驶技术的线路。此前北京机场线、上海轨道交通 10 号线也实现了自动运行,但核心技术均依赖进口;而燕房线的全自动运行系统则是我国自主研发技术的首次应用,这意味着我国轨道交通尖端技术已经走在世界前列。

燕房线列车每天清晨自动唤醒、自检、出库,到站后发车、行驶、停靠站、折返,结束运营后自动回库、自动洗车和自动休眠,各项任务均由列车自行完成,不需要人为操控。列车配备了电子眼,运行中若检测到前方轨道有异常情况时,车辆将在 1 s 内自行制动,确保安全。由于列车不需要人工操作,可有效降低运行误差,使列车运行更加平稳顺畅,乘客能获得更好的乘车体验。此外,全自动运行系统可以减少 10%~15%的能源消耗,从而节约资源、减少排放并降低成本。

此外,我国深圳、天津、广州、宁波等多个城市也开展了全自动驾驶技术的研究和应用。截至 2016 年 7 月,世界上已经有 37 座城市的 55 条地铁线路开通全自动无人驾驶运营系统,运营里程达 803 km。据预测,自动化地铁需求年增长达 10%,到 2025 年,世界所有城市中将有 2 300 km 的地铁线路实现全自动无人驾驶。

国内轨道交通信号系统一般采用有司机的自动运行模式,在列车的运行过程中如起动、开门和关门时需进行必要的人工干预。而 APM 信号系统正线和停车线均采用无司机的无人驾驶模式,其运营模式与传统的控制方式相比有了较大变化。

无人驾驶列车主要在地铁领域应用,因为地铁速度较低,运行范围较为固定,为进行无人驾驶的实践提供了基础,目前我国正在进行高速列车的无人驾驶试验。

2016 年 6 月,法国媒体称,法国国营铁路公司(SNCF)宣布将积极开发部署自动驾驶列车,并将于 2023 年之前开通无人驾驶的高速 TGV 列车,2019 年择机初步试验。

2017 年 10 月 6 日,澳大利亚力拓集团成功地进行了世界首列全自动无人驾驶货运列车的试运行,实现了近 100 km 距离的无人驾驶。

2018 年 6 月 7 日,中国铁路总公司在京沈高铁启动高速动车组自动驾驶系统(CTCS3 + ATO 列控系统)现场试验,最高时速 350 km/h。这次现场试验,是智能高铁关键技术综合试验的重要内容,将为未来高速动车组实现在车站和线路区间自动停靠、起动、运行等自动驾驶提供大量数据,与无人驾驶不同,自动驾驶试验仍需有司机值守。这标志着中国铁路在智能高铁关键核心技术自主创新上取得了重要阶段成果。无人驾驶列车及车内环境如图 5-1-1 所示。

图 5-1-1　无人驾驶列车及车内环境

二、无人驾驶运营等级划分

IEC 62267 将地铁运营的自动化等级(Grades of Automation,GoA)划分为 4 级:GoA1(非自动的列车运行防护)、GoA2(半自动列车运行)、GoA3(无人驾驶列车运行)和 GoA4(无人值守的列车运行),各运营等级的列车运行控制如表 5-1-1 所示。

表 5-1-1　无人驾驶的运营等级

自动化等级	列车运行模式	驾驶列车	停车	关门	异常状态监管
GoA1	ATP 防护下司机	司机	司机	司机	司机
GoA2	ATP 和 ATO 控制下司机	系统自动	系统自动	司机	司机
GoA3	无人驾驶	系统自动	系统自动	列车乘务	列车乘务
GoA4	UTO	系统自动	系统自动	系统自动	系统自动

注:UTO 为无人值守的列车自动运行。

有人值守和无人值守列车比较示意图如图 5-1-2 所示。

（a）有人值守列车　　　　　（b）无人值守列车

图 5-1-2　有人值守和无人值守列车比较示意图

GoA4 是涉及整个运营系统的列车自动化运营等级，不再局限于列车的运行，本书不做范围更大的讨论，仅关注列车自身的运行。

列车的自动驾驶需要列车的控制系统来保障，主要解决的问题主要有 3 个方面；一是列车定位；二是列车的自动牵引；三是列车的自动制动停车。因此，在讨论列控系统的基础上主要讨论 ATO 和 ATP 系统，列车定位技术。

第二节　CTCS 系统

一、列控系统概述

铁路信号系统是铁路运输的基础设施，是保证列车运行安全、提高运输效率和实现铁路调度统一指挥的关键技术设备，也是铁路信息化技术的重要技术领域。现代信息类技术的迅速发展，对铁路信号、通信和服务产生了重要影响。铁路信号、通信技术与现代铁路信息化系统之间的关系和作用密不可分。铁路通信信号技术的相互融合，车站、区间和列车运行控制的一体化，以及行车调度指挥自动化等技术，冲破了功能单一、控制分散、通信信号相对独立的传统技术理念，推动了铁路通信信号技术向数字化、智能化、网络化和一体化的方向发展。

在列车运行控制技术方面，计算机、通信、控制技术与信号技术集成为一个自动化水平很高的列车运行自动控制系统（简称列控系统）。列控系统不仅在行车安全方面提供了根本保障，而且在行车自动化控制、运营效率的提高及管理自动化等方面，提供了完善的功能，并向着运输综合自动化的方向发展。列控系统技术是现代化铁路的重要标志之一。

车载列控系统是保证列车安全、高效运行的重要设备。铁路信号已经从传统的方式，即以地面信号显示传递行车命令，机车司机按行车规则操作列车运行的方式，发展到了根据地面发送的线路信息自动监控列车速度，并由车载列控系统实施运行控制的方式。

CTCS（Chinese Train Control System）是中国列车运行控制系统标准，是大铁城轨系统总的标准，是我国在欧洲 ETCS 的基础上消化、吸收、改进，结合我国的实际情况提出的中国列车运行控制系统标准。城市轨道交通系统中一般称为 ATC（Automatic Train Control）。

CBTC（Communication-Based Train Control）是实现 ATC，特别是移动闭塞体制 ATC 系统的一系列技术手段的集合。CBTC 和 CTCS 3 一样是基于通信的列车控制系统。

可以说 ATO（Automatic Train Operation）、ATP（Automatic Train Protection）、列车的定位等都只是 CTCS 系统中某一类功能的集合。

二、CTCS 列控系统的应用等级

对不同的线路、不同的传输信息方式和闭塞技术，CTCS 划分为 5 个等级，依次为 CTCS 0～CTCS 4 级，同条线路上可以实现多种应用级别，向下兼容，以满足不同线路速度需求。

1. CTCS 0 级

CTCS 0 级适用于列车最高运行速度为 160 km/h 及以下，适合既有线的现状，将目前干线铁路应用的地面信号设备和车载设备定义为 0 级。

CTCS 0 级地面采用国产移频轨道电路完成车地通信，车载设备由通用机车信号+列车运行监控装置组成。

CTCS 0 级的控制模式是目标距离式，列车运行监控装置采取大储存的方式把线路数据全部储存在车载设备中，靠逻辑推断地址调取所需的线路数据，结合列车性能计算给出目标距离式制动曲线。

CTCS 0 级的自动闭塞设计仍按固定闭塞方式进行，采用四显示自动闭塞，信号显示具有分级速度控制的概念，其目标距离式制动曲线可作为参考。

2. CTCS 1 级

CTCS 1 级面向 160 km/h 及以下的区段，地面采用 UM71 或 ZPW 2000 型移频轨道电路完成车地通信，车载设备由主体机车信号+加强型运行监控装置组成。

CTCS 1 级在既有设备基础上强化改造，达到机车信号主体化要求，增加点式设备，实现列车运行安全监控功能。利用轨道电路完成列车占用检测及完整性检查，连续向列车传送控制信息。

CTCS 1 级的控制模式为目标距离式，在车站附近增加点式信息设备，传输给定速度控制。目标距离控制模式根据目标距离、目标速度及列车本身的性能确定列车制动曲线，不设定每个闭塞分区速度等级，采用一次制动方式。

CTCS 1 级与 CTCS 0 级的差别在于全面提高了系统的安全性，是对 CTCS 0 级的全面加强，可称为线路数据全部储存在车载设备上的列车运行控制系统。

3. CTCS 2 级

CTCS 2 级面向提速干线和高速新线，地面采用 ZPW2000A 型轨道电路和点式信息设备完成车地通信，车载设备由 ATP+LKJ2000 装置组成。

CTCS 2 级采用车地一体化设计，适用于各种限速区段，地面可不设通过信号机，机车乘务员凭车载信号行车。实现了行车指挥-联锁-列控一体化、区间-车站一体化、通信-信号一体化和机电一体化。

CTCS 2 级立足于国产化的地面设备，车载信号设备也已经技术引进，功能比较齐全并符合国情。

CTCS 2 级轨道电路完成列车占用检测及完整性检查，连续向列车传送控制信息；点式信息设备传输定位信息、进路参数、线路参数、限速和停车信息。

CTCS 2 级采用目标距离控制模式（又称为连续式一次速度控制）。目标距离控制模式根据目标距离、目标速度及列车本身的性能确定列车制动曲线，不设定每个闭塞分区速度等级，采用一次制动方式。

CTCS 2 级采取的闭塞方式称为准移动闭塞方式，准移动闭塞的追踪目标点是前行列车所占用闭塞分区的始端，留有一定的安全距离，而后行列车从最高速开始一次制动曲线的计算点是根据目标距离、目标速度及列车本身的性能计算决定的。目标点相对固定，在同一闭塞分区内不依前行列车的走行而变化，而制动的起始点是随线路参数和列车本身性能不同而变化的。空间间隔的长度是不固定的，显然其追踪运行间隔要比固定闭塞小一些。

4. CTCS 3 级

CTCS 3 级是面向提速干线、高速新线或特殊线路，基于无线传输信息并采用轨道电路等方式检查列车占用的列车运行控制系统。适用于各种限速区段，地面可不设通过信号机，机车乘务员凭车载信号行车。

CTCS 3 级是基于无线通信（如 GSM-R）的列车运行控制系统，它可以叠加在既有干线信号系统上。

轨道电路完成列车占用检测及完整性检查，点式信息设备提供列车用于测距修正的定位基准信息。无线通信系统实现地车间连续、双向的信息传输，行车许可由地面列控中心产生，通过无线通信系统传送到车上。

CTCS 3 级与 2 级一样，采取目标距离控制模式（又称连续式一次速度控制）和准移动闭塞方式。由于其实现了地车间连续、双向的信息传输，所以功能更丰富，实时性更强。

5. CTCS 4 级

CTCS 4 级是面向高速新线或特殊线路，基于无线传输信息的列车运行控制系统。地面不设通过信号机，机车乘务员凭车载信号行车。列车定位和完整性检查由无线闭塞中心和车载验证系统共同完成，实现虚拟闭塞或移动闭塞。

CTCS 4 级是完全基于无线通信（如 GSM.R）的列车运行控制系统。由地面无线闭塞中心（RBC）和车载设备完成列车占用检测及完整性检查，点式信息设备提供列车用于测距修正的定位基准信息。

CTCS 4 级采取目标距离控制模式，列车按移动闭塞或虚拟闭塞方式运行。

虚拟闭塞是准移动闭塞的一种特殊方式，它不设轨道占用检查设备，采取无线定位方式来实现列车定位和占用轨道的检查功能，闭塞分区是在逻辑上以虚拟技术实现的。

第三节　ATO 列车自动驾驶系统

一、ATC 的组成

列车运行自动控制系统 ATC（Automatic Train Control）就是对列车运行全过程或一部分作业实现自动控制的系统。其特征为：列车通过获取的地面信息和命令，控制列车运行，并调整与前行列车之间必须保持的距离。

列车运行自动控制系统（简称列控系统）是保证列车按照空间间隔制运行的技术方法，它是靠控制列车运行速度的方式来实现的。

列车运行自动控制系统 ATC（Automatic Train Control）包括 3 个子系统：

（1）列车自动防护系统 ATP（Automatic Train Protection）。

（2）列车自动驾驶系统 ATO（Automatic Train Operation）。

（3）列车自动监控系统 ATS（Automatic Train Supexwision）。

二、ATO 速度追踪

1. ATO 系统工作原理

城轨列车目前主要应用 CBTC（Communication-Based Train Control）系统控制列车运行，如图 5-3-1 所示，ATO 系统在 ATS 的监控之下和 ATP 的保护之下实现对列车运行控制，其主要由车载设备、地面设备组成。

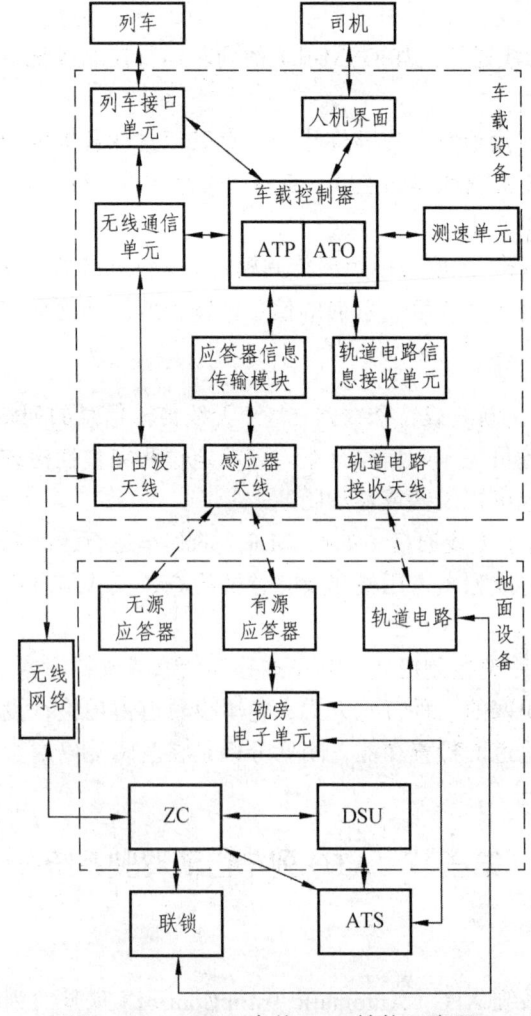

图 5-3-1　CBTC 中的 ATO 结构示意图

（1）车载设备。

ATO 系统车载部分的主要功能依靠 ATS、ATP 来协调完成。ATP 将测速单元提供的速度信息、应答器提供的位置信息及 ATS 提供的运行任务发送给 ATO，经速度控制器通过控制算法运算生成指令，再输出给列车接口单元，控制列车运行，同时通过无线网络将列车信息发送给地面设备。

（2）地面设备。

① ZC（Zone Controller）：ZC 是车、地通信的枢纽单元，依据从车载设备、联锁、ATS 和 DSU 接收到的状态信息和数据信息，为列车生成移动授权 MA，并将 MA（Movement Authority）通过无线网络发送给 ATO 车载设备。

② DSU（Database Storage Unit）：DSU 属于 ATO 数据记录部分，并接收 ATS 发送的实时速度改变信息，传递给 ZC。

③ 应答器：包括有源应答器和无源应答器。在 CBTC 降级至备用模式后为列车提供点式 MA 信息，同时给 CBTC 级别下的列车和点式级别下的列车提供位置信息，以虚线表示电磁耦合。

④ 轨道电路：在备用模式下向列车传递行车信息。

⑤ 轨旁电子单元：与有源应答器直接相连，向有源应答器传输点式级别下的 MA 信息。

2. ATO 系统的功能

ATO 为非故障-安全系统，其主要是在列车自动防护系统（Automatic Train Protection，ATP）的防护之下，模拟优秀司机高质量的自动驾驶，以便于提高列车运行效率和乘车舒适度。而自动驾驶的核心控制算法就是根据列车参数及线路情况计算出列车运行过程中牵引力/制动力的最佳值。

（1）列车自动驾驶。

① 自动控制列车运行速度。

列车在运行过程中，因其车型、工况、线路和运行条件等非线性因素造成列车运行控制比较复杂，所以应确保 ATO 系统能够控制列车准确跟踪目标曲线、减少列车运行中不同工况间的切换次数，使列车满足不同的运行指标。

② 自动进行停车点的目标制动。

地铁列车由于屏蔽门的存在，需要将列车的停车精度控制在+25 cm 之内，所以 ATO 要根据列车当前时刻的位置、速度信息和接收到的指令，让列车准确、平稳地停靠在目标点。

③ 列车区间运行时间控制。

对于地铁列车而言，准时到站是乘客最基本的需求，所以 ATO 能够严格按照时刻表控制列车运行是非常重要的，并且能够在运行过程中跟踪既定的目标曲线，保证列车运行所需性能。

④ 车站自动发车。

无人驾驶列车在线路上自动运行时，ATO 系统可以依据 ATP 发出的发车、停车指令，完成列车停车和起动之间的工况转换。

⑤ 区间临时停车。

除了车站正常停车之外，列车在闭塞区间上发生状况时，也需要临时停车，ATO 根据接收到的停车位置和运行速度做出判断,并给出一条目标曲线,使列车能够准确完成临时停车任务。

(2)无人自动折返。

列车在处于全自动无人驾驶模式时,ATO 需要将列车在始发站和终点站之间来回往返,中间不需要司机驾驶。

(3)车门开闭。

地铁中客流量时大时小,在有司机驾驶的列车上,车门由司机来控制,而在无人驾驶中,车门的开闭时长和开闭过程是一个棘手的问题,尤其是在有屏蔽门的地铁中,车门的开闭由 ATO,ATP,ATS 来协调控制。

ATO 的系统功能(见图 5-3-2)如下:

(1)列车位置检测功能。列车从 ATP 接收到速度、位置等信息后,根据列车运行目标来自动调整运行状态。

(2)允许速度功能。在列车行驶中,ATO 速度控制器可以保证列车速度低于线路限速。

(3)巡航功能。列车在运行过程中按照目标曲线来惰行或者巡航。

(4)PTI 支持功能。该功能是通过有关设备来采集列车运行的相关数据,并发送至 ATS 系统,从而对列车运行过程进行监控和优化。

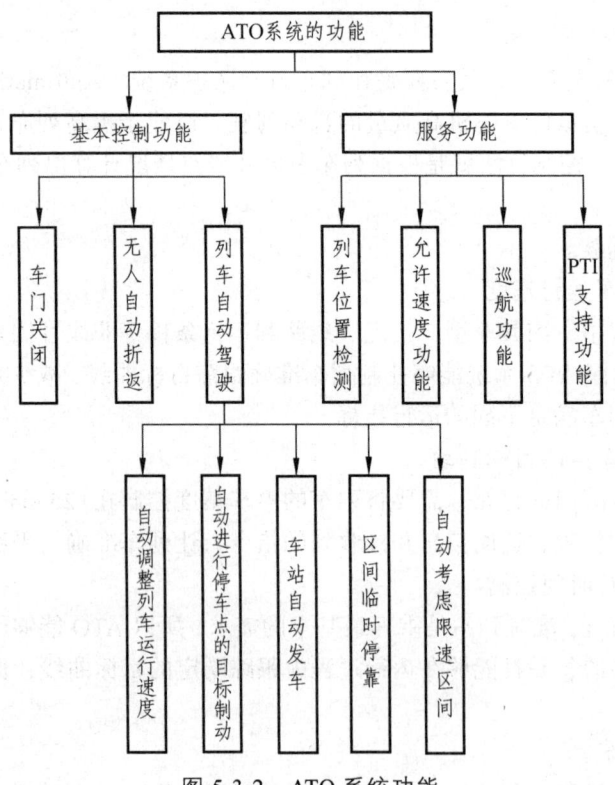

图 5-3-2 ATO 系统功能

3. 列车运行速度的自动控制

ATO 速度控制器的主要目的就是自动调整车速,尽量保证其舒适性、准时性、准确停车和节约能耗等目的,ATO 控制列车运行的速度闭环控制图如图 5-3-3 所示。

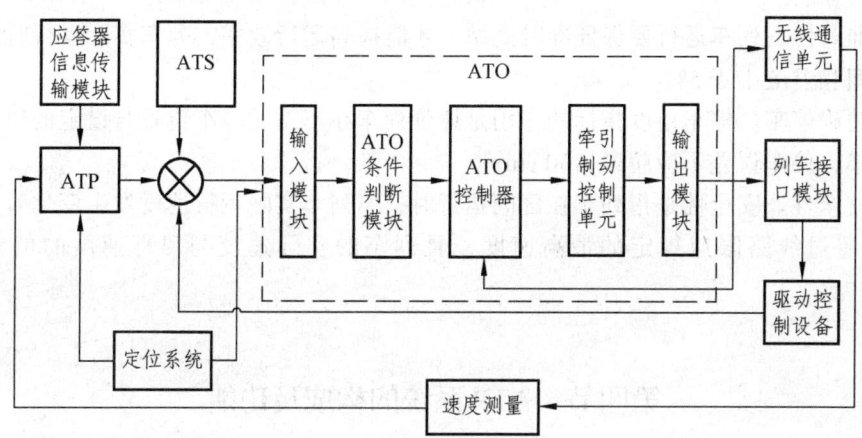

图 5-3-3 ATO 速度闭环控制图

速度控制作为 ATO 系统的核心任务，根据列车重量、实际速度、检测数据、线路条件来做出判断，使列车运行速度低于目标限速，保证列车安全；在列车工况转换时，能控制列车输出平稳的牵引力和制动力，降低列车在工况转换时因加速度变化过大造成的不平稳性；当列车在运行时列车应能够严格追踪目标曲线，如图 5-3-4 所示为列车运行速度-距离曲线。当目标曲线拥有某种性能，比如节时或者节能，追踪性能的好坏就可表征列车的运行性能。

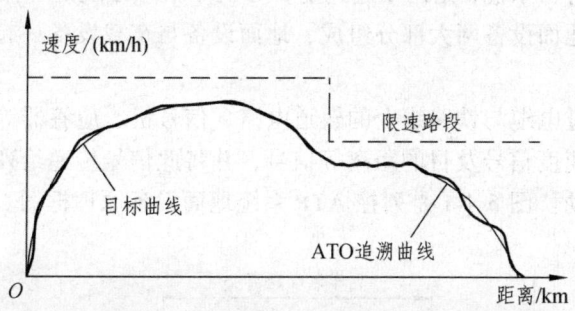

图 5-3-4 列车运行速度-距离曲线图

4. ATO 的性能指标

速度控制器要保证列车在不同环境和运行工况下，可以使列车运行的最高速度低于线路的限速，在 ATP 的防护下，不发生违规以保证其安全性。当列车运行工况发生跳变和遇到紧急情况时，使列车在牵引和制动过程中的加速度的变化率较低，保证列车运行平稳、安全。列车在区间内运行时，能高精度地跟踪目标曲线来运行，保证停车准确性；在运行过程中，地铁列车的准时性对于乘客和地铁公司都是极其重要的，列车延时会造成整个闭塞区间上的列车都发生时刻调整，对经济利益的影响是巨大的。城轨列车所要求的性能指标具体如下：

（1）舒适性。乘客乘坐舒适性是一个很重要的问题，列车过大的加速度会影响乘客体验，乘客所能承受的最大加速度不大于 $1\ m/s^2$，列车的加速度变化率也不应该过大，最好在 $0.75\ m/s^2$ 之内。

（2）节能性。列车能耗对于地铁运营单位和城市是很重要的，较低的能耗可以增加盈利，减少城市用电负载。不同的控制策略，所消耗的能量也不同，在定时条件下，尽量提高列车惰性工况所占的比例来提高能耗利用率，使用再生制动对电能进行回收，都是有效的方法。

（3）准时性。列车运行要保证准时到站，才能提高运行效率，列车实际运行时间和时刻表上的时间相差应小于5%。

（4）精确停车。停车精度指标的作用是评价列车在车站的停车位置与设定的停车点之间的误差大小，停车误差不应超过±30 cm。

（5）安全性。安全性是指列车在区间运行时，当列车实际运行速度发生变化时，其运行速度不会超过线路限速规定的最高速度，且列车的实际速度与目标速度的偏差不超过7.2 km/h。

第四节　ATP系统的构成及功能

ATP车载设备，是将通过STM和BTM接收到的轨道电路信息和地面线路信息作为基础，由车载设备生成速度控制曲线，并与实际速度相比较，如果实际速度超过了速度控制曲线，车载设备自动实施制动。根据行车情况ATP系统可以运行于多种控制模式下。

一、ATP系统的组成与主要功能

ATP是列车自动防护系统，是列车超速防护和机车信号系统的一体化系统。列控ATP系统主要由车载设备及地面设备两大部分组成，地面设备与车载设备一起才能完成列车运行控制的功能。

地面控制中心通过电缆与铁路线上的轨道电路、信号机、应答器等设备相连，主要完成列车位置检测、形成速度信号及目的距离等信号，并将此信号传递给列车，车载设备将按照速度信号控制列车制动。图5-4-1是列控ATP系统地面设备原理框图。

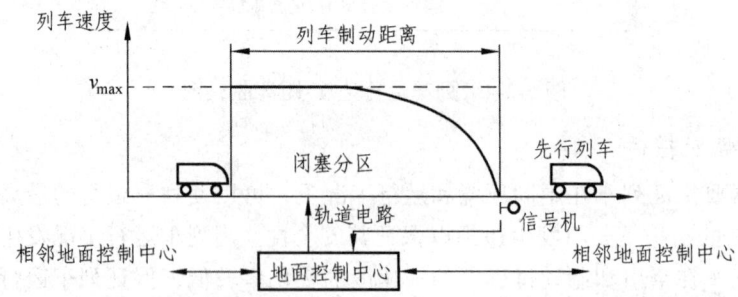

图5-4-1　列控ATP系统地面设备原理框图

ATP由车载安全计算机、轨道信息接收单元（STM）、应答器信息接收单元（BTM）、制动接口单元、记录单元、人机界面（DMI）、速度传感器、BTM天线、STM天线等组成。车载设备根据地面设备提供的信号动态信息、线路静态参数、临时限速信息及有关动车组数据，生成控制速度和目标距离模式曲线，制动控制单元收到速度传感器传送的信号，测量出列车的实际速度，将实际速度与信号命令比较，如果判断列车需要制动，则产生制动信号，直接控制列车制动系统，列车就会自动减速或停车。同时，记录单元对列控系统有关数据及操作状态信息实时动态记录，如图5-4-2所示。

第五章 无人驾驶列车技术

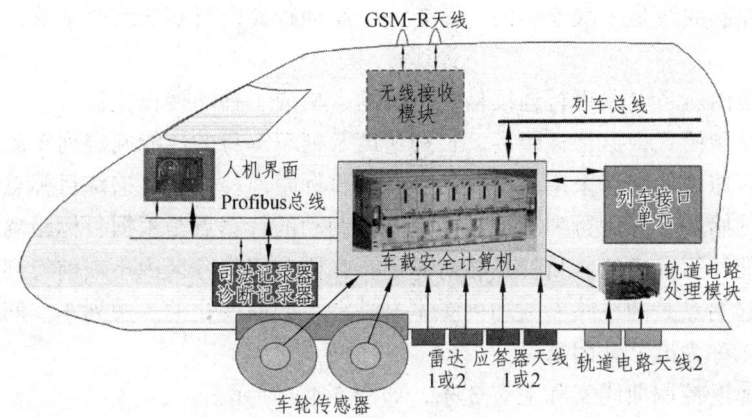

图 5-4-2　ATP 车载设备构成

各国铁路对列车运行控制系统发展比较一致的看法是：在最高运营速度为 160 km/h 以下的铁路采用列车自动停车装置或有简单速度检查功能的列车自动停车装置；在提速线路（如最高运营速度提高到 200 km/h 的线路）列车速度自动监督系统（也可称为列车超速防护系统）是必须装备的安全设备；在高速铁路则必须安装列车自动控制系统。

在地铁上使用 ATO 的较多，一般情况下都是 ATO 和 ATP 同时使用。

二、ATP 的速度防护模式

根据技术特点和用途，列控 ATP 有着不同的分类方法。按照地面向机车传送信号的连续性来分类，分为连续式列控系统和点式列控系统两种类型。连续式列控系统的车载设备可连续接收到地面列控设备的车-地通信信息，是列控技术应用及发展的主流，如德国 LZB 系统、法国 TVM 系统、日本数字 ATC 系统。

点式列控系统接收地面信息不连续，但对列车运行与司机操纵的监督并不间断，因此也有很好的安全防护效能，如瑞典的 EBICAB 系统。

按照人机关系来分类，分为设备优先控制（如日本新干线 ATC 系统）和司机优先控制（如法国 TVM300/430 系统）两种类型。

按照列车速度防护模式，分为阶梯速度防护模式和曲线速度防护模式两种类型。

列车速度防护模式与行车安全、运营效率、闭塞方式、运输组织模式和列车驾驶都有着密不可分的关系。

我国一般采用连续式曲线速度防护模式。

三、CTCS2 技术下 ATP 速度防护模式

列控系统采用目标距离-速度控制模式，其采取的制动模式为连续式一次制动速度控制的方式，根据目标距离、目标速度及列车本身的性能确定列车制动曲线，如图 5-4-3 所示。

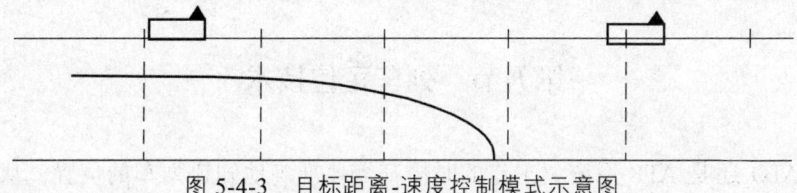

图 5-4-3　目标距离-速度控制模式示意图

制动速度控制曲线是一次连续的，需要一个制动距离内所有的线路参数，通过应答器进行信息传输。

目标距离是由轨道电路进行连续信息传输的，构成了移动授权凭证。

目标距离控制模式根据目标距离、目标速度及列车本身的性能确定列车制动曲线，不设定每个闭塞分区速度等级，采用一次制动方式。目标距离控制模式追踪目标点是前行列车所占用闭塞分区的始端，而后行列车从最高速开始制动的计算点是根据目标距离、目标速度及列车本身的性能计算决定的。目标点相对固定，在同一闭塞分区内不依前行列车的走行而变化，而制动的起始点是随线路参数和列车本身性能不同而变化的。两列车空间间隔的长度是不固定的，所以称为准移动闭塞。

目标距离速度控制曲线实际上有3条，如图5-4-4所示。

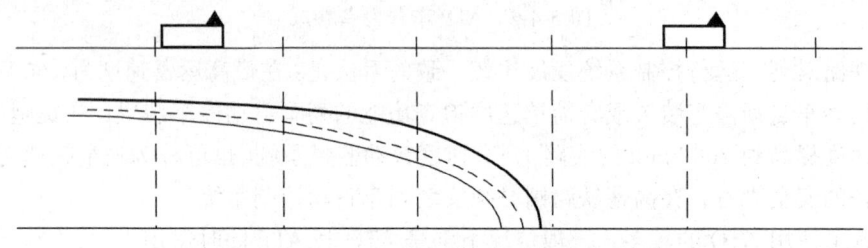

图 5-4-4　目标距离速度控制曲线示意

图中粗实线为紧急制动速度控制线，短划虚线为常用制动速度控制线，细线为司机实际运行速度控制线。

目标距离-速度控制线，从最高速至零速的列车控制减速线为一条连贯和光滑的曲线，列车实际减速运行线只要在常用制动控制线以下就可以了。列车超速碰撞了常用制动速度控制线，设备报警并自动实施常用制动，如继续超速碰撞了紧急制动速度控制线，则引发紧急制动。因为速度控制是连续的、全程监控的，所以不会超速太多，紧急制动的停车点不会冒出闭塞分区，可以不需增加一个闭塞分区作为安全防护区段，当然设计时会在停车点与目标点之间留有一定的安全距离。

列控设备给出的一次连续制动速度控制曲线是根据目标距离、线路参数和列车自身的性能计算而定的，制动速度控制曲线是一次连续的，需要一个制动距离内所有的线路参数，线路参数通过应答器进行信息传输。目标距离是由轨道电路进行连续信息传输的，构成了移动授权凭证。

目标距离-速度控制的列车制动的起始点是随线路参数和列车本身性能不同而变化的，空间间隔的长度是不固定的，较适用于各种不同性能和速度列车的混合运行，其追踪运行间隔要比分级速度控制小，减速比较平稳，旅客的舒适度也要好些。速度控制曲线的目标点为停车点时，目标速度值为零；当目标点为进站道岔侧向时，则道岔侧向限速值即为目标速度值。

CTCS 3 环境下的防护模式和 CTCS 2 下基本相同，不过车地之间的通信方式有所不同。

第五节　列车定位技术

不管是 ATO 还是 ATP 系统，工作的时候都需要准确地知道列车的位置，从而根据列车所处位置的运行速度曲线和限速条件进行控制，这就需要用到列车定位技术。

一、列车定位技术的作用

列车定位技术的作用主要体现在以下方面：
（1）为保证安全列车间隔提供依据。
（2）为列车自动防护（ATP）子系统提供准确位置信息，作为列车在车站停车后打开车门以及地铁站内屏蔽门的依据。
（3）为列车自动运行（ATO）子系统提供列车精确位置信息，作为列车计算速度曲线、实施速度自动控制的主要参数。
（4）为列车自动监控（ATS）子系统提供列车位置信息，作为显示列车运行状态的基础信息。
（5）在列车控制系统中，作为无线基站接续的依据。

列车定位技术的重要作用决定了它首先必须能保证提供正确的列车位置信息；其次，对列车定位技术的精度提出了更高要求。然而，由于经过采集、传输、计算等环节，造成列车位置信息的时延是不可避免的（一般都采用近似数值），因此提高信息及时性以及减少信息误差等就非常重要。

二、列车定位方法

1. 轨道电路列车定位技术

传统的轨道电路定位法是利用铁路线路的两根钢轨作为导体，两端加以机械绝缘（或电气绝缘），并接上送电和受电设备所构成的电路。轨道电路就是检测轨道区段是否有列车占用来实现列车的定位。目前广泛采用S形连接棒音频无绝缘轨道电路，即采用电气绝缘实现区段的划分和列车定位。

数字轨道电路的发射单元以差分模式向另一端通过钢轨传输一个调制信号，在轨道电路的另一端提取这个信号，构成一个信息传输回路。接收的信息和传送的信息经逐位比较确认的同时，完成对接收信息的验证，判断钢轨和轨道电路的工作状态。区段空闲时，信息由发送端通过回路传输到接收端，接收端继电器励磁吸起；当列车进入区段时，轮对将两根钢轨短路，信息不能到达接收端，接收端继电器失磁落下，达到列车检测、定位的目的。

无列车占用时及有列车占用时轨道电路的情况分别如图5-5-1，图5-5-2所示。

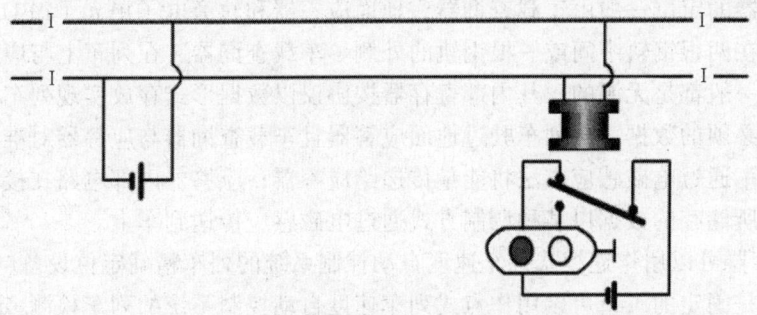

图 5-5-1　无列车占用时轨道电路的情况

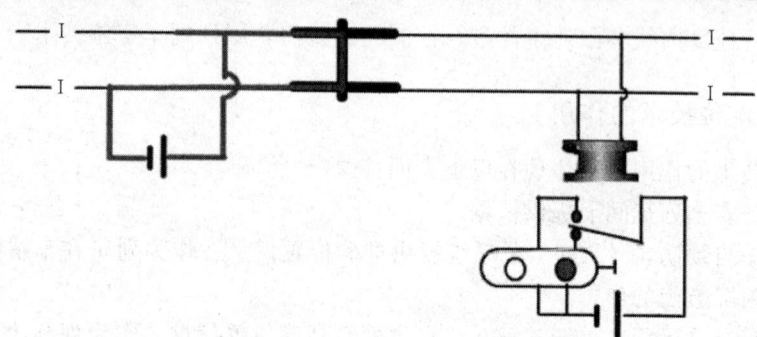

图 5-5-2 有列车占用时轨道电路的情况

轨道电路法既可以实现列车检测、定位，又可以检测轨道的完好情况，满足故障-安全原则，是一种高安全、高可靠的列车检测、定位方法，所以目前依然得到广泛使用。但是使用这种方法的缺点是：由它所实现的定位是以轨道电路长度作为最小定位单元，无法构成真正意义上的移动闭塞；为了实现精确定位，还要同列车测速装置结合使用。

2. 测速列车定位方法

在轨道电路定位法中，列车在区间的始端还是终端是无法判断的，因而对列车定位时的最大误差就是一个区段的长度。为了得到较为准确的位置信息，在计算具体位置信息时通常要引入列车的即时速度信息。

目前测速的方法很多，一类是利用轮轴旋转信息的测速方法，具体主要为测速电机和脉冲转速传感器方式；另一类是利用无线通信方法，直接测出列车运行的速度，具体包括多普勒雷达测速、GPS 测速定位和无线扩频定位等。

引入测速信息后大大减小了定位的误差。目前使用较多的列车测速法一般是通过测量车轮转速，然后将车轮转速换算为列车直线速度。用这种方式计算列车位置信息的缺点是：因车轮的磨损导致通过车轮直径获得路程数据的误差大。一般轨道交通的车轮直径为 770～915 mm。机车的轮径一般会更大些，按车轮直径 770 mm 计算，车轮表面磨损 0.5 mm 时，列车每行驶 305 m 就会产生 1 m 的误差。这种误差是线性累计的，即随着行驶里程的增加其绝对误差会越来越大，所以很多列车在检修后重新运营都要重新设定轮径。

3. 基于应答器的列车定位技术

基于应答器的定位一般由车载查询器、地面应答器和轨旁电子单元（LEU）组成。地面应答器一般装在两根钢轨中间或一根钢轨的外侧。车载查询器装在列车上与应答器相对应的位置。应答器一般都是无源的，其内部寄存器按协议以数据形式存放实现列车速度监控和其他行车功能所必须的数据。当列车驶过地面应答器且车载查询器与应答器对准时，查询器首先以一定的频率通过电磁感应方法将能量传递给应答器；应答器内部电路在接收到能量后即开始工作，将所储存的数据以某种调制方式通过电磁感应传送到车上。

查询-应答器可以用作连续式列车速度自动控制系统的列车精确定位设备（这时应答器内部储存的数据是固定的）；也可以用作点式列车速度自动控制系统的列车检测、定位辅助设备，作为电子计轴器等系统向列车传输数据的通道，如图 5-5-3 所示。

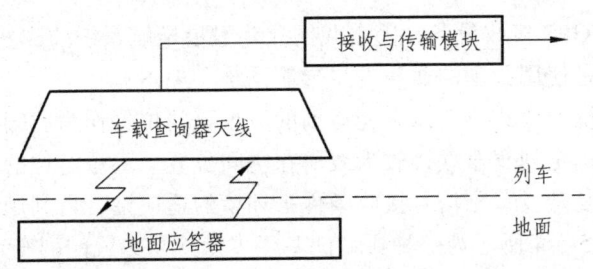

图 5-5-3 查询-应答器的基本工作原理

4. 交叉电缆回线定位法

交叉电缆回线定位是使用电缆按一定间隔绕制成一个环路设于轨道上。其设备的布置方式是：在两根基本轨之间铺设交叉电缆回线，一条线安装在基本轨间的道床上，另一条线安装在钢轨的颈部底端，两条线每隔相应距离做一次交叉。当列车通过每一个电缆交叉点时，车载设备感应接收到交叉电缆回线提供的相应信号变化信息，并由车载计算机进行处理，从而确定列车的物理坐标信息，使车载设备对列车位置信息刷新。

5. 信标定位

信标是安装在线路沿线反映线路绝对位置的物理标志。信标分有源信标和无源信标两种，有源信标可以实现车地的双向通信；无源信标类似于非接触式 IC 卡，在列车经过信标所在位置时，车载天线发射的电磁波激励信标工作，并传递绝对位置信息给列车。

城市轨道交通系统中所使用的信标大部分为无源信标，安装在轨道沿线。信标的作用是为列车提供精确的绝对位置参考点（也可以提供线路的坡度、曲线半径等其他信息）。由于信标提供的位置精度很高，达厘米量级，因此常用信标作为修正列车实际运行距离的手段。采用信标定位技术的信息传递是间断的。即当列车从一个信息点获得地面信息后，要到下一个信息点才能更新信息，其间若地面情况发生变化，就无法立即将变化的信息实时传递给列车。因此，信标定位技术往往作为其他定位技术的补充手段。

6. 无线扩频通信定位技术

无线扩频定位法采用先进的无线扩频通信、伪码测距和计算机信息处理技术，实现了对复杂环境中列车的实时准确定位及跟踪。其基本原理为：地面设置测距基站和中心控制站，在列车两端安装无线扩频通信发射机；发射机向地面测距基站发射定位信息；测距基站（采用全数字解扩方式）收到定位信息后，使用数字信号处理技术计算出伪距，并通过无线或有线链路送至中心控制站进行信息处理。其定位结果显示在电子地图上，并以无线方式传递到列车上。这种定位方法的价格较高，但定位比较精确，而且是一套完全独立的定位系统。

7. 卫星定位

近年来发展迅速的卫星导航定位因其实时、高精度、全天候等特性得到广泛关注与应用。世界上已建成包括美国的 GPS、欧洲"伽利略"卫星导航系统、俄罗斯 GLONASS 卫星导航系统及我国北斗卫星导航系统。此外还包括日本、印度等国的区域及增强系统。将卫星导航系统引入列车定位领域，能够使列车定位尽量减少对地面设备的依赖，实现低成本与高自主性优势，符合现代铁路安全/非安全应用服务的发展需要。目前 GPS 的应用比较普遍，我国很多列车上也装有 GPS 接收设备，随着我国北斗卫星导航系统的成熟和基于安全性考虑，未来列车导航的趋势是使用我国的北斗卫星导航系统（BDS）。

采用卫星导航系统的模式下，以高速运动的卫星瞬间位置作为已知计算依据，采用空间距离后方交会方法可确定列车车载接收天线所在空间位置。卫星定位的方法有很多种，为进一步提高列车定位对复杂及苛刻信号接收条件与环境的适应性，可利用辅助传感器与卫星导航定位进行组合。图 5-5-4 所示为一种典型的基于多传感器集成的列车定位系统结构。

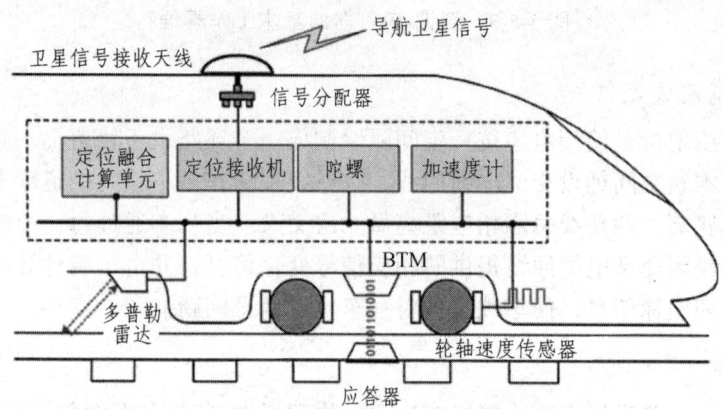

图 5-5-4　基于卫星导航的列车定位系统典型构成

第六章 摆式列车与主动控制技术

第一节 摆式列车

一、概　述

铁路运输的复兴主要得益于火车速度的提高，即使如此，现在火车的运营速度还远不能跟上当今世界的快节奏和人们的希望。为此，许多国家试图摆脱传统火车运行的模式，在各国已经建有的密如蛛网的铁路线路的基础上安全而有效地提高列车运行速度，是一条高效率、低成本之路。

众所周知，列车在既有铁路线上速度不能提高的一个主要原因是线路曲线限速造成的。这包括两个因素，一是由于随列车在曲线轨道上运行速度的不断提高，车轮与轨道的作用力越来越大，达到一定程度时，就可能造成列车脱轨，无法保证列车运行安全；二是列车通过曲线轨道时，速度越高离心作用越大，乘客舒适度越差。能快速通过弯道的新车型就是"摆式列车"。

摆式列车技术正是成功地解决了这两个问题，而达到在既有铁路线上，不做大规模基础设施改造的情况下，大幅度提高列车运行速度，可做到提速见效快、投资省。摆式列车（也称倾斜式列车，摆锤式列车，摇摆式列车，振子列车）是一种车体转弯时可以侧向摆动的列车（见图 6-1-1）。摆式列车能够在普通路轨的弯曲路段高速驶过而无须减速。

图 6-1-1　摆式列车

我们知道，列车转弯时需要一个指向弯道内侧的向心力，否则，列车将会由于离心作用而脱轨。传统的轮轨铁道是采用将弯道外侧铁轨适当升高，列车转弯时稍微内侧，只要倾斜度与列车在弯道时的速度配合恰当，路基对列车的斜上的支持力和列车重力的合力便刚好提供列车转弯时所需的向心力。但是，外侧铁轨高度的提高有限，而且是修建时就固定了的，列车过弯道时速度也不可能太高，并且运行速度也不可能与设计值完全吻合，这样，在弯道处就会增加铁轨的不均衡磨损。同时，列车通过过渡弯道（由直道进入弯道的部分）和通过稳态弯道所需的向心力是逐渐变化的，单靠列车速度的调节也难以适应。

随着车辆设计制造技术的不断提升以及计算机控制技术的成熟和应用，列车转弯时的提速难题便较好地解决了。简单地说，就是应用计算机控制液压机构，与检测仪器配合，根据转弯的半径和速度，自动调节每节车厢的倾斜角度，从而达到高速、安全、舒适转弯。

摆式列车与现有普通列车的最大区别在于：① 当列车进入弯道运行时，根据列车速度、弯道半径和轮轨作用力大小等情况，由动力车上的微机网络系统向列车发出信号，给出每节车厢应倾摆多少、什么时间开始倾摆等指令，并通过安装在车辆上的特殊装置向内侧倾斜，抵消离心作用，使列车可以以较快速度通过弯道，有效提高列车的全线运行速度，同时，乘客也会由于列车在弯道上的自然适度倾斜而感到舒适，驶离弯道后受控计算机按设定程序使各拖车伺服机构依次恢复原状；② 采用新型径向转向架，在弯道时可使轮对的轴线接近曲线半径方向，可大大减缓轮轨间横向作用力和磨耗，为列车在曲线上高速运行创造了条件。

二、摆式列车的发展

目前，世界上已有几十种摆式列车投入运用。各个国家根据本国国情、线路情况等因素确定的摆式列车的运用模式也不尽相同。在这些摆式列车中，绝大部分是强制倾斜式，而在强制倾斜式摆式列车中，绝大部分都用的是液压式倾摆系统，德国、瑞士采用了最新型的机电式倾摆系统。

德国是世界上使用摆式列车最多的国家。早在 20 世纪 60 年代，联邦德国 Wegmann 公司开发的被动摆式系统就在一辆内燃动车组上进行了试验。80 年代末，为适应提速的需要德国联邦铁路（DB）对意大利具有主动倾摆功能的 ETR401 列车和西班牙 Talgo 列车进行了线路试验，并订购了 6 列 Talgo 摆式列车和 20 列采用意大利 Fiat 倾摆技术的 VT610 内燃摆式动车组。1995 年德国 AEG 公司首先研制出世界上第一列机电式内燃摆式动车组 VT611，随后德国 Talbot 公司首次在世界上采用了在抗侧滚扭杆上安装作动器的倾摆技术，并于 1996 年在 VT614 内燃动车组上进行了成功试验。西门子公司利用其下属 SGP 公司同意大利 Fiat 合作研制摆式列车，并先后开发出 ICT-ET 摆式电动车组和 ICT-VT（VT605）摆式内燃动车组。目前，德国已有摆式列车包括：1993 年 VT610 摆式列车在纽伦堡—罗伊特—霍夫间投入运营，最高速度达到了 160 km/h。1997 年又有 50 列 VT611 投入运营，最高速度 160 km/h。1998 年有 43 列 ICT-ET 摆式列车投入运营。1999 年又投入 83 列 VT612 和 20 列 ICT-VT 用于既有线提速，VT612 最高速度为 160 km/h，ICT 最高速度达 230 km/h。其中，VT610 采用的是液压式倾摆系统，VT611、VT612 和 ICT 采用的都是机电式倾摆系统。

法国是摆式车体的创始国之一。法国于 1956 年研制成功了车体最大倾摆角为 18°的电动车。在该车进行了 10 年的试验后，法国于 1970 年试制了 2 辆摆式客车，并进行了试验。20

世纪 90 年代中期，法国又开始研制摆式列车 TGV，并造出样车。现在法国正在试验 TGV-Pandulaire 型摆式列车，其目标为在高速线上最高速度为 320 km/h；在既有线上最高速度为 220 km/h。目前第四代 AGV 列车也采用了倾摆式技术。

瑞士也是摆式车体的创始国之一。20 世纪 70 年代末，SIG 公司开始研制摆式车体，并于 80 年代研制出试验样车。但在之后的线路试验中，由于倾摆机构发生故障而停止继续试验和研制，直到 90 年代，试验和研制工作才又重新展开。

1996 年瑞士铁路公司与意大利国营铁路公司合作，采用 9 列 ETR470 摆式列车，共同在两国间运营。1997 年 SIG 公司和 Schindler 公司同瑞士联邦铁路（SBB）达成 2000 年开始提供 27 列 ICN2000 机电倾摆系统摆式电动车组的协议。

意大利是研究主动摆式车体的发源地，同时也是研制和开发主动摆式车体最为成功的国家。1957 年意大利 Fiat 公司即研究并制造出模拟试验样机。1975 年该公司制造了两辆编组的实用性样车 ETR401 电动车组，即第一代 Pendolino。它采用加速度传感器和陀螺仪来检测进入曲线的状态，并发出车体倾摆指令，利用液压作动器使车体倾摆。1986—1989 年间 Fiat 公司生产了与 ETR401 大致相同的 130 辆 RTR450 型电动车组投入运营。随后，Fiat 公司又开发了第二代和第三代 Pendolino 摆式列车 RTR460 和 ETR480，并分别于 1995、1997 年投入运营，RTR460 和 ETR480 采用的也是液压倾摆系统，最高速度为 250 km/h。

1969 年瑞典进行了摆式车体的首次试验，1973 年瑞典铁路（SJ）和 ASEA 公司制订了联合开发 X15 摆式列车的计划。1975 研制出了第一列样车并进行了 8 年的试验，1986 年该车开始批量生产并改名为 X2000，到 1995 年共有 36 列 X2000 交付使用，其最高速度达到了 210 km/h，实际倾摆角为 6.5°。

西班牙研制的 Talgo 摆式列车是自然倾斜式的，设计速度为 200 km/h。Talgo 于 1980 年投入商业运营。1999 年又订购 10 列 IC2000 以及 2 列用于地区运营的车辆。Talgo-350 型高速列车仍然采用了被动倾摆式。

亚洲国家中日本是第一个研制和开发摆式车体的国家。日本首先开发的摆式车辆是 381 系电动车组，并于 1973 年投入运用。该车使用德国 Wegmann 的被动倾摆原理，车体置于转向架的滚子上，车辆通过曲线时，车体由离心力作用产生倾摆。此后，日本研制和开发成功了其他形式的摆式列车并投入运用。日本 Fastech 360 试验型高速列车也采用了倾摆式车体结构，最大倾摆角 2°。

我国的广深铁路公司于 1998 年向瑞典租赁了一列 1 动 6 拖的 X2000 摆式列车，每日 5 次往返于广州东—深圳（139 km）和 1 次往返于广州东—九龙（174 km）之间，运行时间分别为 55 min 和 92 min。全年运行总里程约为 55 万千米，平均日行程超过 1 500 km。该列车的年收入近 1 亿元，扣除租金约 1 500 万元及运营维修等费用，利润极为可观，取得了较好的经济效益和社会效益。从国外购置摆式列车，购置费用较高，运输成本为国内造车的 1.5～2 倍。如采用国产摆式列车，运输成本会更低，效益更好。由此可见发展摆式列车在我国有广阔的前景。虽然我国摆式列车的研制起步较晚，和国外的差距较大，但是可以借鉴国外的经验教训，避免走弯路。而且，我们的起点也高，跳过无源式、气动式和液压式摆式车体，直接研制目前最先进的机电式摆式车体。从 20 世纪 90 年代起，我国的部分机车车辆厂与高校就开始了对摆式列车的研究工作。1997 年 9 月唐山机车车辆厂和西南交通大学机辆所签署了摆式客车一期开发研究合同，进行倾摆控制系统软、硬件的开发研究。1999 年 4 月铁道部正式立项开发研制我国首列 2 动 6 拖 160 km/h 内燃摆式列车组,由唐山机车车辆厂任组长单位,并负责 3 辆摆式客车的研制。2003 年由我国北车集团唐山机车车辆厂、大连机车车辆厂以及南车集团浦镇车辆厂联合研制的我国首列内燃摆式列车下线,标志着我国在摆式列车研制中取得了重要成果。该列车采用机电式主动倾摆系统,车辆采用轻量化设计,最高运营速度为 160 km/h,最高试验速度达到了 180 km/h。该车倾摆控制系统采用了从德国 ESW 公司引进的先进的机电式主动倾摆系统,最大摆角为 8°,可自动适应不同的曲线条件,无须地面控制信号。摆式客车转向架通过了 800 万次疲劳强度试验、300 km/h 滚振试验台动力学性能试验、成渝线小曲线提速性能试验和京秦线 176 km/h 动力学性能试验,结果表明各项性能指标完全满足 GB 5599 的要求。

倾摆式车体技术将在 350 km/h 等级高速列车上得到普遍的应用。一方面,已建成的高速线曲线半径不够大的区段(如日本新干线有半径 2 500 m 的曲线)采用倾摆式车体技术可以将速度提高到 330 ~ 350 km/h。另一方面,当高速列车下既有线运营时,在小曲线半径区段可以显著地提高运行速度,发挥高速列车的潜力。倾摆式车体技术已越来越受到各国高速铁路设计者和运营者的青睐。

我国的摆式列车研究在 2003 年开始铁路跨越式发展之后基本处于停滞状态,原有的摆式列车也已经弃置不用,因为我国铁路线路严重不足,目前主要采用新建线路发展高速运输,新建线路线路标准高,曲线半径大,完全没有必要采用摆式列车,但是随着铁路的发展,在我国既有线的进一步提速和被降低建设标准的高速新线(如 7.23 事故后大西高铁和西成高铁降低了建设标准)提速上摆式列车将会再次引起人们的重视。我国的普天号内燃摆式动车组如图 6-1-2 所示。

图 6-1-2　普天号内燃摆式动车组(封存)

三、摆式列车与曲线超高

说起摆式列车我们不得不提到曲线超高。曲线超高(Curve Superelevation)是为了平衡列车行驶在曲线上所产生的离心力,使曲线地段外股钢轨高于内股钢轨的数值,如图 6-1-3 所示。列车在曲线上行驶时,由于离心力的作用,将列车推向外股钢轨,加大了外股钢轨的压力,也使旅客感到不适、货物产生位移等。因此需要将曲线外轨适当抬高,使列车的自身重力产生一个向心的水平分力,以抵消离心力的作用,使内外两股钢轨受力均匀和垂直磨耗均等，满足旅客舒适感，提高线路的稳定性和安全性。同时，曲线超高还是确定缓和曲线长度及曲线线间距离加宽值等相关平面标准的重要参数。曲线超高的设置方法主要有外轨提高法和线路中心高度不变法两种。外轨提高法是保持内轨高程不变而只抬高外轨的方法，为世界各国铁路所普遍采用。线路中心高度不变法是内轨降低和外轨抬高各为超高值的一半而保证线路中心高程不变的方法，仅在建筑限界受到限制时才采用。曲线超高的大小由列车通过时离心力的大小确定。由于离心力与行车速度的平方成正比，与曲线半径大小成反比，因此曲线半径越小，行车速度越高，则离心力越大，所需设置的超高就越大。在曲线半径 R（m）和行车速度 v（km/h）都为已知的情况下，根据列车横向受力平衡条件，可推导出准轨铁路曲线超高 h（mm）的计算公式为

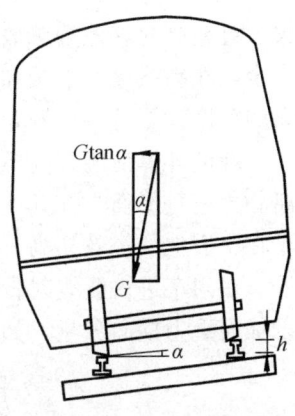

图 6-1-3　曲线超高示意图

$$h = 11.8 \frac{v^2}{R} \; (\text{mm})$$

由于通过曲线的各种列车的速度、质量和次数各不相同，高速列车偏磨外轨，低速列车偏磨内轨，速度高、质量大、通过次数多的列车对钢轨的磨耗程度甚于速度低、质量小、通过次数少的列车。因此，为了使内、外轨磨耗均匀，一般应采用某种平均速度来计算曲线超高。《铁路线路维修规则》（铁运〔2001〕23号）规定，在确定曲线外轨超高时，平均速度采用均方根速度。

$$v_\text{p} = \sqrt{\frac{\sum NGv^2}{\sum NG}}$$

式中，v_p 为平均速度（km/h）；G 为各种列车的质量（t）；v 为实测各种列车的行车速度（km/h）；N 为一昼夜通过的各类别车次数（列）。

超高度设置是否合适，在很大程度上取决于平均速度选用是否恰当。超高设置后，经过一段时间运营，可根据实际运营状况对外轨超高予以适当调整。为便于管理，圆曲线外轨超高按 5 mm 的整倍数设置。

确定了实设超高后，则当 $v = v_\text{p}$ 时，平衡离心力所需的超高刚好与实际设置的超高相等，此时两股钢轨承受相同荷载，旅客也没有不舒适感觉。当 $v > v_\text{p}$ 时，平衡离心力所需的超高大于实设超高，说明超高不足，其差值称为欠超高，一般在旅客列车通过时产生。欠超高导致外轨承受偏载，同时也因离心力未被全部平衡而使旅客感觉不舒适。当 $v < v_\text{p}$ 时，平衡离心力所需的超高小于实设超高，说明超高过大，其差值称为过超高，一般在货物列车（或低速旅客列车）通过时产生。过超高导致内轨承受偏载，使内轨产生偏磨。欠超高和过超高统称为未被平衡的超高。未被平衡的超高使内外轨产生偏载，引起内外轨不均匀磨耗，并影响旅客的舒适度。此外，过大的未被平衡的超高还可能导致列车倾覆，因此必须对未被平衡的超高加以限制。《铁路线路设计规范》（TB 10098—2017）和《铁路线路维修规则》均采用允许欠超高和允许过超高来表示未被平衡离心加速度的限值。

客货列车共线运行线路的曲线实设超高取决于客货列车通过曲线的速度及最大超高和

欠、过超高允许值等参数，曲线超高影响行车速度、旅客舒适度和钢轨磨耗，甚至影响行车安全。在新线设计及缓和曲线长度和双线铁路曲线线间距离加宽标准制订时，需要在曲线超高的允许设置范围内确定合理的超高值。

理论计算证明超高不能完全解决列车过曲线的问题，超高只能对特定速度的列车所受的离心力进行平衡，在其他速度下都存在不同程度的过超高或者欠超高。摆式列车可以改变列车在轨道上的等效超高，因此可以在不同速度下使列车的性能得到优化。

在列车进入曲线时，让车体向轨道内侧除超高倾斜角外再附加一个车体自身倾摆角度，以加大重力横向分量，如图 6-1-4 所示。

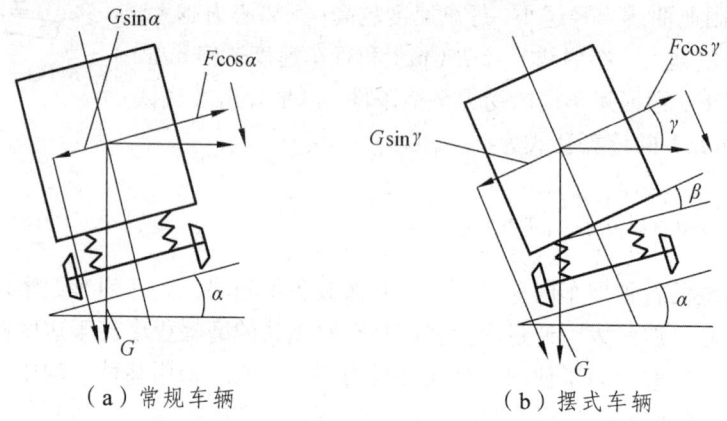

（a）常规车辆　　　　　　（b）摆式车辆

图 6-1-4　曲线上车体受力示意图

四、摆式列车的组成及分类

摆式列车由车体、走行部和倾摆系统 3 大部分组成，如图 6-1-5 所示。其中倾摆系统又由倾摆执行机构、作动器和控制系统组成。摆式列车运行时，先由控制系统根据轨道的具体情况来控制作动器工作，然后由作动器将输入的动力源转换为列车倾摆力，输出给倾摆执行机构。倾摆执行机构再使列车发生倾摆，最后仍然由控制系统对列车倾摆角进行检测，控制作动器的工作。可以看出倾摆系统是摆式列车所独有的一套装置，也是摆式列车的关键所在。

总的来看，摆式列车按照车体倾斜方式的不同，可分为自然倾斜式和强制倾斜式两种（见图 6-1-6、图 6-1-7 所示）。

自然倾斜式又称为无源摆。车体由滚轮装置和高位空气弹簧支承，当车辆通过曲线时产生离心力，使车体绕其摆心转动，自然地向曲线内侧倾斜，而没有外加动力。无源摆式车体倾斜角度可达到 3.5°~5°，能提高常规列车曲线运行速度 14%~16%。

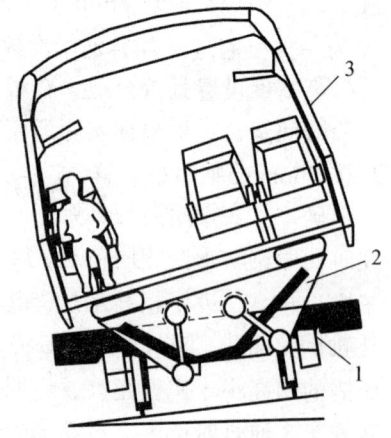

图 6-1-5　摆式列车的组成
1—走行部；2—倾摆系统；3—车体

强制倾斜式又称为有源摆。就是利用曲线检测装置、车载计算机控制装置和倾摆传动装置倾摆，其倾摆角度一般为 8°，最高可达到 10°。有源摆式车体能提高常规列车曲线运行速度 30%~35%。

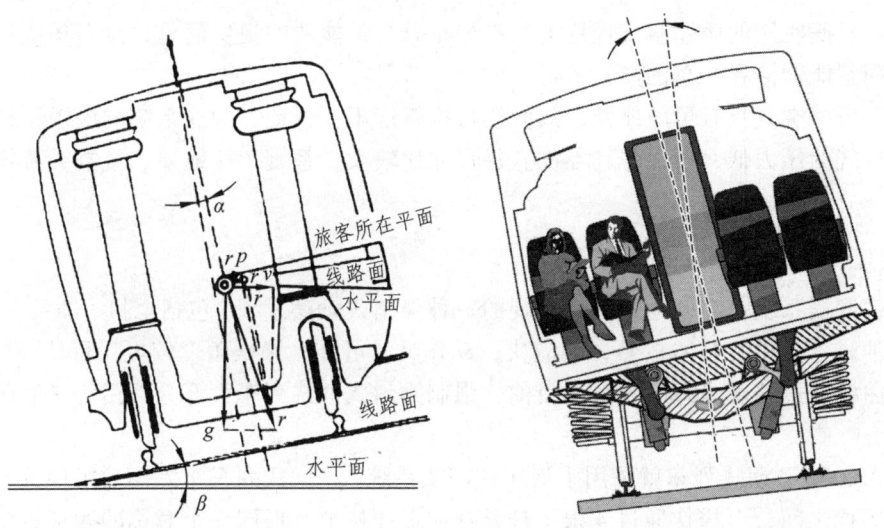

图 6-1-6　自然倾斜式　　　　　　图 6-1-7　强制倾斜式

自然倾斜式摆式车体结构简单，不需要能源供给系统和复杂的控制系统，但是在进入曲线或驶出曲线时，存在车体倾斜滞后现象。目前西班牙 Talgo、日本 381 系列为自然倾斜式。并且日本 381 还采用了加装控制风缸的办法，来辅助强制车体倾斜。自然倾斜式由于倾摆角较小，因此提高速度的范围仅为一般有源摆的 40%左右。并且，由于强制倾斜式是主动倾摆，可以解决无源摆的倾斜滞后问题。针对我国线路曲率半径较小的现状，采用主动摆可以减少"滞后"作用，所以，应该选择强制倾斜式摆式车体。

强制倾斜式摆式车体按倾摆动力源可分为气动式、液压式和机电式 3 种。

1. 气动式

气动式倾摆系统（见图 6-1-8）是最早研究的一种强制式倾摆系统，由于其响应速度慢，现在已经很少运用。

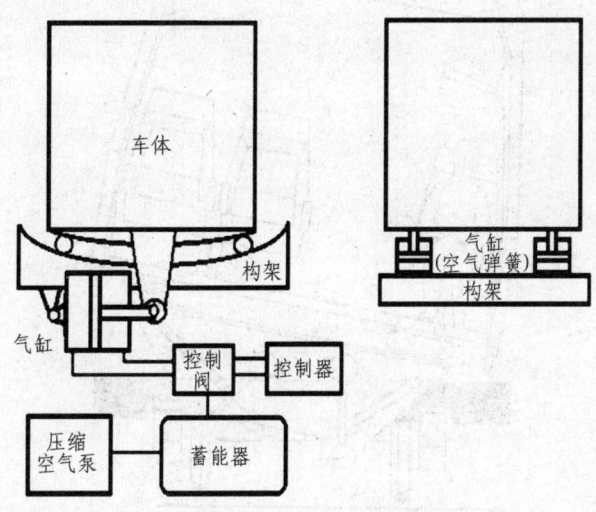

图 6-1-8　气动式倾摆系统

气动式倾摆机构的特点：

优点：倾摆所用的压缩空气理论上来自列车总管，能源的提供简单，没有环境污染，能量可以利用蓄能器储存，总的能耗较低。

缺点：压缩空气具有可压缩性，故倾摆机构精度不易保证；倾摆系统响应慢，频响差；由于压缩空气的压力低，所以作动器的直径尺寸比较大，系统（压缩泵、气缸、蓄能器）体积大。

2. 液压式

液压式倾摆系统是在气动式之后出现的一种强制式倾摆系统，包括电机、油泵、蓄能器、伺服阀、油缸等部件，技术成熟，响应快，动作灵活可靠。倾摆角度较大，可达 8°~10°，可以提高曲线通过速度 30%~35%。目前，强制倾斜式摆式列车大部分都用的是液压式倾摆系统。

瑞典 X2000 型摆式列车就采用了液压式倾摆系统。该摆式列车车体摆动机构设置于转向架上、下摇枕之间，上摇枕通过 4 根吊杆悬挂在下摇枕上，形同一个对称的四杆机构。两侧各设一个液压伸缩油缸来驱动车体的倾摆。当车辆通过曲线时，一个液压缸伸长，另一个缩短，推动上摇枕和车体发生倾摆。然而，液压式倾摆系统由于安装专用作动器、配管、阀机构等部件件数较多，系统复杂，体积、质量较大，且各部件维修不便。并且由于油的黏度对温度很敏感，在低温环境下工作不可靠，所以不太适合我国的气候情况。

优点：作动器推力大，速度高；较高的动态特性，频响快，控制精度高；技术成熟。

缺点：系统复杂，制造成本高；能源消耗大；由于油液易泄漏，对环境有一定的污染；系统（油压泵、冷却液、蓄能器、作动器）体积大，质量大。

液压倾摆机构在瑞典 X2000，意大利的 ETR450、460、470，德国的 VT610、612，芬兰的 SM200 等上均有应用。液压摆式车辆结构如图 6-1-9 所示。

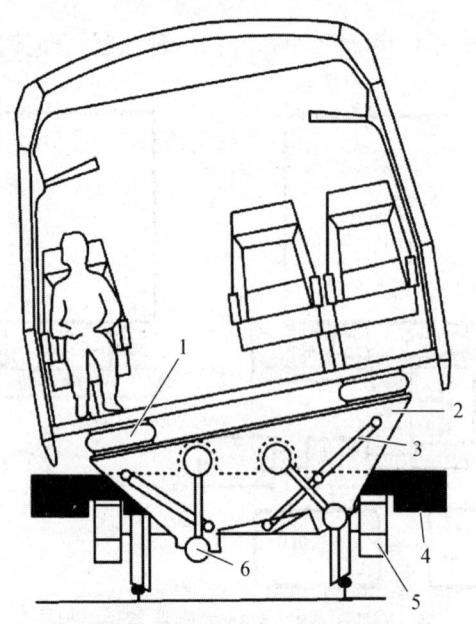

图 6-1-9 液压摆式车辆结构简图

1—空气弹簧；2—上摇枕；3—液压缸；4—下摇枕；5—转向架；6—摆杆

3. 机电式

机电式倾摆系统是最晚出现的倾摆系统，具有以下优点：结构简单，轻量化；电动机及齿轮装置坚固可靠；可大功率输出，反应性能优越，也可做精确的倾摆；比液压式效率高；车体、转向架间的结合只用电线，易于装卸转向架；不受气候变化影响。德国、瑞士采用了最新型的机电式倾摆系统。

机电调节器的核心是一套行星滚柱丝杠，在转速可微调的无刷电机传动下输出直线运动，用以推动车厢倾摆。由于系统有足够大的驱动力，每个转向架只要有一个这样的装置就够了。行星滚柱丝杠摩擦系数极低，无传动间隙，与滚珠丝杠相比传动刚度高而且对冲击负荷不敏感，根据测试和寿命预算，可运行 100 万千米而无须维修。机电调节器电机电源来自动车辅助发动机，通过电子电源器件向电机提供要求的电压和电流。功率消耗与既有铁路线状况有关，一般每车只需 10~20 kW。

机电倾摆系统的优点：工作效率高，双向推力；频响特性高，不会有液压弹性效应；动力源方便而且节能；环境污染小，不会有泄漏等问题；国产化比较容易实现，小功率变流。

机电式作动器在德国的 VT611、ICT 和瑞士的 ICN 等列车上都有应用，如图 6-1-10 所示。

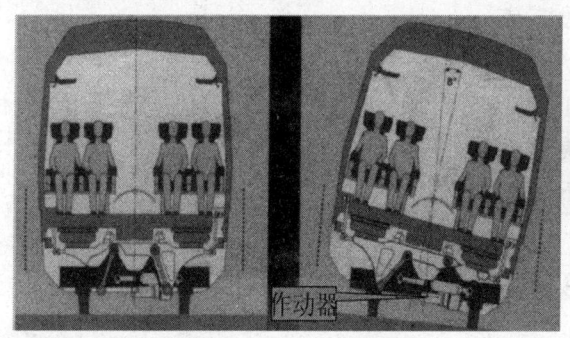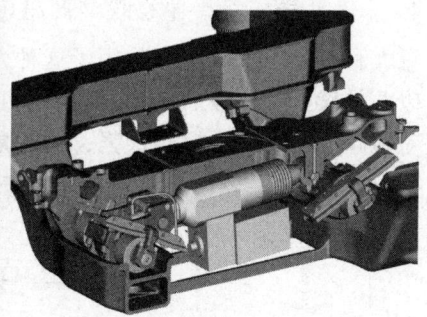

图 6-1-10 机电式作动器

五、倾摆时机控制

摆式列车要取得良好的弯道性能，必须掌握好倾摆时机，过早或过晚都会使运行性能恶化。被动摆可自动感知弯道存在，自动倾摆，稍有滞后。主动摆增加检测子系统，用来检测未平衡离心加速度。目前有 4 种检测方式。

1. 线路预置方式

该方式是预先测量好线路的曲线半径、超高、圆曲线长度和缓和曲线长度，并存入计算机中。同时在列车和线路上安装应答器，当列车在线路上行驶的时候通过地面的应答器通知列车运行前方曲线信息，车载计算机根据存储的曲线信息，结合当前运行速度即可计算出车体所需倾摆角度和倾摆角速度，从而驱动伺服作动系统实现车体倾摆。

采用该方式的优点是控制简单，可以通过确定列车在运行线路上的准确位置，在列车进入曲线时及时倾摆，并可以消除控制系统响应的滞后，达到较好的舒适性。日本的摆式列车都采用该方式。其缺点是在线路上必须设置应答器，在线路改变时，需要更改车载计算机中的数据库。

2. GPS 线路定位方式

GPS 定位方式与线路预置方式相似，只不过位置的判断不是靠应答器而是靠它在机车上安装的 GPS 定位系统，通过接收卫星定位信号，判断列车在线路上的实际位置。它的优点是不再需要应答器，缺点是摆式列车一般应用于山区铁路提速，而在峡谷和隧道中 GPS 的信号是比较差的，必须采取一定的措施才能保证定位系统的正常工作。

3. 加速度传感器加车体角度检测方式

瑞典 X2000 摆式列车采用了这种方式，它通过测量头车前后转向架进入直缓点时车体的扭曲角度来判断是否进入了曲线，一旦判断进入曲线，触发倾摆系统开始工作，使车体倾摆一定的角度，减少由于加速度滤波延迟造成的乘坐舒适度下降。当然车体的倾摆角度仍然是由离心加速度来确定的。X2000 的倾摆控制延迟约 0.35 s，按照 200 km/h 的速度计算，滞后大约 19 m，相当于大半个车体不能及时倾摆。X2000 采用动力集中的牵引方式。动力车不倾摆，动力车牵引前进时滞后不会影响乘客的乘坐舒适性，但是动力车作为尾车推进时，前面控制车的乘客乘坐舒适性将会受到影响。

4. 加速度传感器加陀螺仪实时检测方式

意大利 Fiat 的摆式列车采用了这种方式，它通过陀螺仪测量列车进入曲线时的转弯角速率，以此补偿经过滤波后有延迟的加速度信号，得到不延时的命令。采用这种方法最大的优点是对线路的要求低，适应性强，缺点是处理方法复杂，延迟时间大约是 0.15 s。

第二节　主动控制技术

随着列车高速化的发展，人们对车辆运行品质的要求也越来越高，近年来我国的高速铁路发展迅速，对车辆的运行品质也提出了较高的要求。改善机车车辆的运行品质，即高速机车车辆的运行平稳性主要是借助于转向架结构参数和悬挂系统参数的设计优化来实现。悬挂系统参数对机车车辆性能的影响常常是相互矛盾的，比如在直线段要保证列车的稳定性就需要较硬的悬挂系统，而在曲线段要保证良好的曲线通过能力就需要较软的悬挂系统，这在悬挂设计中的调和是非常困难的，因此悬挂系统的设计是综合了多方面因素的折中结果。我国国土辽阔，而随着高速线路的网络化，高品质的列车运行范围扩大，线路与环境条件复杂，跨线运营列车也将不断涌现，需要能够有更高运行品质和更强线路适应能力的列车，而采用主动和半主动控制的转向架是列车的发展方向。

机车车辆的悬挂系统与车辆的两个主要性能即平稳性和稳定性密切相关。目前应用的悬挂系统主要有 3 种：被动悬挂、全主动悬挂和半主动悬挂。传统的被动悬挂系统由于其弹性元件和阻尼元件的参数不能实时调节，因而不能使机车车辆的乘坐平稳性和操作舒适性同时达到最优。全主动悬挂系统结构复杂，成本高，难以应用；阻尼可调的半主动悬挂系统与全主动悬挂系统相比，虽然在振动控制方面的性能略差，但其结构相对简单，价格低廉。同时，在控制品质上又能接近于主动悬挂，因而有着广阔的应用前景。

一、悬挂系统方式

1. 被动悬挂技术

传统的轨道车辆悬挂系统由弹性元件和阻尼元件组成，它们在工作时不消耗外界能源，故称为被动悬挂。这种悬挂系统简单可靠，易于实现，可以在一定程度上满足轨道车辆对运行品质的要求，但由于被动悬挂的参数在车辆运行的过程中无法实时调节，难以解决运行线路断面的多样性和悬挂参数单一性、列车运行速度的不定性与传统悬挂参数的一定性之间的矛盾，被动悬挂系统的适应性比较差，因而无法适应列车高速运行时对动力学性能的更高要求。被动悬挂系统只能根据车体与转向架间的相对速度产生阻尼力，而实际所需阻力应由速度、位移及加速度等多种因素决定，而且被动悬挂系统只能在一定条件下对铁道车辆做衰减振动，难以适应在复杂多变的线路上高速运行的列车对动力学性能的要求。针对被动悬挂存在的缺陷，20世纪60年代提出了轨道车辆的主动悬挂技术。

2. 主动悬挂技术

主动悬挂中力的大小由力作动器直接改变，因此称为主动悬挂。主动悬挂系统由于需安装测量传感装置、作动器及控制装置，会提高轨道车辆的购置成本，同时由于车辆结构空间的限制，若在极有限的空间中安装作动器，势必导致车辆结构，尤其是转向架结构更加复杂。复杂的主动作动器和车辆结构可能影响可靠性并带来高昂的维护费用。此外，主动悬挂系统无论采用哪种形式的作动器，都将大量消耗外界附加能量。虽然设备及结构的复杂性可通过技术的日益成熟来解决，成本高昂也可通过大批量生产来解决，但能量消耗过大是主动悬挂固有的缺陷，因而在普及上尚有困难。

3. 半主动悬挂技术

只需要输入少量能量，通过调节阻尼间接地改变力的大小的悬挂系统称为半主动悬挂。它是美国加州大学戴维斯分校机械工程系 D.E.Karnopp 教授等人于1974年提出来的。

半主动悬挂利用可以控制的调节阻尼器，根据预定的阻尼控制规律，实时调节阻尼力。半主动悬挂的提出晚于主动悬挂，比主动悬挂结构简单、成本低，而且性能接近于主动悬挂。另外，由于不需要专用大功率能源装置，这对各种载运工具来说是一个突出的优点，因而受到重视，具有较好的发展前景。

二、悬挂系统的对比

1. 系统的组成与复杂程度

被动悬挂系统：它由弹簧和阻尼器组成。被动悬挂的设计，主要是确定弹簧和阻尼器的参数，使悬挂系统满足平稳性、轮轨动作用力等指标综合性能最优（可能需要折中），能在特定的线路激扰、车辆结构参数和运行速度下达到性能最优。

主动悬挂系统：即在悬挂系统中加入力发生器（作动器），根据传感器从车体和转向架所获取的信息，按给定的控制规律产生连续可控的悬挂力，使车体加速度减小。这种装置需要一套能量供给设备。

半主动悬挂系统：针对主动悬挂需要较大控制能量和成本较高的作动器，人们通过改变空气弹簧的刚度或阻尼器的阻尼系数来提高性能，但刚度的改变需要大量气压，同样需要较大能量，而改变阻尼是容易实现的。因此采用半主动悬挂系统的比较多。半主动悬挂系统根据传感器从车体和转向架所获取的信息，通过半主动悬挂系统的控制器调节阻尼器的阻尼状态，从而达到改善车辆运行平稳性和安全性的目的。

车辆主动、半主动悬挂系统由传感器测量车辆系统的输出信号，如车体绝对速度，或车体对转向架的相对速度、车体的加速度等信号，经微处理器发出指令执行实时控制，由执行机构调节阻尼力（半主动）或控制力（主动）。对于主动悬挂控制系统来说，采用的执行机构有液压伺服作动器、机电作动器、伺服气缸等几种方案。对于半主动控制系统来说，由于阻尼器较易被控制，采用的执行机构一般是可变阻尼阻尼器。

半主动悬挂系统因为需要传感器、控制器等，显然比被动悬挂系统要复杂，但与主动悬挂相比，因为其不需要油泵（或空气压缩机）、过滤器、储油室、冷却器及输油管（输气管）等提供大能量的辅助器件，因而结构简单、价格相对便宜得多。

2. 改善系统性能原理

从系统动力学的观点来看，系统在输入的作用下存在输出。通过调整输入和（或）系统的结构参数来使系统的输出符合我们的要求，就是对系统实施控制。系统的输入是受外界干扰（包括轨道不平顺、空气动力等）和控制力控制的；研究的系统是车辆系统，包括车辆悬挂系统和车体本身；输出是表征系统振动性能的参数（如车体加速度的统计值或车辆的平稳性指标）。我们希望输出能够控制在一个合理的范围内以改善系统的振动性能，因此只能通过调整输入和（或）系统的结构参数来实现。

对于被动悬挂系统，当输入改变时，由于其结构本身不能改变，因此其输出必然随输入而发生变化，有时会超出合理的范围，导致车体振动加剧；对于主动控制系统，当激扰改变时，可借助外部能量产生的控制力来改善系统的性能，通过调整控制力来保证输出符合要求，从而提高车辆自身的减振性能；对于半主动控制系统，通过改变阻尼器的阻尼系数或弹簧刚度适应不同的道路和行驶状况的需要，即当输入改变时，通过系统自身（悬挂元件的参数）调整来改善系统的性能。也就是说，半主动悬挂是通过系统结构的自身直接调整来改进系统性能的，即当系统的输入改变时，通过调整悬挂参数来改善系统的输出。

3. 控制效果

主动悬挂系统和半主动悬挂系统都可以利用天棚控制来计算控制力，二者都是通过产生减少车体绝对速度所需的控制力而达到减振目的的，故减振效果相近，其中，主动悬挂系统的控制力是根据传感器提供的信息由外部能量直接产生的，半主动悬挂系统的控制力是通过调整系统本身结构而近似得到的。而被动悬挂系统无法调整系统结构，也没有外力来控制车体输出，故而其减振效果不如主动和半主动悬挂系统。

4. 能耗对比

与主动悬挂系统相比，半主动悬挂系统通过改进系统的结构来衰减振动，所以，除了驱动电磁阀或施加电（磁）场需要耗能外，并不需要向悬挂系统提供额外的能量，因此所需的能耗与主动悬挂系统相比很小，而且远不是一个数量级。Spencer 采用半主动控制，设计了能产生 200 kN 力的磁流变阻尼器，其行程为+8 cm，所需提供电量小于 50 W，试验中测得 5 cm/s 的速度时，磁流变阻尼器产生 201 kN 的控制力，如果该控制力直接由主动控制方式产生，则所需功率为 10 kW。由此可见，主动控制能耗至少是半主动控制的 200 倍以上。车辆悬挂系统的特性比较见表 6-2-1。

表 6-2-1　车辆悬挂系统的特性比较

悬挂名称	被动悬挂	半主动悬挂		主动悬挂	
		开关型	连续性	慢主动	全主动
执行元件	普通液压阻尼器	分级可控阻尼器	连续可控阻尼器	液压系统	液压、机电系统
作用原理	阻尼力不可控	阻尼力分级可调	阻尼力连续可调	调节作动力	调节作动力
控制方式	无	手动调节、自动调节	电液调节、自动调节	电液调节、自动调节	电液调节、自动调节
频率范围	无	0~10 Hz	0~20 Hz	3~6 Hz	大于 15 Hz
改善横向动力特性	无	小	中	大	大
改善纵向动力特性	无	小	中	大	大
传感器数量	无	少	较少	多	多
能量消耗	无	小	小	大	大
制造成本	最小	小	中	大	大
使用程度	大量采用	小量	小量	横向、垂向控制	主动倾摆、横向控制
优点	无能量输入，结构简单、成本低，运行可靠性较高	可以取得介于被动悬挂和主动悬挂之间的调节性能		悬挂的减振性能可以适应运行条件的变化，并始终处于最优的调节状态，最高响应频宽可达 100 Hz	
缺点	车辆高速运行时，难以获得最优的减振性能	不需要额外动力源、成本较高、结构较复杂、运行可靠性较差		需要额外动力源、成本高、结构复杂、难维护、运行可靠性差	

三、主动和半主动控制技术的发展

主动控制技术（Active Control Technology），是由美国率先提出的一种飞机设计和控制技术。从飞机设计的角度来说，主动控制技术就是在飞机设计的初始阶段就考虑到电传飞行控制系统对总体设计的影响，充分发挥飞行控制系统潜力的一种飞行控制技术。F-16 是世界上第一架采用主动控制思想设计的飞机。

半主动悬挂是 1974 年由美国加州大学戴维斯分校机械工程系 D. E. Karnopp 教授等提出的一种半主动隔振方案在车辆上的实现，采用无源但可控的阻尼器，根据预定的阻尼控制规律，及时调节阻尼力。半主动悬挂具有较好的发展前景，但仍需要进一步研究阻尼控制规律来改善性能。半主动悬挂可以在一定范围内对执行元件的阻尼系数或者刚度系数进行调节。一般情况下，车辆悬挂弹性元件需要承担车身的静载荷，因而在半主动悬挂中实施刚度控制比阻尼控制困难得多，目前，半主动悬挂的研究更多地关注于阻尼控制的研究。半主动悬挂可以根据阻尼系数的调节方式分为连续可控的半主动悬挂和分级可控的半主动悬挂。

1983 年，日本丰田汽车公司就已将阻尼系数可两级切换的半主动悬挂应用于 Toyota Soarer2800GT 轿车上。在 20 世纪 80 年代中、后期，日本的三菱汽车公司和 Nissan 汽车公司分别在本公司生产的某些车型的轿车上采用了电子控制半主动悬挂系统。LEXUSL 5400 型轿车的电子控制悬挂系统是一种较典型的半主动悬挂系统。该系统采用了充有压缩空气的空气弹簧，弹簧的弹性可在"软"与"硬"之间切换，阻尼器则有3种不同的阻尼特性可供选择。轿车行驶过程中，电子控制单元能够根据各种传感器的输入信号，选择最佳的空气弹簧的弹性与阻尼器阻尼特性的组合，从而获得良好的乘坐舒适性和较高的安全性。

1988年，Nissan公司研制开发了一种所谓声呐半主动悬挂装置，并首先选装在Maxima型轿车上。其原理就是通过发出的声呐信号进行路面搜索，同时将来自路面的反射波信号进行接收识别。

2002年德国采埃孚-萨克斯公司宣布，该公司与另一家名为兰齐亚的汽车公司合作，开发出了一种能自动识别道路状况的半主动悬挂系统——自动连续调节阻尼控制系统（CDC）。据称，这一系统不仅可以装配在诸如法拉利等赛车上，还可以安装在其他高级轿车上。

日本500系为了提高列车的舒适性，在两头车厢（1，16号车厢）上安装了主动悬挂系统，而在安装受电弓的车厢上（5，13号车厢）和绿色车厢（8，9，10号车厢）上安装了半主动悬挂系统。装用半主动悬挂装置后，列车的乘坐舒适性从"普通"区域提高到"良好"区域。装用半主动悬挂系统的500系列新干线动车无论运行在明线或隧道内，均改善了乘坐的舒适性。实际运用表明，这种列车在300 km/h速度运行时的乘坐舒适性与以往在270 km/h速度运行时的一样或者更好。为了进一步改善乘坐舒适性，仍将继续研究改进半主动悬挂系统的结构和性能。

日本700系新干线采用了半有源悬挂系统。不仅在车体发生摇动时需要使阻尼器向抑制振动的方向动作，且在由于轨道的影响使转向架发生振动时，为使振动不向车体传递，也要求横向阻尼器具有相应的动力衰减能力。为此，需要测出车辆的横向运动加速度，控制衰减系数可变的横向阻尼器的动作，从而提高乘坐舒适性。与500系客车一样，本系统安装于两个头车（1号、16号车）、装有受电弓的车厢（5号、12号车）以及头等车厢，这对于实现"提供舒适性更好的客车"这一目标，具有明显的效果。N700系的空气弹簧在经过曲线时可以通过控制使车体有一定程度的侧倾，从而提高舒适型，这种侧倾有别于摆式列车的大幅倾摆。

我国的CRH380AL动车组的头车采用了半主动阻尼器，用来提高车辆的动力学性能。随着我国动车的大量应用，跨线运营（不同线路级别），长大线路（地理条件和气候条件差异很大）运营列车将越来越多，对列车转向架的适应能力提出了新的要求，参数可控的转向架应用范围会不断扩大，主动和半主动悬挂元件的应用也会越来越多。

四、半主动悬挂的关键技术

决定半主动悬挂能否应用于实际的主要因素有两个：一个是控制策略，二是可控阻尼。

1. 控制策略

半主动悬挂实际是在被动悬挂的基础上，增加了阻尼力自动调节装置。因此半主动悬挂的设计任务最终归结为寻求合适的控制算法，使之能够根据轨道车辆的运行工况，自动地跟踪调节悬挂系统的阻尼力，使悬挂系统隔振缓冲性能达到最佳状态，以保证轨道车辆在任意工况下都具有最佳的动力学性能。

铁道车辆横向振动系统是十分复杂的非线性动力系统，根据国内外已开展的技术研究和工程应用现状，半主动悬挂控制主要采用的方法可以有以下几种：线性最优控制方法、鲁棒控制、H_∞控制、预测控制、决策控制、自适应控制、神经网络控制和模糊控制等。

半主动控制技术是近年来铁道车辆研究领域发展起来的新兴学科,其为解决铁道车辆动力学性能的互不相容特性开辟了新的途径。半主动悬挂控制系统已经实现了商品化,其结构、传感器、电子控制单元、执行机构和控制方法都比较简单。

自适应控制、神经网络控制和模糊控制目前正广泛地被研究,但由于算法过于复杂,且需有超强计算能力的控制器来解决实时控制的问题,使其控制方式暂时不易广泛使用。基于H_∞理论的鲁棒控制等在理论上尚需进一步研究,H_∞控制的算法复杂,计算量大,必须在简化算法上做大量工作。预见控制、决策控制由于对线路信号系统的依赖性过高而无法大规模地实施。最优控制由于其简单实用,可获得好的系统性能指标,系统抗干扰能力强,在现有的半主动悬挂系统的工程应用设计中已被采用,在工程实际中也有所运用。从实用性和可靠性考虑,最优控制是悬挂系统控制策略的首选方案。

2. 可控阻尼的阻尼器

可控阻尼的阻尼器是指阻尼器的阻尼系数可通过外加控制信号进行调节,可分为有级型和无级型阻尼器。有级可调阻尼器阻尼可在2~3挡之间切换,切换时间通常为10~20 ms。其阻尼器结构采用较为简单的控制阀,使通流面积在最大、中等或最小之间进行有级调节。有级可调阻尼器的结构及其控制系统相对简单,但在适应车辆行驶工况和道路条件的变化方面有一定的局限性。

无级可调阻尼器的阻尼调节通常分两种。一种是节流孔径调节,通过电机驱动阻尼器阀杆,连续调节阻尼器节流阀的通流面积来改变阻尼,节流阀可采用电磁阀或其他形式的驱动阀来实现。节流口可调式阻尼器,结构相对简单、性能稳定可靠、成本低廉、应用前景广阔。另一种为电流变液阻尼器或者磁流变液阻尼器。电流变阻尼器采用电流变液作为阻尼器工作液体,通过施加外电场改变电流变液的抗剪应力和黏度,实现阻尼可调,其特点是阻尼力由电场快速无级调节,功耗很小。电流变液阻尼器的问题在于,需要较高的控制电压(2~3 kV),流变效应低于磁流变液,阻尼变化范围小。磁流体是一种非牛顿流体,其剪切应力由液体的黏性和屈服应力两部分组成。通常流变特性的改变表现为剪切应力随外加磁场的增加而增大。磁流变液的屈服应力比电流变液大一个数量级,且与数千伏电压用以改变电流变液的黏度相比较,磁流变液黏度的变化由交变电流产生交变磁场而引起,具有良好的动力学特性和安全性。因此,由磁流变液制成的阻尼器,比电流变液阻尼器在实际进行减振控制中具有更大的优势。随着新型电流变液的研制,电流变液阻尼器的应用也将会越来越广泛。

Lord公司生产的磁流变液阻尼器,在半主动车辆悬挂振动控制的应用中,可用来实现可控阻尼力,它主要由活塞上具有节流小孔的单筒阻尼器构成。节流孔两侧装有线圈,通过电流以控制磁场强弱。缸体底部为一橡胶密封的氮气蓄压器,主要用来缓冲活塞运动时,活塞两端液体的体积差造成的冲击,同时作为一个气囊,还能起到减振作用。可见磁流变液阻尼器的主要部分是一个具有节流孔的活塞。节流孔的两侧装有线圈,当场强变化时,磁流变液的黏性发生变化,阻尼器的剪切应力相应变化,从而调节阻尼器的阻尼值。

五、可控悬挂元件举例

1. 主动控制空气弹簧倾摆原理

摆式列车的倾摆系统中的作动器包括液压式作动器、机电式作动器和空气弹簧作动器等形式。液压作动器和机电式作动器可以使车体倾摆 8°～10°，但是此类倾摆方式的车辆结构复杂、体积大、成本高、能量消耗大，并且维修比较困难。空气弹簧作为作动器的摆式列车虽在车体倾摆角度方面有所限制，但却有倾摆装置结构简单、成本低、轻量化、便于维修等诸多优点，适合于小半径曲线或者曲线速度已经被限制而无法大幅提速的曲线路段。

车辆在曲线路段上运行时，通过线路条件和车辆运行信息判断车体需要倾摆的角度，再通过计算机计算得出倾摆到相应角度时所需的曲线内侧空气弹簧的降低量和曲线外侧空气弹簧的升高量，通过控制空气弹簧充排气阀对空气弹簧进行充排气使车体倾摆到预期的角度。这时车体倾摆会产生一个当量超高，在满足未平衡离心加速度的限制条件内提高列车的曲线运行速度。空气弹簧倾摆原理如图 6-2-1 所示。

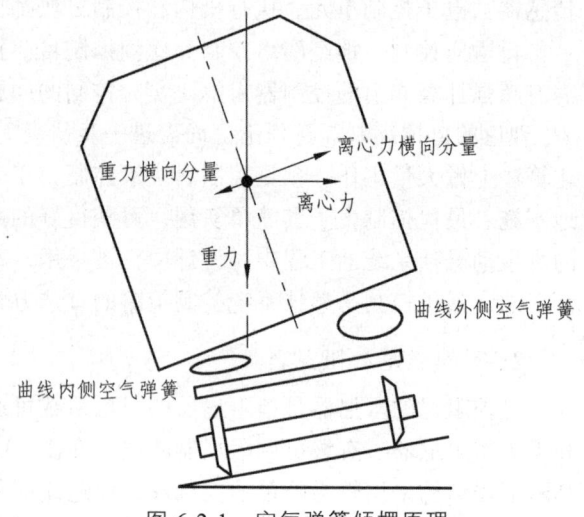

图 6-2-1　空气弹簧倾摆原理

2. 电流变液半主动控制阻尼器

（1）结构。

下面我们以某电流变液阻尼器为例进行介绍，结构如图 6-2-2 所示。

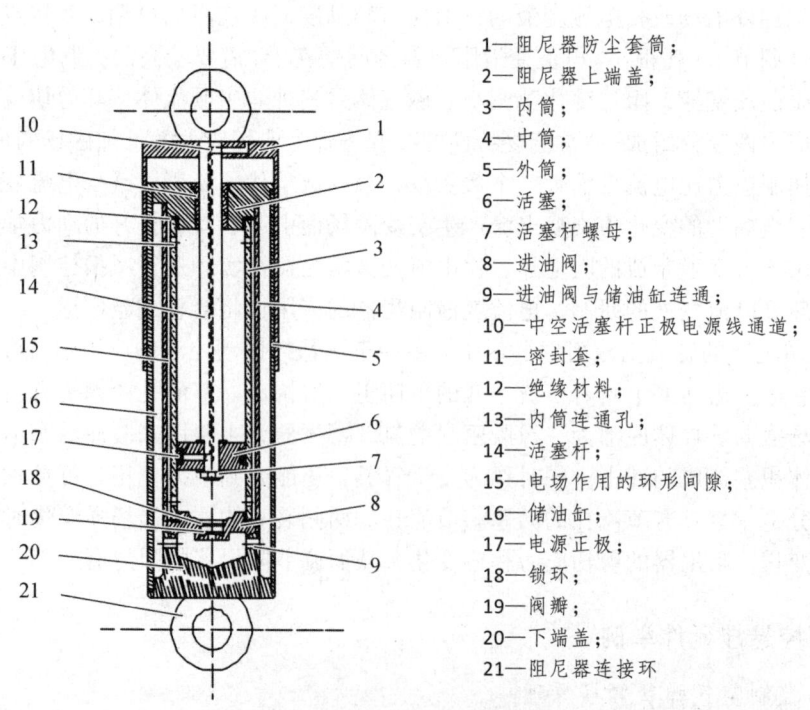

1—阻尼器防尘套筒；
2—阻尼器上端盖；
3—内筒；
4—中筒；
5—外筒；
6—活塞；
7—活塞杆螺母；
8—进油阀；
9—进油阀与储油缸连通；
10—中空活塞杆正极电源线通道；
11—密封套；
12—绝缘材料；
13—内筒连通孔；
14—活塞杆；
15—电场作用的环形间隙；
16—储油缸；
17—电源正极；
18—锁环；
19—阀瓣；
20—下端盖；
21—阻尼器连接环

图 6-2-2　阻尼器的结构图

① 环形间隙 15 是产生阻尼力的主要部分：内筒 3 接电源正极，中筒 4 接电源负极（接地），间隙 15 就是电流变液的电场间隙，连通孔 13 在阻尼器的上下部分沿内筒周围各分布 4 个，以保证电流变液能顺利地通过电场间隙。

② 电场间隙内的结构：如图 6-2-3 所示，由于电场间隙较小，为了保证工作过程中电场正负极不会接触，并且考虑到流通面积的因素，在电场间隙中填有稳定的绝缘材料，在环形间隙四周各有 30° 的空隙，因此流通面积为原来的 1/3。

③ 进油阀 8 的结构：如图 6-2-4 所示，进油阀装在阻尼器的下端，它的主要作用是补充或排出油液的通道，在进油阀体上装有阀瓣和锁环，锁环防止阀瓣进入工作缸，阀瓣为单向阀，在活塞拉伸行程中打开，以免活塞出项空行程。阀瓣的中间有一常通孔，用来平衡压缩行程时由活塞杆引发的油缸上下腔流入和排出电流变液体积的不平衡。

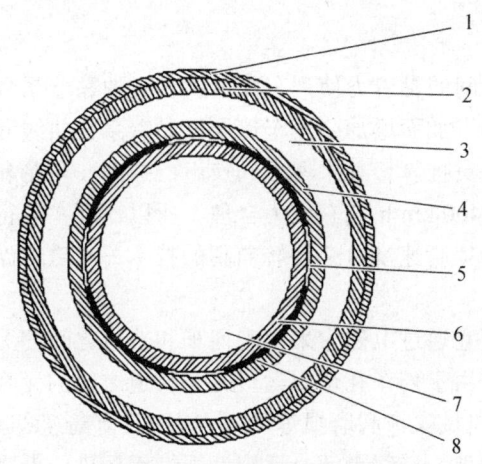 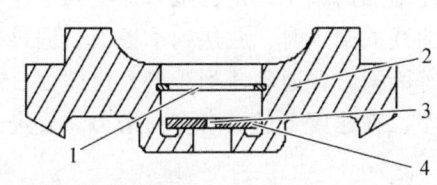

图 6-2-3　阻尼器横截面图　　　　　　图 6-2-4　进油阀的结构图
1—阻尼器防尘套筒；2—外筒；3—储油缸；4—中筒；　　1—阀瓣锁环；2—进油阀；
5—电场间隙；6—内筒；7—工作缸；　　　　　　　　3—阀瓣常通孔；4—阀瓣
8—电场间隙绝缘填充物

（2）工作原理。

使用时，阻尼器被灌满电流变液，当阻尼器受到压力时，活塞受力向下运动，一小部分电流变液体通过阀瓣 19 的常通孔然后进入储油缸，大部分通过内缸下端的连通孔 13 进入环形间隙电场 15，由于电场作用，电流变液产生电流变效应，剪切应力大幅度增加，产生了较大的流动阻尼，于是增大了工作缸上下腔的压差。电场变化则电流变液阻尼力变化，从而使工作缸上下腔的压差变化，调节了阻尼器的阻尼力。当阻尼器受拉力时，活塞向上运动，上腔的电流变液通过内筒上部的通孔进入电场间隙，从而产生阻尼，引起活塞上下的压差变化。阀瓣在此行程中打开补偿下腔，以免活塞出现空行程。

（3）电源接入。

考虑电源接入的绝缘性与可靠性等方面的因素，电源正极通过中空的活塞杆接入电源正极 17，为了防止内筒壁通过活塞将正极连通到活塞杆及阻尼器其他部分，所以活塞与活塞杆的连接部分用绝缘材料隔离。因为电源正极 17 和活塞 6 与内筒壁的接触要求是不同的，所以不能用 6 来直接代替 17。负极直接连接到阻尼器的壳体即可。

第七章　磁悬浮列车与真空管道交通

第一节　磁悬浮列车

一、磁悬浮列车概述

传统的轮轨黏着式铁路，是利用车轮与钢轨之间的黏着力使列车前进的，它的黏着系数随列车速度增加而减小，走行阻力却随列车速度的增加而增加，当车速增至黏着系数曲线和走行阻力曲线的交点时，就达到了极限。据科研人员推算，如果考虑到噪声、振动、车轮和钢轨磨损等因素，普通轮轨列车最大速度为 350～400 km/h 左右较为合理。所以，现在运行的高速列车，在速度上已没有多大潜力。要进一步提高速度，必须转向新的技术——磁悬浮列车。

磁悬浮列车是一种现代化的高科技交通工具，它通过电磁力来实现列车和轨道之间的无接触悬浮和导向，再利用线性电机驱动列车运行。由于列车在牵引运行时与轨道之间的无摩擦接触，从根本上克服了传统列车轮轨黏着限制、机械噪声和磨损等问题，因而具有高速（运行速度可达 500 km/h 以上）、节能、易拐弯、能爬坡、选线灵活、适应性强、无污染、低噪声（有争议）、安全、舒适等许多优点，是人们梦寐以求的理想的陆上交通工具，也是近几十年来各经济大国争相发展的一种新型高速的现代交通工具。近年来我国的磁悬浮技术发展很快，特别是高温超导和永磁悬浮技术的发展。2016 年 5 月 6 日，我国首条具有完全自主知识产权的中低速磁悬浮商业运营示范线——长沙磁浮快线开通试运营，标志着我国磁悬浮技术已经处于世界的前列。

磁悬浮技术的研究源于德国，1922 年，德国人 Hermann Kemper 先生提出了电磁悬浮的原理，并于 1934 年申请了世界上第一个磁悬浮列车的专利。进入 20 世纪 70 年代以后，随着世界工业化国家经济实力的不断加强，为提高交通运输能力以适应其经济发展的需要，德国、日本、美国、加拿大、法国、英国等发达国家相继开始筹划进行磁悬浮运输系统的开发。而美国和苏联则分别在七八十年代放弃了这项研究计划，目前只有德国和日本仍在继续进行磁悬浮系统的研究，并均取得了令世人瞩目的进展。近年来，随着高铁产业的升温，世界各国再次聚焦磁悬浮。2014 年 5 月 27 日，日本政府宣布实施低温超导磁悬浮商业运行线——中央新干线项目，该线将连接东京、名古屋和大阪，计划于 2027 年建成东京到名古屋线路，速度为 505 km/h。2016 年 5 月 6 日，我国长沙中低速常导磁悬浮工程建设完成并正式通车运营，线路全长约 18.55 km，最高速度为 100 km/h。在此之前，日本低温超导磁悬浮中央新干线创造了载人速度为 603 km/h 的世界新纪录，引起了全世界的关注。磁悬浮车辆如图 7-1-1～7-1-3 所示。

第七章　磁悬浮列车与真空管道交通

图 7-1-1　长沙磁悬浮列车

图 7-1-2　常导磁悬浮车辆　　　　　图 7-1-3　超导磁悬浮车辆

二、列车的悬浮系统

主要的悬浮原理包括气动悬浮、声悬浮、光悬浮、磁悬浮等，其中气动悬浮与磁悬浮能实现大尺寸的载重悬浮。1969 年，法国于奥尔良郊外率先建起了世界上第一条 18 km 气动悬浮列车实验线路，最高速度达到 422 km/h。气动悬浮列车存在运行不稳定、可控性差等问题，因此相关研究工作逐渐停滞不前。磁悬浮通过电磁场中电流与磁场相互作用产生的电磁力来抵消重力场中物体的自身质量，实现无接触悬浮，可控性较强。因此，早在 1934 年就有相关专利技术提出了将磁悬浮原理运用于轨道交通工具中，从而形成了一种新型的轨道交通运输方式。

常见的磁悬浮模式有电磁悬浮 EMS、电动悬浮 EDS 和高温超导磁悬浮 HTS Maglev。

1. 电磁悬浮 EMS

20 世纪 20 年代德国工程师 Hermann Kemper 提出了磁吸式常导磁悬浮列车（又称电磁悬浮 EMS）的构想，1934 年他以此高速磁浮列车概念为基础申请了专利。70 年代开始，英国的华威大学、萨塞克斯大学以及德比铁路技术中心开始了这种常导电磁悬浮的研究。高速电磁悬浮 EMS 以德国 Transrapid（TR）系列为代表，现已发展到了 TR09 型列车。1974 年采用的TR04型磁浮车，为异步短定子，车辆长15 m，宽3.4 m，重达20 t，最高速度为250 km/h。1983年推出的TR06型磁浮列车采用同步长定子，由两辆车组成，长54 m，宽3.7 m，共120 t，可载客200人，最高速度为400 km/h。

2000年我国上海引进了TR08型（最高速度500 km/h），建成了世界上首条商业运行的高速磁悬浮线路。

电磁悬浮系统（EMS）是一种吸力悬浮系统，是结合在机车上的电磁铁和导轨上的铁磁轨道相互吸引产生悬浮。常导磁悬浮列车工作时，首先调整车辆下部的悬浮和导向电磁铁的电磁吸力，与地面轨道两侧的绕组发生磁铁反作用将列车浮起。在车辆下部的导向电磁铁与轨道磁铁的反作用下，使车轮与轨道保持一定的侧向距离，实现轮轨在水平方向和垂直方向的无接触支撑和无接触导向。列车悬浮高度一般为8 mm，是通过一套高精度电子调整系统来保证的。此外由于悬浮和导向实际上与列车运行速度无关，所以即使在停车状态下列车仍然可以进入悬浮状态。

另外，日本也曾开发类似的EMS系统（HSST，High Speed Surface Transport），早期的HSST-01车型曾跑出308 km/h的速度，后来的车型速度定位为100 km/h，逐渐面向中低速城市轨道交通系统。

我国从20世纪90年代开始研究EMS技术，经过20余年的积累，已经基本掌握中低速磁悬浮技术。国内拥有自主知识产权的中低速磁悬浮——长沙磁浮快线于2016年5月6日投入运营。

EMS电磁悬浮列车利用普通直流电磁铁的电磁吸力将列车悬起，悬浮的气隙较小，一般为10 mm左右。EMS电磁悬浮技术的缺点是悬浮高度较低，因此对线路的平整度、路基下沉量及道岔结构方面的要求高，而且对悬浮气隙的控制需要用一套复杂的高精度电子调整系统来实现。此外，由于车体采用抱住轨道的方式，其道岔需要采用机械道岔，存在占地面积大，操作不方便的缺点。

图7-1-4为德国研制的常规磁铁吸引式悬浮系统。

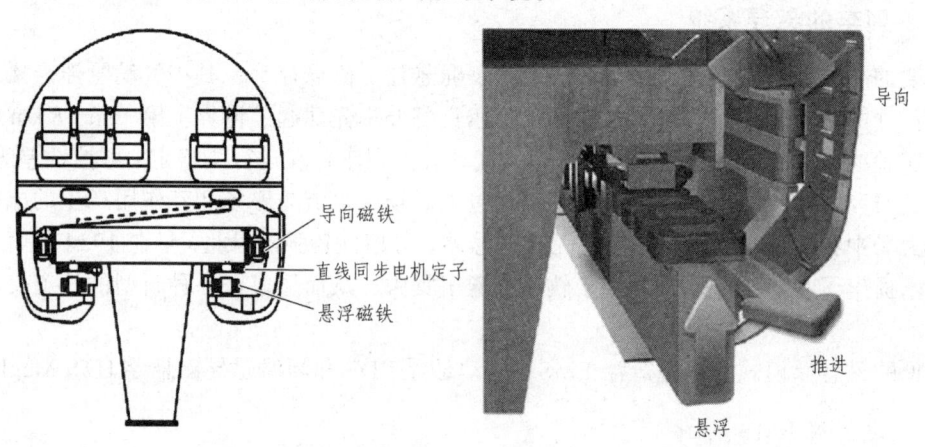

图7-1-4　德国研制的常规磁铁吸引式悬浮系统

2. 电动悬浮EDS

另一种相对成熟的磁悬浮列车采用的是同性相斥原理，起源于1966年美国约翰·霍普金斯大学James Powell教授的专利。目前日本处于领先地位，采用低温超导线材开发了低温超导电动悬浮列车 LTS EDS。低温超导电动悬浮列车将 Nb-Ti 线低温超导线圈浸泡在液氦（4.2 K）中，冷却达到超导态。其原理图如图 7-1-5 所示，在超导线圈中通以电流，形成强磁场的超导磁体。"U"字形轨道梁侧壁上连续排布着"8"字形线圈。当车载低温超导磁体沿着轨道水平移动时，轨道侧壁上线圈内会产生感应电流，"8"字形线圈下部磁场与车载超导磁体之间相互排斥，上部磁场与车载超导磁体之间相互吸引，使得车体悬浮起来。因此，EDS 列车需要达到一定初始速度（100 km/h）才能实现悬浮。

日本于 1977 年建成一条 7 km 长的宫崎试验线，轨道采用倒 T 形，后来又改为 U 形。1990 年开始，日本着手修建 42.8 km 长的山梨线，并于 1993 年完成了其中的 18.4 km。在山梨试验线上，2015 年 4 月 21 日，日本低温超导电动悬浮 L0 系车型达到了载人速度为 603 km/h 的世界纪录。

1986 年，美国休斯敦大学朱经武教授小组和中国科学院物理研究所赵忠贤教授小组相继发现了临界温度达 93 K 的氧化物超导体钇钡铜氧（YBaCuO）。超导体的转变温度被提升至液氮（77 K）温区以上，形成了高温超导体类别。高温超导体的发现使得超导应用摆脱了稀有资源液氦（4.2 K）的制约。2007 年，日本山梨线采用高温超导 Bi 系线圈，替换车载低温超导磁体，最终试验速度达到了 553 km/h。然而，采用高温超导 Bi 系线圈替代低温超导 Nb-Ti 线圈的方案没有实施在日本正在建设的超导磁悬浮中央新干线商业项目中。

EDS 悬浮系统利用超导磁体产生的强磁场电动斥力将列车悬起，悬浮气隙较大，一般为 100 mm 左右。但由于悬浮力为磁斥力，磁场发散，磁场对人体与环境会有影响；EDS 悬浮系统选用超导线绕磁体，需用液氦冷却系统，冷却系统重，技术复杂，造价偏高；由于涡流效应，其悬浮能耗较常导技术大。

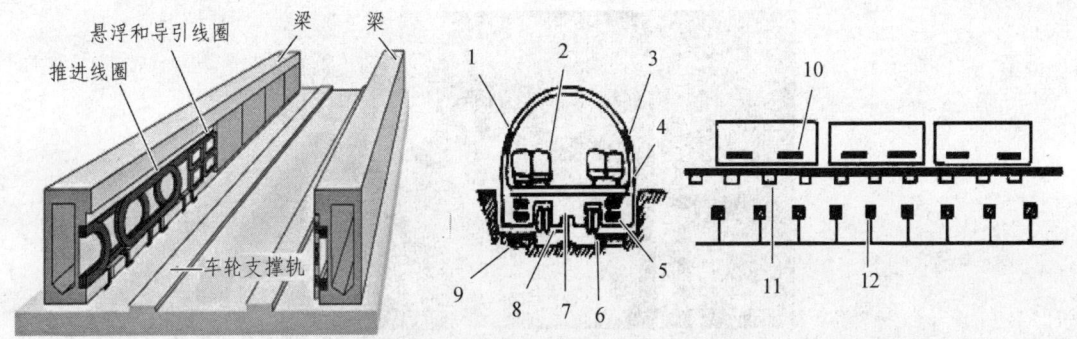

图 7-1-5　日本排斥式悬浮系统

1，3—车窗；2—座席；4—液氦储槽；5—超导磁体；6—车轮；7—驱动用轨道；
8，12—驱动用线性同步电机；9，11—闭合铝环；10—车上磁悬浮装置

3. 高温超导磁悬浮 HTS Maglev

高温超导磁悬浮利用非理想第二类超导体的磁通钉扎特性在具有梯度磁场中产生的自稳定悬浮现象，来实现一种新型的、悬浮导向一体化的轨道交通应用工具。就当前材料进展来看，这种高温超导磁悬浮，是无法被其他电磁材料替代的，具有唯一性。而电动悬浮中超导材料是可以用普通电磁体或永磁体实现的。

高温超导磁悬浮的工作原理是：在外磁场中，高温超导体独有的强钉扎能力使得磁力线既难逃离钉扎中心的束缚（对于已经被俘获的磁力线）也难渗透进入超导体内（对于未被俘获的自由磁力线）。这种独特的钉扎特性使得超导体能够随外磁场的变化而感应出阻碍这种变

化的超导强电流。这种超导电流与外磁场的电磁相互作用在宏观上能产生与悬浮体自身重力相平衡的悬浮力和横向稳定所需的导向力。并且这类超导体能在价廉的液氮温区（77 K）中表现出良好的超导性能，简化了低温制冷系统。

高温超导磁悬浮整车系统主要由车载超导块材及其低温系统、地面永磁轨道系统和直线驱动系统三大关键部分组成。车载超导体一般采用熔融织构法制备的圆柱形或者方形高温超导体 YBaCuO 块材，轨道由 NdlFeB 永磁体和聚磁铁轭等按一定的结构组装而成，直线驱动则由感应或者同步直线电机来完成。

高温超导磁悬浮车的悬浮高度为 10~30 mm，其车体质量约为轻轨车的 1/2，基建成本较低；冷却所需的氮气来自空气，排放又回到空气，不会造成环境污染；运行能耗仅为飞机的 1/20；磁轨道所产生的磁场为静磁场，以西南交通大学 Halbach 型永磁轨道为例，距离永磁轨道上方 56 mm 处的磁场为 34.05 mT，侧向距离轨道边缘 38 mm 处的磁场为 37.44 mT，低于国际非电离辐射防护委员会 1CNIRP 推荐的静磁场暴露标准（不高于 40 mT），不存在电磁辐射和电磁干扰的问题。因此，高温超导磁悬浮列车也被认为是一种新型、高效、节能、环保、安全、舒适的未来轨道交通工具。

早在 1997 年，我国和德国联合研制出高温超导磁悬浮模型车。该车质量 20 kg，悬浮高度 7 mm，轨道直径 3.5 m。2000 年 12 月 31 日，西南交通大学王家素团队研制出世界首辆载人高温超导磁悬浮车，取名"世纪号"。该车可搭载 4 名乘客，悬浮高度大于 20 mm，在长 15.5 m 的直线轨道上运行，悬浮力可达 6 350 N，可持续工作 6 h。图 7-1-6 为"世纪号"高温超导磁悬浮车照片。

图 7-1-6　我国世纪号高温超导磁悬浮车

2004 年德国研制出高温超导磁浮车"SupraTrans I"，2001 年改进出第二代，2014 年巴西建成 200 m 高温超导试验线，西南交通大学 2014 年 6 月建成高温超导磁浮与真空管道结合的磁浮试验环线。

三、列车的推进系统

1. 直线电动机原理

直线电动机与普通旋转电动机都是实现能量转换的机械，普通旋转电动机将电能转换成旋转运动的机械能，直线电动机将电能转换成直线运动的机械能。直线电动机应用于要求直线运动的某些场合时，可以简化中间传动机构，使运动系统的响应速度、稳定性、精度得以提高。直线电动机在工业、交通运输等行业中的应用日益广泛。

直线电动机可以由直流、同步、异步、步进等旋转电动机演变而成，由异步电动机演变而成的直线异步电动机使用最多。

直线异步电动机有平板式、圆筒等结构形式（见图 7-1-7、图 7-1-8）。平板形直线异步电动机可以看作将普通鼠笼转子三相异步电动机沿径向剖开后展平而成，旋转电动机的定子和转子分别对应直线电动机的初级和次级。对应于旋转电动机定子的一边嵌有三相绕组，称为初级；对应于旋转电动机转子的一边称为次级或滑子。实际平板形直线异步电动机初级长度和滑子长度并不相等，通常是滑子较长。为了抵消初级磁场对滑子的单边磁吸力，平板形直线异步电动机通常采用双边结构，即有两个初级将滑子夹在中间的结构形式。

初级铁心由硅钢片叠成，其表面的槽中嵌有三相绕组（有些是单相或两相绕组），滑子由整块钢板或铜板制成片状，其中也有嵌入导条的。

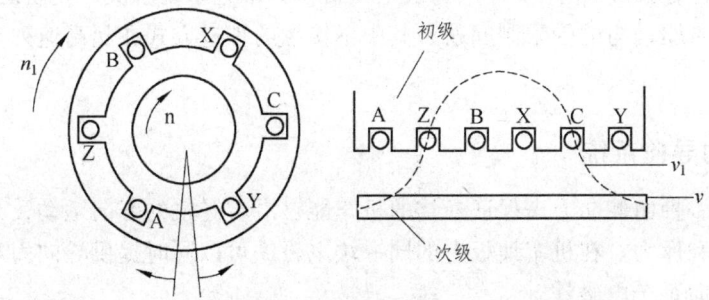

图 7-1-7　从旋转电动机到平板式直线电动机的演化

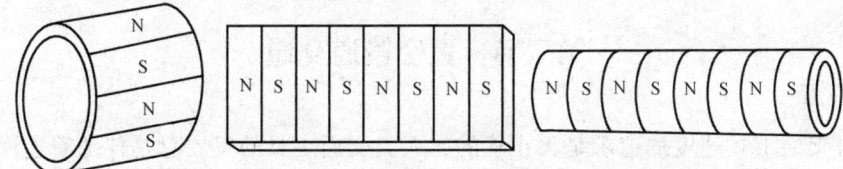

图 7-1-8　从旋转电动机到圆筒式直线电动机的演化

在普通鼠笼转子三相异步电动机的定子绕组中通入三相对称电流时，会在气隙中产生转速为 n_1 的旋转磁场，转子导条切割旋转磁场而在其闭合回路中生成电流，带电的转子在磁场作用下产生电磁转矩，使转子沿旋转磁场的转向以转速 n 旋转。改变三相电流的相序时，可以使旋转磁场及转子的旋转方向改变。

在直线异步电动机初级的三相绕组中通入三相对称电流时，其在气隙中产生的磁场也是运动的，只是沿直线方向移动，称之为移行磁场或行波磁场。滑子也会因此而沿移行磁场运动的方向移动，移行磁场及滑子的移动方向也由三相电流的相序决定。

在初级的多相绕组中通入多相电流后，也会产生一个气隙基波磁场，但是这个磁场的磁通密度波 B_δ 是直线移动的，故称为行波磁场，如图 7-1-9 所示。

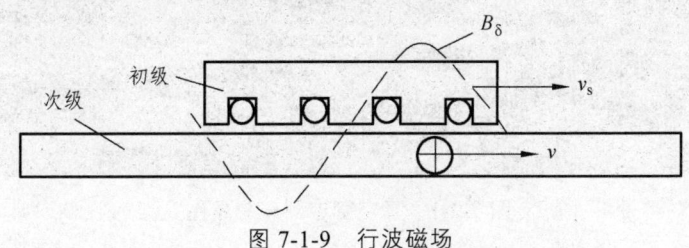

图 7-1-9　行波磁场

如电机极距为 τ，电源频率为 f，磁场移动速度为：$v_s = 2f\tau$，次级速度为 v，则滑差率为：$s = \dfrac{(v_s - v)}{v_s}$，次级移动速度：$v = 2f\tau(1-s)$。

直线电机的气隙相对于旋转电机的气隙要大得多，主要是为了保证在长距离运动中，初级与次级之间不致摩擦。直线感应电动机的缺点是：气隙大，功率因数低。

2. 直线电动机推进系统

直线感应电动机是由一个定子（即初级）和一个转子（即次级）组成。各方面的研究表明，若以直线电动机作为牵引之用，最好把初级装在车上，让轨道本身作为次级。磁悬浮列车就是采用直线电动机作为推进系统的，在一些轮轨式的地铁车辆中也采用直线电动机来驱动，而轮对只起到支承和导向作用。用直线电动机作为推进系统解决了轮轨之间的磨耗问题，也解决了轮轨黏着驱动力的受限制问题，其中不接触的推进方式在超高速列车中将是非常有效的推进方式。

四、列车的导向系统

导向系统是一种由侧向力来保证悬浮的机车能够沿着导轨的方向运动，与悬浮力相似，也可以分为引力和斥力。在机车地板上的同一块电磁铁可以同时提供导向力和悬浮力，也可以采用独立的导向系统电磁铁。

第二节 真空管道交通

人类对交通工具速度的追求是无止境的，人类交通工具的发展总是伴随着速度的提升。轮轨交通的经济速度不超过 400 km/h，高速磁浮的速度一般可达在 500～600 km/h，速度进一步增加则由于空气阻力几何倍数增加而愈加困难。因此，真空管道交通技术便应运而生（见图 7-2-1）。

图 7-2-1　真空管道列车想象图

第七章 磁悬浮列车与真空管道交通

超高速真空管道交通,是采用磁悬浮列车技术,利用密闭管道,通过抽取空气达到接近真空的低气压环境,从而实现列车全天候在无轮轨阻力、低空气阻力、低噪声模式下超高速运行的新型轨道交通技术。

制约轮轨列车向高速发展的主要有轮轨阻力、空气阻力以及噪声三大因素。轮轨阻力及黏着力对高速列车运行安全起着决定性作用,但超高速轮轨关系与脱轨机理研究尚未突破;稠密大气中气动阻力与速度的 2 次方成正比。实验数据表明,速度超过 400 km/h 时,空气阻力所占列车牵引力的比例超过 80%;气动噪声随速度的 7 次或 8 次方剧增,旅客无法接受。因此,真空管道交通是未来绿色、节能、超高速轨道交通技术的重要发展方向。

真空管道交通技术的理论极限速度是地球的脱离速度,目前研究的实用速度应该在 1 000~2 000 km/h。真空管道技术由于速度过高,要达到的是三不接触:一是轮轨不接触,可以采用磁悬浮模式;二是空气不接触,所以采用真空管道;三是供电不接触,发展无线输电技术,当然超级电容的可行性也待进一步研究。

世界上主要有美国、瑞士、中国 3 个国家在研究真空管道磁悬浮技术。

早在 1904 年,现代火箭之父罗伯特·戈达德就提出真空管道交通理念,同时期德国工程师赫尔曼·肯佩尔在电磁悬浮列车专利中也建议列车在真空隧道中运行。此后众多科研机构相继研究真空管道运输系统,但受限于当时技术,直到 21 世纪初,才逐步提出可实施的设计,其中最具代表性的方案有 3 种:一是采用常导电磁悬浮的瑞士 SWISSMETRO 方案,二是采用气动/永磁悬浮和轮轨列车的美国 Hyperloop 系统计划,三是采用高温超导磁悬浮技术的美国 ET3 和我国西南交通大学的方案。

(1)1997 年,美国工程师达里尔·奥斯特申请了真空管道交通系统专利并建立了 ET3.com 公司,车体是胶囊状小型车,截面直径 1.3 m,长 4.8 m,质量 183 kg,采用高强度轻质材料,载 6 人;运输线路由方向不同的两根管道组成,圆形截面,内径约 2.0 m,管道内压强 0.1 atm[*],相当于海拔高度 16 km 的对流层,选用防腐蚀、耐高压且密封性好的材料;采用直线电动机驱动,初级安装在管道中,次级安装在车体上;运行方案为胶囊车内嵌在管道中,使用气塞推动悬浮车驶离站点,并用直线电动机加速至预定速度后开始自由漂移,减小电力损耗。2003 年达里尔·奥斯特工程师来访西南交通大学,了解到高温超导磁悬浮技术无源自稳定且控制简单的特点后,认为高温超导磁悬浮车是真空管道交通的最佳载体。

(2)瑞士超高速地铁"SWISSMETRO"项目的总体规划为城际间的地下交通运输,直接选用已投入商业运营的德国常导电磁悬浮 Transrapid 系列,列车由头车、中间车和尾车组成,车头直径约为 3.5 m,整列车全长为 200 m,载客量为 800 人,载重高达 100 t;配合双向并列式钢筋混凝土隧道,深度在 60~300 m,管道半径 5 m,用厚度 25 cm 的钢筋混凝土管片对隧道进行密封安装,且隧道中增添了防水衬里。两隧道间放置真空泵等抽气装置,隧道气压保持在 0.1 atm。驱动系统采用短定子同步直线电动机,气隙为 20 mm,用线性变压器传输电能。直接采用航空密封技术,车站分为地上地下两部分,通过电梯连接,地面车站用于售票、检票和候车。

(3)2013 年埃隆·马斯克发布超级高铁"Hyperloop"方案,选用气动悬浮技术,车体为胶囊形状,材料为轻质金属铝,车头安装气体压缩机吸入空气,车底装有 28 个空气悬浮轴承

---

[*] atm 为非法定计量单位,1 atm=101 325 Pa。

将高压气体喷向管壁形成气垫使车体悬浮，悬浮高度为 0.5~1.3 mm；管道为平行双向式，建立在 30 m 的架桥上，两种类型管道直径分别为 2.2 m 和 3.3m，管壁厚度约为 23 mm，材料为高性能钢，中间链接处增加有机纤维，真空度选定在 100 Pa，相当于 0.001 atm；驱动系统为长定子直线电机，初级安装在管道底部，次级装于车底，车身内配置蓄电池组，管道顶部铺设光伏太阳能板；系统还设有紧急逃生出口、备用蓄电池、悬停辅助轮等。

2016 年 5 月 11 日，美国超级高铁公司 Hyperloop one 在内华达州荒漠首次对 Hyperloop 管道运输中的推进系统进行公开测试，实现了 1 s 加速到 96 km/h，这使得超高速真空管道交通技术概念在全球范围内产生了轰动效应。目前美国以超级高铁为概念成立了 3 家公司（Hyperloop One，Hyperloop Transportation Technologies 和 Space X）从事相关研发工作。另有一家名为 Arrivo 的初创公司，最近也决定加入开发超级铁路 Hyperloop 的竞争行列。图 7-2-2 所示为 HyPerloop one 实验车辆及其试验线。

图 7-2-2　Hyperloop One 实验车辆及其试验线

2018 年 4 月 16 日，欧洲首个超级高铁的测试跑道在法国图卢兹开始建设（见图 7-2-3）。项目建造商 HyperloopTT 表示，其测试轨道将分两个阶段进行建设：一个封闭的 320 m 系统于 2018 年投入使用；一个 1 km 长的全尺寸系统，搭建在高达 5.8 m 的高架上，将于 2019 年完工。

图 7-2-3　HyperloopTT 法国试验线

（4）2001 年美国科学家詹姆斯·鲍威尔和乔治·麦斯提出太空磁悬浮发射星际列车 StarTram（见图 7-2-4），使用低温超导磁悬浮技术，分为载物航天系统和载人航天系统。载物运载器直径 2 m，长度 13 m，载重 40 t，加速度为 30 g，发射速度达到 8.78 km/s；载人航天系统的加速度是 2～3 g；真空隧道用于降低航天器上升过程中的空气阻力和热量，载物航天系统管道出口高度大于 4 km，载人航天系统真空发射管道全长 1 600 km，由 1 280 km 的加速段和 281 km 的发射段组成，被超导电缆抬至海拔 18 km 的发射高度。

图 7-2-4　"星际列车"想象图

以上各项目都规划了真空管道交通系统的整体框架，对车体、管道、驱动、供电及其他必备设施给出了初步构想，着重于各部分设计尺寸和参数选定。由于经济问题和技术困难，上述工作大多处于概念设计或前期融资阶段，其中美国 Hyperloop 系统进展较快。

我国较晚开始真空管道交通研究。2000 年西南交通大学王家素教授团队研制出世界首辆载人高温超导磁悬浮实验车后，一直致力于将高温超导磁悬浮技术与真空管道运输概念结合在一起。2004 年多名院士发起的"真空管道高速交通"研讨会在四川成都召开，会上沈志云院士明确表示要突破现有轨道交通 400 km/h 的最高经济速度，必须在地面上创建一个低密度、轻介质的运输环境，真空（或低压）管道地面交通是实现超高速运输的唯一途径。何柞麻院士也向大会提交了书面意见，指出建造真空管道系统不存在原则性技术困难。

2014 年 6 月在国内首条高温超导磁浮环形实验线基础上，西南交通大学牵引动力国家重点实验室研制成功国际首个真空管道高温超导磁悬浮环形试验线平台"Super-Maglev"（见图 7-2-5）。试验线总长 45 m，载体为第二代高温超导磁悬浮车，自重 249 kg，使用直线电动机驱动配合无线通信控制，含转向架、制动、无线通信等功能，搭配优化 Halbach 型轨道，最大载重密度可达 1 t/m。真空管道由有机玻璃、钢框架和钢底板组成，管道直径 2 m，采用水环泵加罗茨泵的混合抽真空方案，管道内气压最低可以达到 0.1 atm。"Super-Maglev"的成功为我国率先开展真空管道交通的试验工作奠定了实质性平台基础。

图 7-2-5　西南交通大学真空管道高温超导磁悬浮车试验线"Super-Maglev"

同时期西南交通大学超导与新能源研究开发中心搭建完成侧挂式高温超导磁悬浮真空管道系统模型，轨道全长 20.4 m，管道直径为 6.5 m，模型车质量（含液氮）3.5 kg，选用侧挂式设计，设计最高速度为 200 km/h，稳定运行速度为 102 km/h。

西南交通大学首席科学家张卫华教授也在从事真空管道相关研究，在牵引动力国家重点实验室建设 200 m 长的真空管道实验设备，并计划在成都天府新区建设"超级高铁"试验线（见图 7-2-6），目前已经完成专家论证。

图 7-2-6　430 km/h 真空管道高速比例模型试验线

国内外各项目组都在积极筹建真空管道磁浮系统测试平台，但受限于经费、技术、场地等众多因素，实验硬件的发展滞后。现有的实验平台也多拘泥于小型化、模型化，难以完成大载重、超高速的试验任务。相较于众多高温超导磁悬浮振动特性研究，气动特性的实验报告十分少见，急需开展相关工作，提供有效数据，为后续工程应用奠定理论基础。

参考文献

[1] 江华. 世界铁路发展的历程和启示[J]. 铁道工程学报, 1991（01）.

[2] 昌晶. 世界铁路科技现状与发展[C]. 铁道科学技术新进展——铁道科学研究院五十五周年论文集, 2005.

[3] 张波, 杨万坤, 李杰波. 世界铁路牵引发展50年[J]. 铁道机车车辆, 2005（12）第25卷增刊.

[4] 高道行. 交流传动电力机车的发展[J]. 电力机车技术, 1996（2）: 1-6.

[5] 刘友梅. 我国电力机车四十年技术发展综述[J]. 机车电传动, 1998（5-6）: 14-18.

[6] 刘友梅. 论电力牵引轨道交通的技术发展[J]. 电力机车技术, 2000（3）: 1-4.

[7] 王伯铭. 高速动车组总体及转向架[M]. 成都: 西南交通大学出版社, 2008.

[8] 倪文波, 王雪梅. 高速列车网络与控制技术[M]. 成都: 西南交通大学出版社, 2008.

[9] 何成才, 黄秀川. 动车组网络技术[M]. 成都: 西南交通大学出版社, 2009.

[10] 钱立新. 世界高速铁路技术[M]. 北京: 中国铁道出版社, 2003.

[11] 张曙光. CRH1动车组[M]. 北京: 中国铁道出版社, 2008.

[12] 张曙光. CRH2动车组[M]. 北京: 中国铁道出版社, 2008.

[13] 张曙光. CRH5动车组[M]. 北京: 中国铁道出版社, 2008.

[14] 孙帮成. CRH380BL型动车组[M]. 北京: 中国铁道出版社, 2014.

[15] CRH380AL型动车组编委会. CRH380AL型动车组[M]. 北京: 中国铁道出版社, 2014.

[16] 张元林. 列车控制网络技术的现状与发展趋势[J]. 电力机车与城轨车辆, 2006（4）.

[17] 常振臣, 牛得田, 王立德, 等. 列车通信网络研究现状及展望[J]. 电力机车与城轨车辆, 2006（3）.

[18] 中国铁路总公司劳动和卫生部, 中国铁路总公司运输局. CRH380A（L）型动车组司机[M]. 北京: 中国铁道出版社, 2016.

[19] 中国铁路总公司劳动和卫生部, 中国铁路总公司运输局. CRH380B（L）型动车组司机[M]. 北京: 中国铁道出版社, 2016.

[20] 中国铁路总公司劳动和卫生部, 中国铁路总公司运输局. CRH380CL型动车组司机[M]. 北京: 中国铁道出版社, 2016.

[21] 王景波, 王吉松, 张鹏. 350 km/h中国标准动车组网络控制系统[J]. 机车电传动, 2018（2）.

[22] 中国铁路总公司劳动和卫生部, 中国铁路总公司运输局. CRH3C型动车组司机[M]. 北京: 中国铁道出版社, 2016.

[23] 田葆栓. 世界铁路重载运输技术的运用与发展[J]. 铁道车辆, 2015（12）.

[24] 伍泓桦. 蒙华铁路30 t轴重重载列车动力学研究[D]. 成都: 西南交通大学, 2017.

[25] 段仕会，徐世锋，李立东，等. DZ1型转向架的研制[J]. 铁道车辆，2016（06）.

[26] 芦刚，姜瑞金，吴先年，等. DZ2型摆动式转向架的研制[J]. 铁道车辆，2016（02）.

[27] 李亨利，王妍，吴畅，等. 27 t轴重DZ3型转向架的研制[J]. 铁道车辆，2015（07）.

[28] 张志彬，刘爽，李华，等. C80E（H，F）型通用敞车研制[J]. 铁道车辆，2018（06）.

[29] 张超德，李亨利，池海，等. KM98AF型煤炭漏斗车研制及技术创新[J]. 铁道机车车辆，2015（03）.

[30] 陈学贤，韩振江. 新视野下适用于城市交通的绿色引擎——云轨[C]. 中国铁道学会工程分会第七届线路专委会第二次会议论文集，2017（10）.

[31] 韩宝明，金天凤，方恒笙，等. 中国城市轨道交通系统多制式发展综述[J]. 都市快轨交通，2018（01）.

[32] 夏迎旭，李苒，杨阳，等. 胶轮单轨电车系统的特点及应用[J]. 国外铁道车辆，2016（04）.

[33] 夏迎旭，李苒，杨阳，等. 胶轮单轨电车导向原理及动力学性能研究[J]. 电力机车与城轨车辆，2016（05）.

[34] 任丽惠，胡亮亮，侯件件，等. 劳尔有轨电车的导向特性[J]. 城市轨道交通研究，2013（03）.

[35] 李明洋，侯件件，任丽惠，等. 劳尔有轨电车动力学模型及其导向性能[J]. 电力机车与城轨车辆，2014（05）.

[36] 高立. 浅析一种新型胶轮单轨有轨电车系统[J]. 轨道交通，2009（08）.

[37] 陈伟果. 70%低地板与100%低地板有轨电车的比较[J]. 现代城市轨道交通，2015（04）.

[38] 苗彦英. 低地板有轨电车车辆技术特征[J]. 城市交通，2013（04）.

[39] 邹鹏. 典型国产低地板有轨电车转向架技术特点分析[J]. 电力机车与城轨车辆，2018（3）.

[40] 赵春光，韩晓辉，樊贵新，等. 低地板有轨电车制动系统技术现状[J]. 现代城市轨道交通，2014（01）.

[41] 薛美根，杨立峰，程杰. 现代有轨电车主要特征与国内外发展研究[J]. 城市交通，2008（06）.

[42] 王欢，戴焕云，关庆华. 100%低地板轻轨车辆导向结构分析[J]. 铁道车辆，2009（09）.

[43] 黄永强，舒斌，郭绍波，等. 简析100%低地板有轨电车转向架方案设计[J]. 现代城市轨道交通，2015（04）.

[44] 李苒，许文超，安琪. 悬挂式单轨车的发展及其现状[J]. 机车电传动，2014（02）.

[45] 仲建华. 跨坐式单轨交通在我国的应用和创新[J]. 都市快轨交通，2014（02）.

[46] 张云飞，李军. 跨坐式单轨交通关键技术特性[J]. 汽车工业研究，2017（10）.

[47] 刘立国. 悬挂式单轨车辆动力学性能仿真对比研究[D]. 成都：西南交通大学，2013.

[48] 彭长福，何国福. 新能源悬挂式单轨列车的设计[J]. 铁道机车与动车，2017（11）.

[49] 蒋咏志，王月明，谢倩. 一种悬挂式单轨转向架结构方案及分析[J]. 机车电传动，2015（06）.

[50] 周建乐，韩志卫，张雄飞，等. 直线电机车辆技术现状与应用发展[J]. 都市快轨交通，2012（01）.

[51] 俞展猷. 直线电机车辆运行方式的技术优势与发展[J]. 现代城市轨道交通，2004（01）.

[52] 罗曦春，罗世辉. 直线电机地铁车辆转向架[J]. 电力机车与城轨车辆，2008（05）.

[53] 胡严. 直线电机地铁车辆动力学性能研究[D]. 成都：西南交通大学，2006.

[54] 李磊. 直线电机地铁车辆系统动力学研究[D]. 北京：北京交通大学，2015.

[55] 翟国锐，刘宏伟，师秀霞. 下一代地铁车辆全自动无人驾驶信号系统关键技术[J]. 都市快轨交通，2017（03）.

[56] 张立杰. 广州地铁APM线无人驾驶运营模式分析[J]. 铁道通信信号，2013（01）.

[57] 武长海. 城市轨道全自动无人驾驶技术应用探讨[J]. 铁路通信信号工程技术，2016（05）.

[58] 田学薇，刘晓娟. 全自动无人驾驶轨道交通列车定位技术[J]. 城市轨道交通研究，2007（12）.

[59] 赵卓，薛世海，高纯友，等. 全自动无人驾驶列车转向架的研制[J]. 城市轨道交通研究，2018（05）.

[60] 银铭. 智能算法在无人驾驶城轨列车牵引控制中的应用研究[D]. 兰州：兰州交通大学，2017.

[61] 张中央，李瑞荣. 动车组操纵与安全[M]. 成都：西南交通大学出版社，2008.

[62] 陈艳华. 轨道交通列车定位技术的选择与比较[J]. 电子设计工程，2010（11）.

[63] 刘江，蔡伯根，王剑. 基于卫星导航系统的列车定位技术现状与发展[J]. 中南大学学报（自然科学版），2014（11）.

[64] 李卫东，侯丽虹. 基于卫星导航系统的高速列车定位技术研究[J]. 信息与控制，2016（04）.

[65] 徐传波. 基于极性分子型电流变阻尼器的车辆横向半主动控制研究[D]. 成都：西南交通大学，2009.

[66] 周阳. 基于空气弹簧主动控制方法的摆式客车研究[D]. 成都：西南交通大学，2014.

[67] 刘建勋，卜继玲. 轨道车辆转向架橡胶弹性元件应用技术[M]. 北京：中国铁道出版社，2012.

[68] 白雪. 高温超导磁悬浮列车的转向架设计[D]. 成都：西南交通大学，2011.

[69] 邓自刚，李海涛. 高温超导磁悬浮车研究进展[J]. 中国材料进展，2017（05）.

[70] 金茂菁，黄玲. 超高速真空管道交通技术发展现状与趋势[J]. 科技中国，2018（03）.

[71] 沈志云. 关于我国发展真空管道高速交通的思考[J]. 西南交通大学学报，2005（04）.

[72] 王博. 真空管道高温超导磁悬浮车气动特性研究[D]. 成都：西南交通大学，2017.

[73] PWELL J, MAISE G,RATHER J.Maglev launch：ultra-low cost, ultrahigh volume acess to space for cargo and humans[J]. Space Propulsion&Energy Sciences Interna.2010, 1208.